संत कथाएँ
मार्ग दिखाएँ

संत कथाएँ मार्ग दिखाएँ

रेनू सैनी

प्रकाशक

प्रभात पेपरबैक्स

4/19 आसफ अली रोड, नई दिल्ली–110002

फोन : 23289555 • 23289666 • 23289777 ❖ फैक्स : 23253233

इ–मेल : prabhatbooks@gmail.com ❖ वेब ठिकाना : www.prabhatbooks.com

संस्करण

2019

मूल्य

दो सौ रुपए

अ.मा.पु.स. 978-93-5186-949-8

मुद्रक

नरुला प्रिंटर्स, दिल्ली

———— ★ ————

SANT KATHAYEN MARG DIKHAYEN

by Smt. Renu Saini

Published by **PRABHAT PAPERBACKS**

4/19 Asaf Ali Road, New Delhi-110002

ISBN 978-93-5186-949-8

₹ 200.00

प्राक्कथन

आधुनिक युग में व्यक्ति सभी सुख-सुविधाओं के बाद भी सुखी व प्रसन्न नजर नहीं आता। आज व्यक्ति के पास ढेर सारी सुविधाएँ हैं, लेकिन फिर भी अंतर्मन को मिलनेवाला चैन और सुकून नहीं है। कई बार व्यक्ति सभी कुछ पाने की चाह में अकेला पड़ जाता है और उस समय वह किसी आशा या किरण की तलाश करता है। वर्तमान समय में अधिकतर व्यक्ति छोटी-छोटी गलतियों पर आत्महत्या तक करने से नहीं चूकते। यहाँ तक कि समाज में मनुष्य एक-दूसरे की जान लेते हुए भी नहीं हिचकते। ऐसे में आखिर हर व्यक्ति को कैसे इस बात का अहसास कराया जाए कि उसका जीवन अत्यंत कीमती है और इस जीवन में वह सद्बुद्धि व सद्गुणों का प्रयोग कर, न केवल अपना जन्म सफल बना सकता है, अपितु अनेक ऐसे मनुष्यों की भी मदद कर सकता है, जो गलतियाँ करके आगे बढ़ना चाहते हैं। मदद की भावना यदि प्रत्येक व्यक्ति के अंदर उत्पन्न हो जाए तो आज समाज में व्याप्त बहुत सी समस्याओं पर लगाम लग जाए। समाज में व्यभिचार, हिंसा, ईर्ष्या बढ़ती ही जा रही है। ऐसा नहीं है कि मनुष्यों के अंदर पलनेवाले इन दुर्भावों को नहीं रोका जा सकता, अवश्य रोका जा सकता है, लेकिन इसके लिए आवश्यकता है ऐसी कथाओं की, जो व्यक्तियों को कम समय में एक बड़ी शिक्षा दें और उन्हें भँवर से बाहर निकालें। संत हमारे जीवन के मार्गदर्शक होते हैं, वे हमें सही राह दिखाते हैं। इस पुस्तक में अनेक संतों की ऐसी कथाएँ हैं, जो व्यक्ति को न सिर्फ प्रभावित करेंगी, बल्कि उसके कदम गलत मार्ग पर पड़ने से भी बचाएँगी। कई व्यक्तियों के पास इतना समय नहीं होता कि वे पुस्तकों के बड़े अध्याय या कहानियों को पढ़ पाएँ, इसलिए इस पुस्तक में सरल भाषा में हर कहानी को केवल एक पृष्ठ तक ही समेटने का प्रयास किया गया है, साथ ही हर कहानी से व्यक्ति बहुत कुछ सीखता है।

यह पुस्तक पाठकों को पसंद आएगी। इसी आशा के साथ पुस्तक पाठकों के समक्ष है।

—रेनू सैनी

अनुक्रम

मृदु शस्त्र

राजा विनयसिंह अत्यंत शक्तिसंपन्न थे। वे अपने आगे किसी को कुछ नहीं समझते थे, न ही किसी की योग्यता की कद्र करते थे। इसलिए उनके ही राज्य के अनेक लोग उनसे अप्रसन्न थे और अकसर हमला बोल देते थे। राजा विनयसिंह इस बात से बेहद परेशान थे। एक दिन वे अपने राजगुरु को इस बारे में बताते हुए बोले, ''गुरुजी, शत्रु हम पर कभी भी धावा बोल देते हैं। हमें इसका पता नहीं लग पाता। हैरानी तो इस बात की है कि हम पर हमला करनेवाले हमारे ही राज्य के लोग हैं। ऐसे में हम उन पर कैसे वार करें?'' राजगुरु बोले, ''पुत्र, तुम उन पर बिना देखे वार करो।'' विनयसिंह हैरानी से राजगुरु से बोले, ''भला बिना देखे कैसे वार करूँ? ऐसा तो कोई हथियार नहीं होता, जो शत्रु को देखे बिना उस पर चलाया जाता हो। ऐसे अनजाने-अनदेखे हमला करनेवाले व्यक्तियों को भला मैं किस शस्त्र से मारूँ?'' राजगुरु बोले, ''तुम उनको ऐसे शस्त्र से मारो जो लोहे या किसी सख्त धातु से न बना होकर मृदु हो और सीधा हृदय को बेधने वाला हो।'' अब तो राजा और बेचैन हो गए। वे राजगुरु से बोले, ''गुरुजी, भला ऐसा कौन सा शस्त्र है और कहाँ मिलता है? मैंने तो ऐसे किसी शस्त्र के बारे में नहीं सुना।'' राजगुरु बोले, ''वह शस्त्र है—यथाशक्ति सारी प्रजा को जीविका उपलब्ध कराना। जब प्रजा को रोजगार मिल जाता है तो उनकी अधिकतर समस्याएँ हल हो जाती हैं। दूसरा शस्त्र है—मीठा बोलना और मीठे बोल के अनुरूप ही काम करना। तीसरा शस्त्र है—योग्य व्यक्तियों का सम्मान करना। ये तीनों शस्त्र लोहे या सख्त धातु के बने हुए नहीं हैं, लेकिन लोगों के हृदय पर काफी प्रभाव डालते हैं। यदि इन शस्त्रों के माध्यम से तुम अपने विरोधियों को जीत लोगे, तो वे तुम पर पीछे से प्रहार नहीं करेंगे और तुम्हारे वश में हो जाएँगे।'' राजगुरु की बातें सुनकर राजा विनयसिंह को सत्य का बोध हुआ। उन्होंने शीघ्र ही अपने व्यवहार को बदला और कुछ ही समय में वे प्रजा के प्रिय बन गए।

□

त्याग की सीख

महर्षि दधीचि बचपन से ही परोपकारी एवं साहसी थे। त्याग की भावना उनके अंदर बचपन से ही उत्पन्न हो गई थी। एक बार एक पेड़ पर साँप चढ़ गया। उस पेड़ पर एक तोते का परिवार रहता था। साँप ने तोते के बच्चे को पकड़ लिया। बच्चा साँप की पकड़ से छूटने के लिए फड़फड़ाने लगा। अपने बच्चे की मृत्यु को सामने देखकर तोता व तोती रोने-बिलखने लगे। यह देखकर वहाँ पर लोगों की भीड़ लग गई। लेकिन किसी में इतनी हिम्मत नहीं थी कि उस साँप के मुँह से तोते के बच्चे को छुड़ा सके। थोड़ी ही दूर पर बालक दधीचि खेल रहे थे। शोरगुल सुनकर वे वहाँ पर आए और साँप की गिरफ्त में तोते को देखकर, उन्होंने एक पल भी नहीं लगाया और पेड़ पर चढ़ने लगे। इतने लोगों के होते हुए बालक के पेड़ पर चढ़ने से लोग घबराकर उन्हें रोकने लगे, लेकिन दधीचि ने किसी की एक न सुनी और पेड़ पर चढ़कर लकड़ी की सहायता से साँप की गिरफ्त से तोते को सकुशल छुड़ा दिया। इसके बाद वे पेड़ से नीचे कूद गए। नीचे कूदने पर उन्हें थोड़ी चोट भी लग गई। बालक दधीचि का साहस देखकर अनेक लोगों ने उन्हें घेर लिया और बोले, ''बालक, क्या तुम्हें साँप से डर नहीं लगा, जो तुम पेड़ पर चढ़ गए।'' लोगों की बातें सुनकर दधीचि बोले, ''डर कैसा? डरना है तो गलत काम से डरो। अच्छे काम के लिए किस बात का डर? यदि तोते की जगह आप लोगों के अपने बच्चे पर संकट आता, तब भी आप क्या तमाशा देखते रहते? अपने बच्चे के लिए त्याग नहीं करते। सबके अंदर एक ही प्राण समझकर त्याग के लिए तैयार रहना चाहिए।'' नन्हे बालक की ऐसी बातें सुनकर वहाँ उपस्थित लोग दंग रह गए। बालक दधीचि में यही भावना आगे चलकर और मजबूत होती गई। जनकल्याण तथा दुष्टों का विनाश करने के लिए उन्होंने अपने शरीर तक का त्याग कर दिया था।

□

अति आत्मविश्वास से बचो

एक गुरुकुल में अनेक शिष्य शिक्षा प्राप्त करते थे। गुरुकुल के वरिष्ठ गुरु ज्ञानानंद अत्यंत अनुभवी और स्वाभाविक रूप से शिष्यों को ज्ञान प्रदान करते थे। एक दिन गुरुकुल का एक शिष्य विक्रांत बोला, ''गुरुजी, मैंने इस गुरुकुल में आपके व अन्य गुरुओं के सान्निध्य में अनंत ज्ञान प्राप्त किया है। लेकिन मुझे पेड़ पर चढ़ना नहीं आता। मेरा पेड़ पर चढ़ने का बहुत मन करता है, लेकिन मुझे लगता है कि यदि मैं पेड़ पर चढ़ने का प्रयास करूँगा तो गिर जाऊँगा।'' उसकी बात सुनकर गुरुजी बोले, ''बेटा, मैंने पेड़ पर चढ़नेवालों को तो गिरते देखा है, लेकिन जो लोग पेड़ पर नहीं चढ़ते, उन्हें गिरते हुए कभी नहीं देखा। यदि तुम पेड़ पर चढ़ने का प्रयास करोगे तो मेरा विश्वास है कि तुम नहीं गिरोगे।'' इसके बाद उन्होंने विक्रांत को एक बड़े पेड़ के आखिरी सिरे तक चढ़ने के लिए कहा। विक्रांत सँभल-सँभलकर पेड़ पर चढ़ने लगा। जब भी वह ऊँची शाखा पर चढ़ने का प्रयास करता तो उसे लगता कि गुरुजी उससे आराम-आराम से और सावधानीपूर्वक चढ़ने के लिए कहेंगे। लेकिन गुरुजी ने उसे कुछ भी नहीं कहा। आखिर विक्रांत सहजता से पेड़ के अंतिम सिरे तक सावधानीपूर्वक सँभल-सँभलकर चढ़ गया। जैसे ही वह पेड़ से उतरने लगा तो गुरुजी उसे जोर-जोर से बार-बार बोलने लगे, ''बेटा, सँभल कर उतरो।'' विक्रांत उतरते समय गुरुजी के निर्देशों को सुनकर हैरान रह गया। गुरुजी के निर्देशों को सुनकर वह पेड़ से सकुशल उतर आया और बोला, ''गुरुजी, एक प्रश्न जानने की इच्छा है।'' फिर वह बोला, ''गुरुजी, जब मैं पेड़ पर चढ़ रहा था तो उस समय मुझे आपके निर्देशों की आवश्यकता थी, लेकिन तब आप कुछ नहीं बोले, जबकि उतरते समय मार्गदर्शन करने लगे, जिसकी कोई आवश्यकता ही नहीं थी।'' विक्रांत की बात सुनकर गुरुजी मुसकराते हुए बोले, ''वह इसलिए; क्योंकि पेड़ पर चढ़ते समय तुम स्वयं सावधान थे, इसलिए मुझे कुछ कहने की आवश्यकता महसूस नहीं हुई। लेकिन पेड़ पर चढ़ जाने के बाद तुम निश्चिंत होकर अति आत्मविश्वास से भर गए, जो खतरनाक था। इसलिए मैंने तुम्हें सावधान किया। जीवन में भी अकसर ऐसा ही होता है। शिखर पर पहुँचने के बाद लोग अति आत्मविश्वास का शिकार हो जाते हैं, इसलिए

उनके शिखर पर से गिरने की संभावनाएँ अधिक होती हैं। जबकि शिखर पर रहकर विनम्रता, नेकी और ईमानदारी का दामन थामनेवाले लोगों के गिरने की आशंका कम रहती है और वे सबके दिलों में विराजमान रहते हैं।'' गुरुजी की बात विक्रांत समझ गया। वह बोला, ''गुरुजी, मैं भविष्य में इस बात को हमेशा याद रखूँगा।''

□

असली ज्ञानी

मिस्र के विख्यात विचारक अनस्तेशियस के आश्रम में पुस्तकों का विशाल संग्रह था। उस संग्रह में अनेक प्राचीन, दुर्लभ और मूल्यवान ग्रंथ भी थे। एक बार उनके आश्रम में आए एक व्यक्ति को एक अमूल्य ग्रंथ बेहद महत्त्वपूर्ण लगा और उसने चुपके से उस ग्रंथ को अपने पास रख लिया। ग्रंथ के गायब होने का अनस्तेशियस को तुरंत पता चल गया। वे यह भी जान गए कि ग्रंथ वही व्यक्ति लेकर गया है। लेकिन उन्होंने किसी से कुछ नहीं कहा। कुछ दिन बाद एक संपन्न व्यक्ति उनके पास वही ग्रंथ लेकर आया और बोला कि एक व्यक्ति इस ग्रंथ को बेहद मूल्यवान बताकर इसकी मोटी कीमत माँग रहा है। अनस्तेशियस ग्रंथ को तुरंत पहचान गए, लेकिन वे इस बारे में कुछ न बोलकर सेठ से बोले, ''यह ग्रंथ वाकई अमूल्य है। आप इसे मोटी कीमत पर खरीद सकते हैं।'' अनस्तेशियस की बात सुनकर संपन्न व्यक्ति वहाँ से लौटकर उसी व्यक्ति के पास गया और उससे ग्रंथ देने को कहा। बातों-बातों में उसने यह भी बता दिया कि उसने इस ग्रंथ के संदर्भ में महान् विचारक अनस्तेशियस से पूछा है। यह सुनकर वह व्यक्ति दंग रह गया। उसने उसी क्षण उस ग्रंथ को बेचने का विचार त्याग दिया। इसके बाद वह सीधा विचारक अनस्तेशियस के पास पहुँचा। उस व्यक्ति की आँखों में पश्चात्ताप के आँसू थे। वह अनस्तेशियस से बोला, ''आपने सबकुछ जानते हुए भी किसी को यह भनक तक नहीं लगने दी कि वह ग्रंथ मैंने चोरी किया है। क्यों?'' अनस्तेशियस बोले, ''यदि, मैं ऐसा कहता तो तुम झूठ बोलकर एक और गलती करते। तुम इस ग्रंथ को रख सकते हो। लेकिन कभी अपने ईमान और सच को तोलकर कोई गलत काम मत करना।'' यह सुनकर वह व्यक्ति बोला, ''मैं यह ग्रंथ लौटाने के साथ ही आश्रम में रहकर आपसे ज्ञान की प्राप्ति करना चाहता हूँ, ताकि मैं अपने जीवन को सफल बना सकूँ।'' इसके बाद उसने उस ग्रंथ को विचारक अनस्तेशियस को सौंप दिया और उनके पास रहकर ज्ञान प्राप्त करने लगा।

□

बच्चों सी ऊर्जा

गिरिनंद एक संत का बहुत नाम था। वे स्वयं आडंबरों और अंधविश्वास के सख्त विरोधी थे। वे व्यक्ति को प्रत्यक्ष बातों के माध्यम से ज्ञान प्रदान कर उनकी समस्याओं का समाधान करते थे। एक दिन मंगत नामक युवक उनके पास आया। वह बहुत उदास था। उसे देखकर गिरिनंद बोले, ''क्या बात है युवक? युवावस्था में व्यक्ति अपनी ताकत और ऊर्जा के माध्यम से अनेक कामों को करके अपना जीवन सफल बनाता है। तुम इतने मायूस क्यों हो?'' मंगत बोला, ''महाराज, मैं कोई भी काम लगातार व देर तक नहीं कर पाता। मुझे जल्दी थकान हो जाती है। जब मैं दूसरों को प्रसन्नता और आनंद से काम करते देखता हूँ, तो मेरा मन ईर्ष्या से भर उठता है, जिससे मैं और उदास हो जाता हूँ।'' उसकी बात सुनकर गिरिनंद बोले, ''युवक, यदि तुम मेरी बात मानो तो सारे काम प्रसन्नता और आनंद से कर पाओगे। यही नहीं, सफलता के नए रास्ते भी तुम्हारे लिए खुल जाएँगे।'' मंगत बोला, ''महाराज, मैं आपके कहे अनुसार ही काम करूँगा।'' गिरिनंद बोले, ''मंगत, बच्चों में अपार शक्ति का भंडार होता है। घर में यदि आठ व्यक्ति बच्चे को खिलाने वाले हों तो वे आठों थक जाएँगे, लेकिन बच्चा नहीं थकेगा।'' यह अजीबोगरीब बात सुनकर गिरिनंद खीझकर बोला, ''इससे मेरा क्या संबंध है?'' गिरिनंद मुसकराकर बोले, ''बड़ा गहरा संबंध है। बच्चों में अपार ऊर्जा इसलिए होती है, क्योंकि उनमें चिंता, ईर्ष्या, व भविष्य की कामना जैसे अवगुण नहीं होते। आनंद, मस्ती और ध्यान उनका स्वभाव होता है, जो उन्हें थकने नहीं देता। तुम्हें भी स्वयं को प्रसन्न करने के लिए और हर काम को सफलतापूर्वक करने के लिए अपने-आप को बच्चों सा बनाना होगा। अर्थात् ईर्ष्या, लोभ, काम, असत्य आदि को दूर करके अपने मन को स्वच्छ व निर्मल बनाना होगा। ऐसा करने से तुम्हारे अंदर बच्चों सी ऊर्जा आ जाएगी, जिससे तुम मन लगाकर अपने काम को करोगे और आनंद से जीवन जीओगे।'' गिरिनंद की बातें सुनकर मंगत के चेहरे से उदासीनता गायब हो गई और वह बोला, ''महाराज, आज आपने मुझे बच्चों सी ऊर्जा वाली जो बात बताई है, मैं इसको जीवन भर याद रखूँगा और अपने काम को मन लगाकर करूँगा।'' इसके बाद वह खुश होकर वहाँ से चला आया। □

मौन की शक्ति

श्रीलंका की पहाड़ियों पर एक बौद्ध बहुल गाँव था। वहाँ पर चोरी की वारदातें काफी बढ़ गई थीं। इसलिए वहाँ के लोगों में भय और अविश्वास का वातावरण बन गया था। एक दिन, एक किसान की गाय चोरी हो गई तो लोगों का आक्रोश फूट पड़ा। वह गाय ही किसान की जीविका का एकमात्र माध्यम थी। ऐसे में पंचायत बुलाई गई। पंचायत में चोर को ढूँढ़ने के लिए विचार-विमर्श हुआ। कुछ ही देर में लोग एक-दूसरे पर दोष मढ़ने लगे और असली चोर को ढूँढ़ने में नाकाम रहे। उसी समय वहाँ से एक वृद्ध धर्मगुरु गुजर रहे थे। उन्होंने भीड़ को आपस में झगड़ते देखा तो उनके पास पहुँचे। वहाँ उन्हें चोरी की बात पता चली तो उन्होंने सब को शांत किया और बोले, ''दोष मढ़ने का यह क्रम आपसी कटुता बढ़ाएगा और मन को कलुषित करेगा। जहाँ ऐसी बातें होंगी, वहाँ सत्य नहीं टिक सकता। आओ, चोरी की घटनाएँ हमेशा के लिए समाप्त करने के लिए और यहाँ पर ईमानदारी व प्रेम का वातावरण बनाने के लिए कुछ नई दृष्टि से देखें।'' इसके बाद वे सभी गाँववासियों से बोले, ''यहाँ उपस्थित सभी लोग एक घंटे का मौन रखें और गाँव के कल्याण हेतु विचार करें।'' धर्मगुरु की बातें सुनकर सभी ग्रामीण मौन रहकर विचार करने लगे। एक घंटे बाद पंचायत में उपस्थित एक युवक सिर झुकाकर खड़ा हो गया और बोला, ''गुरुजी, मुझे क्षमा करें। मैंने ही उस गाय को चुराया है और बेच दिया है। मैं अपना अपराध स्वीकार करके दंड भुगतने के लिए तैयार हूँ।'' सबके कल्याण की भावना से रखे गए मौन और युवक की अपराध स्वीकृति से ग्रामवासियों के विचार गहराई तक प्रभावित हुए। मौन का यह प्रयोग निरंतर करते रहने से वहाँ के लोगों की कलुषित भावनाएँ मिट गईं और उनमें प्रेम व आपसी सामंजस्य की भावना स्थापित हो गई। कुछ ही समय बाद वह गाँव अपनी ईमानदारी, प्रेम और शांतिपूर्ण व्यवहार के कारण सब जगह प्रसिद्ध हो गया।

□

मेरी पहचान

एक संत को जंगल में एक नवजात शिशु मिला। वे उस शिशु को उठाकर अपने घर ले आए। उन्होंने उसका नाम जीवक रखा। उन्होंने जीवक को अच्छी शिक्षा-दीक्षा प्रदान की। जब वह बड़ा हुआ तो उसने संत से कहा, ''गुरुजी, मेरे माता-पिता कौन हैं?'' संत को जीवक के मुँह से यह सुनकर बड़ा आश्चर्य हुआ, लेकिन उन्होंने उसे सच बताने का निश्चय किया और बोले, ''पुत्र, तुम मुझे घने जंगलों में मिले थे। मुझे नहीं मालूम कि तुम्हारे माता-पिता कौन हैं और कहाँ हैं?'' यह सुनकर जीवक अत्यंत उदास होकर बोला, ''गुरुजी, अब आत्महीनता का भार लेकर मैं कहाँ जाऊँ?'' इस पर संत उसे सांत्वना देते हुए बोले, ''पुत्र, इस बात से दुःखी होने की बजाय तुम तक्षशिला जाओ और वहाँ विद्याध्ययन करके अपने ज्ञान के प्रकाश से संपूर्ण समाज को आलोकित कर दो।'' जीवक विद्याध्ययन के लिए चल पड़ा। वहाँ पहुँचकर उसने अपने बारे में सबकुछ बता दिया। आचार्य ने उसकी स्पष्टवादिता से प्रभावित होकर उसे प्रवेश दे दिया। जीवक वहाँ पर कठोर परिश्रम के साथ ही गहनता से विद्या प्राप्त करने लगा। वहाँ उसने आयुर्वेदाचार्य की उपाधि प्राप्त क्री। संपूर्ण शिक्षा प्राप्त करने के बाद एक दिन आचार्य जीवक से बोले, ''पुत्र, अब तुम मगध जाकर वहाँ के लोगों की सेवा करो।'' यह सुनकर जीवक परेशान हो गया। आचार्य उसे परेशान देखकर बोले, ''क्या बात है?'' जीवक बोला, ''आचार्य। आप तो जानते ही हैं कि मेरा कोई कुल और गोत्र नहीं है। मैं जहाँ भी जाऊँगा, लोग मुझ पर उँगलियाँ उठाएँगे। क्या आप मुझे अपने पास ही नहीं रख सकते।'' उसकी बात सुनकर आचार्य बोले, ''वत्स। तुम्हारी प्रतिभा और ज्ञान ही तुम्हारा कुल-गोत्र है। तुम जहाँ भी जाओगे, वहीं तुम्हें सम्मान मिलेगा। इसी से तुम्हारी पहचान बनेगी। कर्म से ही मनुष्य की पहचान होती है, कुल और गोत्र से नहीं।'' आचार्य की बातों ने जीवक को नई दिशा दिखाई और वह मगध आ गया। इसके बाद जीवक ने वहाँ लगन और मेहनत से काम किया। कुछ ही समय में वह पूरे मगध में आयुर्वेदाचार्य के रूप में प्रसिद्ध हो गया।

□

लोभ की गंध

अवधपुर के नरेश आंबुजि अत्यंत विनम्र, मेहनती और परोपकारी थे। वे अपनी प्रजा की देखभाल अच्छी तरह से करते थे। उनकी अपने गुरु नित्यानंद पर बड़ी श्रद्धा थी। वे नियमित रूप से वहाँ पर जाते थे और उनसे अपनी प्रजा के लिए परामर्श करके आते थे। एक दिन उन्होंने गुरु को राजमहल में आने का निमंत्रण दिया। गुरु नित्यानंद राजमहल में आए। आंबुजि ने उनकी शाही रूप से आवभगत की। उनके सामने सोने, चाँदी के पात्रों में तरह-तरह के व्यंजन परोसे गए, किंतु गुरु ने किसी को भी हाथ नहीं लगाया। यह देखकर आंबुजि बोले, ''गुरुजी, क्या हुआ? क्या मुझसे कोई गलती हो गई है, जो आप इन वस्तुओं को हाथ भी नहीं लगा रहे हैं?'' गुरुजी बोले, ''नरेश आंबुजि, मुझे यहाँ बहुत अजीब सी गंध आ रही है। तुम मेरे आश्रम में आना, वहीं मुझसे बात करना।'' इसके बाद वे बिना एक पल की भी देर किए, वहाँ से वापस आ गए। अगले दिन आश्रम में आंबुजि ने उनसे कहा, ''गुरुजी, आपको राजमहल में कैसी गंध आ रही थी? मैं तो प्रतिदिन वहाँ रहता हूँ। मुझे तो आज तक कोई गंध अनुभव नहीं हुई।'' उनकी बात सुनकर नित्यानंद उसे अपने साथ मछुआरों के इलाके में ले गए। वहाँ पर मछलीबाजार लगा हुआ था। मछली की तीव्र दुर्गंध ने आंबुजि को मुँह ढकने पर मजबूर कर दिया और बोले, ''गुरुजी, यहाँ तो दुर्गंध के कारण साँस लेना दूभर हो रहा है। यहाँ आप मुझे किस उद्देश्य से लाए हैं?'' नित्यानंद उनसे बोले, ''देखो, जो गंध तुम्हें महसूस हो रही है, वही गंध इन लोगों को क्यों नहीं महसूस हो रही।'' आंबुजि बोले, ''गुरुजी, क्योंकि ये इस गंध के आदी हो गए हैं। इसलिए इन्हें यह गंध नहीं लगती।'' नित्यानंद बोले, ''बस ऐसा ही हाल तुम्हारे महल का है, जहाँ भोग और लोभ की गंध फैली रहती है। तुम इसके अभ्यस्त हो गए हो, इसलिए तुम्हें वह महसूस नहीं होती।'' नित्यानंद की बात सुनकर आंबुजि समझ गए कि लोभ की गंध गुरुजी को वहाँ परेशान करती है। आंबुजि नरेश ने गुरुजी की बात सुनकर स्वयं को लोभ मुक्त करने का निश्चय किया। वे पहले से अधिक प्रजा की देखभाल करने लगे।

□

प्रसन्नता के कारण

मगधपुर नामक गाँव में अनंग नामक एक संत रहते थे। वे हमेशा प्रसन्न रहते थे। उनकी आयु अस्सी वर्ष के आसपास थी, लेकिन इस आयु में भी उनके चेहरे पर एक तेज था, जो सबको अपनी ओर आकर्षित करता था। एक दिन अरुण नाम का एक नवयुवक उनके पास आया। उसका चेहरा बहुत उदास था। वह संत से बोला, ''बाबा, आप हमेशा प्रसन्न कैसे रहते हैं? जीवन में दुःख-ही-दुःख हैं। खुशी व सुख का अवसर पूरी तरह से ले भी नहीं पाते कि दुःख फिर से जीवन में अपने पैर पसार लेता है।'' उसकी बात सुनकर अनंग मुसकराने लगे और बोले, ''बेटा, यह तो लोगों के सोचने का अपना-अपना तरीका है। कोई सुख को छोटा समझकर उसे पूरी तरह से भोग ही नहीं पाता और कई लोग दुःख में भी आनंद उठाकर अपने जीवन के सकारात्मक पक्ष को देखकर प्रसन्न रहते हैं।'' यह सुनकर अरुण बोला, ''बाबा, मैं आपकी बात नहीं समझा। कृपया विस्तार से बताएँ। भला इस आयु में आपके पास प्रसन्नता का क्या कारण है?'' संत बोले, ''मेरे पास प्रसन्नता का पहला और सबसे बड़ा कारण यह है कि मुझे मानव जन्म मिला है। कहते हैं कि कई योनियों में जन्म लेने के बाद ही जीव मनुष्य के रूप में जन्म ले पाता है। मैं मानव होने के कारण जीवन के सभी सुखों का अनुभव कर सकता हूँ। इसके अलावा बूढ़ा होने पर भी मेरा शरीर स्वस्थ है, मुझे कोई रोग नहीं है। यह भी प्रसन्नता का कारण है।'' अरुण बोला, ''चलिए आपकी बात मानी। मेरे पास भला प्रसन्नता का क्या कारण है? न मेरे पास रोजगार है, न परिवार, न शिक्षा है और न ही धन।'' संत बोले, ''बेटा, तुम मानव हो, क्या प्रसन्न रहने के लिए यह कारण कम है और दूसरा तुम जवान हो, तुम्हें अभी बहुत जीवन जीना है। क्या प्रसन्नता के लिए ये कारण कम हैं? स्वस्थ व जवान शरीर सुख की सभी वस्तुओं को कर्म और मेहनत से पाकर अधिक प्रसन्न रह सकता है।'' संत की बातें सुनकर अरुण की आँखें खुल गईं और वह बोला, ''बाबा, आप सही कह रहे हैं। आपने मुझे प्रसन्नता की राह दिखाई है। मैं अब उस पर ही चलूँगा।'' इसके बाद वह वहाँ से चला गया।

□

दूरदर्शी चाणक्य

चाणक्य की बुद्धिमत्ता से सभी प्रभावित थे। सबको यह मालूम था कि वे बहुत ही सरल और सादा जीवन व्यतीत करते थे। उनकी गंगा के किनारे एक साधारण सी कुटिया थी, जिसमें वे रहते थे। उनके अनेक शत्रु थे। शत्रुओं को लगता था कि चाणक्य ने अपने ज्ञान और चातुर्य से करोड़ों की दौलत जमा कर रखी है और वे लोगों को मूर्ख बनाने के लिए सादा जीवन व्यतीत करते हैं। इसी भ्रम में उनके विरोधियों ने मिलकर गंगा-किनारे की उनकी झोंपड़ी में रात को आग लगा दी। चाणक्य उस समय झोंपड़ी के अंदर सो रहे थे। आग के कारण चाणक्य की मृत्यु तो निश्चित ही थी। कुछ ही देर में सारी झोंपड़ी जलकर राख हो गई। सुबह चाणक्य के विरोधी वहाँ एकत्रित हुए और आपस में बातें करने लगे। एक बोला, ''देखा, आखिर मर ही गया न।'' दूसरा बोला, ''वह तो देख और जान लिया, लेकिन अब यह देखो कि इसने खजाना कहाँ छिपाया है?'' इसके बाद सभी उस जमीन की खुदाई करने में लग गए। काफी देर तक खुदाई करने के बाद सभी ने देखा कि भीतर एक गहरे गड्ढे में बहुत बड़ी संदूकची रखी है। सभी ने मिलकर उस भारी भरकम संदूकची को बाहर निकाला। संदूकची देखकर एक बोला, ''तो हमारा अनुमान ठीक ही निकला। चाणक्य सादा रहने का आडंबर करता था। माल तो उसने झोंपड़ी के नीचे छिपाकर रखा था।'' सभी ने उस संदूकची को खोला तो उसके अंदर एक और संदूकची निकली। इस प्रकार कुल आठ संदूकची निकलीं और आखिरी संदूकची एक डिबिया जैसी थी। सभी उत्सुक होकर उसे देखने के लिए छीना-झपटी करने लगे। खोलने पर उसमें सफेद चूर्ण जैसा पदार्थ निकला और छीना-झपटी में वह सभी के अंगों पर लग गया। अंत में चूर्ण के नीचे एक कागज निकला, जिसमें संस्कृत का एक श्लोक था, जिसका अर्थ था—चाणक्य को मारने वाले स्वयं जीवित नहीं रह सकते। पता चला कि वह चूर्ण विष था। धीरे-धीरे सभी विरोधी उस चूर्ण के कारण गिरने लगे और मर गए। एक विरोधी के मुँह से मरते-मरते निकला, ''बड़ा दूरदर्शी था चाणक्य। उसे पता था कि ऐसा होगा।''

□

दिगंबर महावीर

दीक्षा लेने से पहले महावीर ने अपनी सभी वस्तुओं का दान कर दिया। उन्होंने राज्य के सभी निर्धन ब्राह्मणों को बुला-बुलाकर उनकी झोली भर दी। संयोगवश सोम शर्मा नामक एक दरिद्र ब्राह्मण उस समय नगर से बाहर गया हुआ था। जब वह लौटा तो उसकी पुत्री बोली, ''पिताजी, आप न जाने कहाँ चले गए थे? इसी बीच महावीर ने सभी ब्राह्मणों को दान देकर उन्हें धनवान् बना दिया है। आप भी शीघ्र ही राजमहल में पहुँचकर कुछ ले आइए, अन्यथा महावीर दीक्षा लेकर वन को प्रस्थान कर जाएँगे।'' पुत्री की बात सुनकर ब्राह्मण सोम शर्मा भागा-भागा राजमहल पहुँचा, लेकिन पहुँचने में उसे विलंब हो गया और तब तक महावीर दीक्षा प्राप्त कर वन की ओर चल पड़े। अब तो उन्हें न पाकर सोम के मन में उनसे मिलने की इच्छा बलवती हो उठी और वह भी दौड़ा-दौड़ा वन की ओर गया। आखिर काफी दूर जाने के बाद उसे महावीर नजर आ गए और वह उनके सामने याचना करते हुए बोला, ''महाभाग! दान के समय चाहे मैं नगर से बाहर था, लेकिन मेरी आपसे दान प्राप्त करने की प्रबल इच्छा है।'' ब्राह्मण की बात सुनकर महावीर बोले, ''महानुभाव, अब तो मेरे पास कुछ भी शेष नहीं बचा है। मैं तो सभी कुछ त्यागकर आ गया हूँ। फिर भी मेरी मनोदशा यह है कि मैं तुम्हें निराश भी नहीं कर सकता। अत: इस समय मैंने जो वस्त्र धारण किए हैं, उसका आधा भाग मैं तुम्हें दे सकता हूँ।'' यह कहकर महावीर ने अपने वस्त्र का आधा भाग सोम शर्मा को दे दिया। ब्राह्मण वस्त्र लेकर आशीर्वाद देता हुआ नगर के व्यापारी के पास पहुँचा और बोला, ''यह अमूल्य वस्त्र है—महावीर द्वारा दिया गया उनका वस्त्र। इसे लेकर मुझे धन दे दीजिए।'' व्यापारी ने वस्त्र देखा। महावीर का वस्त्र प्राप्त करना तो गौरव की बात थी। व्यापारी ने कहा, ''यह तो आधा वस्त्र है, यदि तुम शेष आधा भी प्राप्त कर लो तो मैं तुम्हें मुँह माँगा धन दूँगा।'' सोम शर्मा यह सुनकर भागा-भागा वापस महावीर के पास पहुँचा और बोला, ''महाभाग! व्यापारी मुझे तभी धन देगा, जब शेष आधा वस्त्र भी आप मुझे देंगे, अन्यथा नहीं।'' अब महावीर के लिए धर्म-संकट की स्थिति उत्पन्न हो गई, लेकिन वे ब्राह्मण को निराश नहीं करना चाहते थे, इसलिए उन्होंने शेष आधा वस्त्र भी उसे दे दिया और स्वयं निर्वस्त्र होकर जंगलों की ओर निकल गए। तब से उन्होंने चारों दिशाओं को ही अपना वस्त्र मान लिया, इसलिए वे दिगंबर कहलाए। □

मैले कपड़े की सफाई

ज्ञानानंद नामक साधु अपनी बुद्धि, विनम्रता और परोपकार की भावना के कारण दूर-दूर तक प्रसिद्ध थे। अनेक लोग अपनी-अपनी परेशानी लेकर उनके पास आया करते थे और वे बुद्धि तथा चातुर्य से सबकी परेशानियों को हल करते थे। एक दिन कमल नामक एक युवक उनके पास आया। वह बहुत उदास था। वह ज्ञानानंद से बोला, ''महाराज, मैं उच्च शिक्षित हूँ। मुझे लोगों को पढ़ाना बहुत पसंद है। लेकिन मेरे गाँव में लोग शिक्षा का महत्त्व नहीं समझते। वे मेरा मजाक उड़ाते रहते हैं। मैंने स्वयं शिक्षा अत्यंत कठिनाइयों से जूझकर पाई है। लोगों का ऐसा रवैया देखकर मेरा मन वहाँ बिल्कुल भी नहीं लगता है, न ही ऐसे लोगों को पढ़ाने का मन करता है। कृपया आप मेरी समस्याओं का समाधान करें।'' कमल की बात सुनकर ज्ञानानंद मुसकराते हुए बोले, ''कमल, मुझे एक बात बताओ। तुमने जो कपड़े पहने हैं, क्या तुम इन्हें दोबारा बिना धोए पहन लोगे।'' यह अटपटा सवाल सुनकर कमल चौंककर बोला, ''महाराज, ये कपड़े तो मैले हो गए हैं, अब मैं इन कपड़ों को बिना धोए कैसे पहन सकता हूँ? मैले कपड़ों को तो साफ करके ही फिर से पहना जा सकता है।'' ज्ञानानंद बोले, ''बताओ, साफ कपड़ों को यदि एक बार फिर धोने को कहा जाए तो तुम क्या कहोगे?'' कमल बोला, ''धुले हुए कपड़े तो साफ ही हैं। उन्हें धोने की आवश्यकता नहीं है, बल्कि मैले कपड़ों की धुलाई जरूरी है।'' ज्ञानानंद बोले, ''कमल, तुमने बिल्कुल सही कहा। जिस प्रकार साफ कपड़ों की धुलाई जरूरी नहीं है, उसी प्रकार सुधरे हुए लोगों को सुधारने की जरूरत नहीं है। सुधार तो उन लोगों में जरूरी है, जो अज्ञानी हैं, क्योंकि वे उस मैले कपड़े के ही समान हैं, जिसकी धुलाई जरूरी है। तुम्हारा नाम कमल है। जिस प्रकार कमल कीचड़ में खिलता है, उसी प्रकार अपने नाम को सार्थक करते हुए तुम्हें अज्ञानी लोगों के अज्ञान रूपी मैल को धोने का प्रयास करना चाहिए।'' ज्ञानानंद की बात सुनकर कमल बोला, ''महाराज, मैं आपकी बातों का अर्थ समझ गया। अब मैं दोगुने जोश से वहाँ पर शिक्षा का प्रचार-प्रसार करूँगा।'' इसके बाद वह वहाँ से चला आया।

□

कुसंस्कारी शिष्य

संत बेनजोई के पास अनेक बालक व किशोर शिक्षा ग्रहण करने के लिए आते थे। वे आश्रम में अपने शिष्यों को शिक्षित किया करते थे। बेनजोई अपने सभी शिष्यों को शिक्षा पूर्ण करने के बाद ही वहाँ से जाने की अनुमति देते थे। उद्दंड व शरारती शिष्यों को भी वे आज्ञाकारी और संस्कारी बनाकर ही दम लेते थे। इन दिनों वे जिन शिष्यों को शिक्षा दे रहे थे, उनमें एक शिष्य बहुत ही शरारती और बदतमीज था। एक दिन वह चोरी करते हुए पकड़ा गया। बेनजोई ने उसे चोरी की बुराइयों से अवगत कराया और क्षमा कर दिया। लेकिन वह लड़का इतना बिगड़ैल था कि उस पर बेनजोई की शिक्षा का कोई प्रभाव नहीं पड़ा। उसने दोबारा से चोरी की और एक शिष्य को बेवजह पीट दिया। यह शिकायत बेनजोई तक पहुँची तो उन्होंने उसे फिर बुलाकर प्रेम से समझाया और एक बार फिर क्षमा कर दिया। यह देखकर आश्रम के अन्य शिष्य आगबबूला हो गए। संध्या की प्रार्थना के समय सभी शिष्य एकजुट होकर बोले, ''गुरुजी, यह बार-बार चोरी करता रहेगा, हमें पीटता रहेगा और आप उसे माफ करते रहेंगे। यह कैसा न्याय है? यदि आप इसे आश्रम से नहीं निकाल सकते तो हम सभी यह आश्रम छोड़कर चले जाते हैं।'' शिष्यों के क्रोधित व्यवहार को देखकर बेनजोई विनम्रता से बोले, ''मैंने माना कि तुम सब अच्छे हो, संस्कारी हो, कभी किसी कुसंग में न रहने के कारण दुष्कर्मों से दूर हो। यह अबोध किशोर अपने दुर्व्यसनी पिता और भाइयों द्वारा ठुकराया हुआ है। इसे मैं सुधारने, संस्कारित करने के उद्देश्य से यहाँ लेकर आया हूँ। मुझे यह भी मालूम है कि तुम सब यदि इस आश्रम से चले गए तो अन्य किसी शिक्षक से शिक्षा प्राप्त कर सकते हो, किंतु इस बिगड़ैल लड़के को कौन अपने यहाँ रखेगा? इसे सुधरने का मौका कैसे मिलेगा?'' वह किशोर भी यह सब सुन रहा था। संत बेनजोई की बातें सुनकर उसकी आँखें भर आईं और वह पश्चात्ताप के आँसू आँखों में भरकर उनसे क्षमा माँगते हुए बोला, ''गुरुजी, मुझे माफ कर दीजिए। आइंदा आपको शिकायत का मौका नहीं मिलेगा।'' इसके बाद उसने अन्य शिष्यों से माफी माँगी। शिष्यों ने भी उसे गले लगा लिया और इसके बाद वह संस्कारी शिष्य बनकर सच्चे हृदय से वहाँ पर शिक्षा ग्रहण करने लगा। □

साधु कौन है

योगी नामक एक व्यक्ति अत्यंत धैर्यवान, ईमानदार और दयालु था। वह सभी व्यक्तियों की मदद के लिए तैयार रहता था। वह गेरूए वस्त्र नहीं पहनता था, फिर भी सभी लोग उस व्यक्ति का आदर करते थे। उसी नगर में एक साधुओं की टोली आई हुई थी। योगी सभी की समस्याओं को स्वयं हल करवाता था। काफी दिन बीत जाने पर भी जब साधुओं की मंडली के पास कोई अपनी समस्या लेकर नहीं आया तो सभी साधुओं को अत्यंत बेचैनी हुई। वे आपस में बातें करते हुए बोले, ''यह नगर तो बड़ा अजीब है। आज तक ऐसा कभी नहीं हुआ कि हमारे पास अपनी समस्याओं को लेकर लोगों की लंबी कतारें न लगी हों। बड़े अचरज की बात है कि इस नगर के स्त्री व पुरुष हमें देखकर भी हमारी ओर न आकर आगे बढ़ जाते हैं। आखिर इसकी क्या वजह है?'' उन्होंने अपने झुंड में शामिल एक युवा साधु अंबुज को इस बात का पता करने के लिए भेजा। अंबुज को कई बार अपने झुंड में शामिल लोगों के अंधविश्वास व झूठे तथ्यों को लोगों को बताते देखकर बुरा लगता था, लेकिन वह सबसे छोटा होने के कारण चुप रह जाता था। अंबुज ने बताया कि इस नगर में योगी नामक व्यक्ति साधु न होकर भी साधु से बढ़कर है। वह लोगों की समस्याओं का समाधान चुटकियों में कर देता है और अपने कार्य में लगा रहता है। एक दिन योगी को एक रोगी के बारे में पता चला। वह उसकी मदद के लिए चला तो रास्ते में इन्हीं साधु की मंडली से टकरा गया। उसे टकराते देखकर सभी साधु उसे घेरकर खड़े हो गए और क्रोधित होकर उसे अपशब्द बोलने लगे। यह देखकर योगी बोला, ''साधक को सदाचार का पालन करना चाहिए। जो निष्कपट तथा सरल होता है, उसी की आत्मा शुद्ध होती है। आपने गेरूए वस्त्र धारण कर स्वयं को साधु तो घोषित कर दिया है, लेकिन साधक के गुणों से आप बहुत दूर हैं। साधक तो क्रोध, ईर्ष्या, लोभ, मोह सब से दूर होता है और नि:स्वार्थ भाव से देश व मानव सेवा में लगा रहता है।'' उसकी बात सुनकर सभी साधु दंग रह गए। अंबुज योगी की बातों को सुनकर बहुत प्रभावित हुआ। उसने अपने गेरूए वस्त्र उतारे और योगी के साथ रहकर लोगों की सेवा करने लगा। □

बुराई या भलाई

दो मित्र थे। उनमें एक अंधा और दूसरा लँगड़ा था। दोनों साथ-साथ रहते और अपनी जीविका चलाते। कभी-कभी दोनों आपस में लड़ भी पड़ते थे। एक बार दोनों में किसी बात को लेकर लड़ाई इतनी बढ़ गई कि दोनों ने एक-दूसरे से बात करनी तक बंद कर दी। आरूणि नामक एक साधु के पास अलौकिक शक्तियाँ थीं। वे इन दोनों मित्रों की हर गतिविधि के गवाह थे। उन्होंने जब काफी दिनों तक दोनों को एक-दूसरे से नाराज पाया तो वे उनमें सुलह कराने के मकसद से पहले अंधे के पास पहुँचे। आरूणि अंधे से बोले, ''बच्चे, मैं तुम्हारी किसी भी एक बात को पूरा कर सकता हूँ। तुम अपनी ऐसी कोई इच्छा बताओ जिसे पूरी करना चाहते हो।'' यह सुनकर अंधे को तुरंत अपने लँगड़े मित्र की याद आई। उसको याद करके अंधे का मन दुःखी हो गया और वह क्रोध में भर कर बोला, ''यदि आप वास्तव में ऐसा चाहते हैं तो मेरे लँगड़े मित्र को अंधा बना दो।'' आरूणि यह बात सुनकर दंग रह गए। लेकिन वे उसे वचन दे चुके थे इसलिए उन्होंने लँगड़े को अंधा भी बना दिया। इसके बाद वे लँगड़े और अंधे बन चुके मित्र के पास पहुँचे। लँगड़े के मन में अँधे मित्र के लिए कोई गिला-शिकवा नहीं था। वह उससे दूर रहकर अपने काम में मस्त था और तन-मन से काम में जुटा रहता था। आरूणि की बात सुनकर लँगड़ा मित्र कुछ सोचकर बोला, ''महाराज, यदि आप मेरी एक इच्छा पूरी करना चाहते हैं तो वह यह है कि मैं भागते हुए अपने अंधे मित्र की आँखों में आँखें डालकर उसका हालचाल पूछूँ। हमें एक-दूसरे से मिले काफी समय हो गया है।'' यह सुनकर आरूणि लँगड़े मित्र की बुद्धिमत्ता और नेक भावना जानकर बहुत खुश हुए। तथास्तु कहते ही लँगड़े मित्र की आँखें भी ठीक हो गईं। वह दौड़ते हुए अंधे मित्र के पास पहुँचा और उसकी आँखों में आँखें डालकर उसके गले लग गया। लँगड़े की चतुराई ने अंधे को आँखें देने के साथ-साथ उसे सही मार्ग पर ला दिया और अंधा मित्र पश्चात्ताप करते हुए बोला, ''सच है बुराई से भलाई हमेशा बड़ी होती है।''

□

असली दौलत

सदानंद नामक एक संत कभी भी एक स्थान पर नहीं टिकते थे। वे लोगों की समस्याएँ दूर करते और फिर दूसरे स्थान की ओर चल पड़ते। एक सेठ का बेटा बिल्कुल नालायक था। सेठ ने संत सदानंद से अपने बेटे को सुधारने के लिए कहा। सदानंद ने सेठ से बेटे को एक सप्ताह तक उसके पास छोड़ जाने के लिए कहा। सेठ ने बेटे को छोड़ दिया। सदानंद ने बड़े प्रेम और धैर्य से खेल-खेल में बेटे की बुरी आदतों को छुड़ा दिया। एक सप्ताह बाद सेठ ने अपने बेटे में परिवर्तन देखा तो वह बहुत हैरान हुआ। वह बेटे को साथ ले गया। बेटा अब बिल्कुल सुधर गया था। यह देखकर सेठ ने सदानंद को एक सोने का कमंडल दिया। सदानंद ने वह कमंडल लेने से बिल्कुल मना कर दिया, लेकिन फिर भी सेठ बोला, ''महाराज, यह मैं आपको अपनी इच्छा से प्रसन्नतापूर्वक दे रहा हूँ। आपको यदि इसका कोई हकदार लगे तो आप उसे यह दे देना।'' इसके बाद संत वहाँ से चल पड़ा। रास्ते में उसे एक युवक मिला। वह भूख-प्यास से व्याकुल था। सदानंद को देखकर वह बोला, ''बाबा, बहुत भूखा हूँ। क्या आपके पास खाने के लिए कुछ है।'' बाबा उस समय एक तालाब से जल पी रहे थे। उन्होंने पेड़ पर लटकी अपनी पोटली की ओर इशारा किया और बोले, ''उसमें कुछ रोटियाँ हैं। वह तुम ले सकते हो।'' युवक ने पेड़ से पोटली उतारी और रोटियाँ निकालने लगा। रोटियाँ निकालते समय उसकी नजर सोने के कमंडल पर पड़ी तो उसकी आँखें चौंधिया गईं। वह सदानंद के पास आकर बोला, ''बाबा, आपके पास बड़ी सुंदर चीज है।'' सदानंद मुसकराते हुए बोले, ''वह चीज मैं तुम्हें उपहार में देता हूँ।'' इसके बाद उन्होंने सोने का कमंडल युवक को दे दिया। युवक सोने का कमंडल लेकर भूख-प्यास भूलकर तेजी से वहाँ से चल पड़ा कि कहीं बाबा अपनी बात से पलट न जाएँ। कुछ आगे चलकर वह रुक गया और कुछ सोचकर तेजी से बाबा के पास आकर बोला, ''बाबा, आपके पास अवश्य सोने से भी कीमती कोई वस्तु है। तभी तो आपने इसे त्यागने में पल भर भी नहीं लगाया। मुझे तो आपसे उपहार में वही वस्तु चाहिए।'' इसके बाद वह युवक सदानंद के साथ लोगों की समस्याएँ सुलझाने में और उनकी मदद करने में जुट गया। कुछ ही समय बाद उसे अद्‌भुत आनंद की प्राप्ति हुई। वह समझ गया कि धन, लोभ, ईर्ष्या से विरक्त रहकर परमार्थ करने में ही असली दौलत की प्राप्ति है। □

आत्मविश्वास का सुख

एक आश्रम में दो संत रहते थे। दोनों ईश्वर की आराधना करते थे। लेकिन फिर भी दोनों में एक बहुत प्रसन्न रहता था और दूसरा अत्यंत दु:खी। इस कारण दोनों के नाम ही सुखी व दु:खी संत पड़ गए थे। लोग इनके पास परामर्श लेने के लिए तो आते ही थे, साथ ही यह भी देखते थे कि एक जैसे ही कार्य करने के कारण भी दोनों में एक सुखी है और एक दु:खी है। दोनों ही लोगों की समस्याओं के समाधान भी बताते थे। हैरानी इस बात की थी कि दु:खी संत के समाधान भी सही और प्रेरणादायक होते थे। दु:खी संत अपने दु:ख का कारण जानना चाहता था। यह जानने की इच्छा लिये वह सुखी संत के साथ अपने वयोवृद्ध गुरु के पास पहुँचा। दु:खी संत बोला, ''गुरुजी, मेरा नाम तो सात्त्विक था, लेकिन लोगों ने मेरे चेहरे के दु:ख के भावों को देखकर मुझे दु:खी संत की संज्ञा दे दी।'' इस पर सुखी संत बोला, ''मेरा नाम भी पहले सतगुण था। लेकिन मेरे चेहरे के प्रसन्न भावों को देखकर मुझे भी सुखी नाम दे दिया गया।'' दु:खी संत बोला, ''हम दोनों की सभी गतिविधियाँ एक जैसी हैं, लेकिन फिर भी मैं दु:खी रहता हूँ और सुखी खुश। भला ऐसा क्यों?'' वयोवृद्ध गुरु दोनों की बात सुनकर मुसकराते हुए बोले, ''दु:खी बेटा, दरअसल एक जैसे काम करते हुए भी सुख और दु:ख के भाव अलग-अलग हो सकते हैं। उसके पीछे कारण यह है कि जो व्यक्ति हमेशा हर समस्या और दु:ख का सामना शांत व निश्चल मन से करता है, उसका मन प्रसन्न रहता है, क्योंकि वह जानता है कि उसकी आंतरिक शक्तियाँ इतनी शक्तिशाली हैं कि कोई भी विकराल समस्या या दु:ख उनके आगे ठहर ही नहीं सकता। यही भावना उसे प्रसन्न रखती है। सुखी के साथ यही बात है। तुम हर समस्या व दु:ख का समाधान जानते हो फिर भी तुम्हारी आंतरिक शक्ति मंद पड़ जाती है और तुम्हारी मनोस्थिति डाँवाँडोल होने लगती है। तुम्हारा आत्मविश्वास भी डगमगाने लगता है, जो तुम्हें दु:खी कर देता है। आत्मविश्वास की मजबूत डोर व्यक्ति को हर परिस्थिति में सुखी बनाए रखती है।'' यह बात सुनकर दु:खी को अपने दु:खी रहने का कारण समझ में आ गया।

□

ईर्ष्या की सड़न

अहं नामक युवक हर प्रतिभाशाली व्यक्ति से ईर्ष्या करता था। लोगों से ईर्ष्या के कारण उसका किसी काम में मन ही नहीं लगता था। एक दिन वह रास्ते में जाते हुए एक साधु से टकरा गया। साधु उससे बोले, ''बेटा सँभलकर चलो। क्या तुम्हारी तबीयत ठीक नहीं है?'' साधु को देखकर अहं अपने मन की भड़ास निकालते हुए बोला, ''बाबा, आजकल लोग जरा सी योग्यता होने पर ही गर्व करने से नहीं चूकते। अपने आप को सर्वश्रेष्ठ और दूसरों को अत्यंत निम्न समझते हैं। इसलिए आजकल मेरा मन किसी काम में नहीं लगता है। मैं अपने मन को काम में कैसे लगाऊँ?'' उसके मनोभावों को समझकर साधु उससे बोले, ''मैं तुम्हें एक तरीका बताता हूँ। उस तरीके से तुम्हारा काम में मन लगने लगेगा। जो-जो लोग तुम्हें पसंद नहीं हैं, उनके नाम की चिट तुम अमरूद के फल में लगाकर उन्हें अपने घर में रख दो और कम-से-कम दस दिन तक उन अमरूदों को अपने घर के अंदर ही रखो। इसके बाद तुम्हें वास्तव में शांति मिल जाएगी।'' अहं ने चौदह अमरूदों पर उन लोगों के नाम की चिट लगा दी, जिन से वह ईर्ष्या करता था। चार दिन बाद उन अमरूदों में से बदबू आने लगी। छठे दिन तो अमरूदों की सड़न से पूरा घर महकने लगा और अहं का कमरे में रहना मुश्किल हो गया।'' यह देखकर वह भागा-भागा उस साधु के पास पहुँचा और बोला, ''बाबा, उस घर में तो छठे दिन ही अमरूदों के अंदर से बहुत गंदी बदबू आ रही है। वहाँ रहना दूभर हो गया है।'' इस पर साधु बोले, ''बेटा, उन अमरूदों पर तुमने उन व्यक्तियों के नाम लिखे हैं, जिनसे तुम ईर्ष्या करते हो। ईर्ष्या व्यक्ति के अंदर पनपती रहे तो वह सड़न पैदा कर देती है और स्वस्थ प्रतिस्पर्धा ताजे अमरूद की तरह आँगन को महकाती है। यदि तुम उन व्यक्तियों के प्रेम और गुणों का सम्मान करते तो तुम्हारा घर उनकी खुशबू से महकने लगता। लेकिन तुमने तो उनके गुणों से ईर्ष्या की, इसलिए इतने लोगों की ईर्ष्या की सड़न तुम्हारा काम में मन नहीं लगने देती है।'' साधु की बात सुनकर अहं दंग रह गया। उसने अमरूदों को घर से फेंकने के साथ ही अपने हृदय से भी उन लोगों के प्रति ईर्ष्या को निकाल फेंका और स्वस्थ प्रतिस्पर्धा का संकल्प लेकर काम करने लगा। □

मन के काँटे

अमीचंद नामक सेठ के पास अपार धन-दौलत थी। उसे सब तरह का आराम था। लेकिन लाख चाहने पर भी उसके मन को शांति नहीं मिल पाती थी। हर पल उसे कोई-न-कोई चिंता परेशान किए रहती थी। एक दिन वह मार्ग में कहीं जा रहा था तो रास्ते में उसकी नजर एक आश्रम पर पड़ी। वहाँ पर उसे एक साधु के प्रवचनों की आवाज सुनाई दी। प्रवचनों की आवाज से मोहित होकर अमीचंद आश्रम के अंदर गया और वहाँ बैठ गया। प्रवचन समाप्त होने पर सभी व्यक्ति अपने-अपने घरों को चले गए, लेकिन वह वहीं बैठा रहा। उसे देखकर संत बोले, ''कहो, सेठ तुम्हारे मन में क्या जिज्ञासा है? जो तुम्हें परेशान कर रही है।'' इस पर अमीचंद बोला, ''बाबा, मेरे जीवन में शांति नहीं है। मैं अपने जीवन से परेशान हो गया हूँ।'' यह सुनकर संत बोले, ''घबराओ नहीं, तुम्हारे मन की सारी अशांति अभी दूर हो जाएगी। तुम आँखें बंद करके ध्यान की मुद्रा में बैठो।'' संत की बात सुनकर, ज्यों ही अमीचंद ध्यान की मुद्रा में बैठा, त्यों ही उसके मन में इधर-उधर की बातें, लोभ आदि घूमने लगे और उसका ध्यान उचट गया। उसने संत को यह बात बताई और बोला, ''बाबा, मेरा ध्यान में मन ही नहीं लग रहा है।'' उसकी बातें सुनकर संत चुप रहे और उससे बोले, ''चलो, जरा आश्रम का एक चक्कर लगाते हैं।'' इसके बाद वे आश्रम में घूमने लगे। अमीचंद ने एक सुंदर वृक्ष देखा और उसे हाथ लगाया। हाथ लगाते ही उनके हाथ में एक काँटा चुभ गया और सेठ अमीचंद बुरी तरह चिल्लाने लगा। यह देखकर संत उसे वापस अपनी कुटिया में लाए। उसकी चोट पर लेप लगाया। कुछ देर बाद वे सेठ से बोले, ''सेठजी, तुम्हारे हाथ में जरा सा काँटा चुभा तो तुम बेहाल हो गए। अब तुम यह सोचो कि जब तुम्हारे अंदर ईर्ष्या, क्रोध व लोभ जैसे बड़े-बड़े काँटे चुभे हुए हैं, तो तुम्हारा मन भला शांत कैसे हो सकता है?'' संत की बातें सुनकर सेठ अमीचंद समझ गया कि शांति पाने के लिए अपने मन से लोभ, ईर्ष्या और क्रोध जैसे काँटों को निकालना होगा। इसके बाद वह संतुष्ट होकर वहाँ से चला आया।

□

बालक की चंचलता

मनसुख नामक सेठ बहुत धनवान था। उसकी पत्नी की मृत्यु हो गई थी। उसका छह साल का बालक बड़ा चंचल था। वह एक जगह टिकता ही न था। मनसुख अपने काम में व्यस्त रहता था, तो बालक अपने पिता के यहाँ काम करनेवाले व्यक्तियों को परेशान करता था। सभी बालक की शरारतों से तंग आ चुके थे। बालक की अनगिनत शिकायतें सुनकर एक दिन मनसुख ने बालक की पिटाई कर दी। बालक एक स्थान पर जाकर रोने लगा। यह देखकर सेठ को बहुत पश्चात्ताप हुआ। उसे समझ ही नहीं आ रहा था कि बालक को किस प्रकार से शांत किया जाए। तभी उसने यशस्वी नामक एक संत का नाम सुना। सेठ मनसुख यशस्वी संत के पास जाकर बोला, ''महाराज, मैं अपने बेटे की शरारतों से बहुत परेशान हूँ। वह नित रोज नई शरारतें करता है। लाख समझाया, डाँटा-फटकारा, किंतु वह समझता ही नहीं। अब आप ही मेरे बच्चे की चंचलता को रोकने का उपाय बताएँ, मनसुख की बात सुनकर यशस्वी संत सेठ के घर गए। बालक ने अपने पिता के साथ एक वृद्ध संत को देखा तो उन्हें देखकर वह खूब हँसा। कभी वह यशस्वी संत के बाल पकड़ता तो कभी उनकी अजीबो-गरीब वेशभूषा से छेड़खानी करता। यशस्वी बालक की छेड़खानी व शरारतों से बिल्कुल भी परेशान नहीं हुए। कुछ देर बाद उन्होंने अपने झोले से एक कपड़ा निकाला। उसमें असंख्य गाँठें लगी हुई थीं। उन्होंने बालक को उस कपड़े की सारी गाँठें खोलने के लिए कहा। बालक ने उत्साह में एक-एक कर कपड़े की सारी गाँठें खोल दीं। इस पर यशस्वी उसकी पीठ थपथपाते हुए बोले, ''शाबाश।'' इसके बाद उन्होंने बालक को ढेर सारी प्लास्टिक की छोटी-छोटी गेंद देते हुए कहा, ''इन्हें गिनकर एक बड़े बरतन में डाल दो।'' बालक उत्साह से गेंदों को गिनकर बरतन में डालने लगा। कुछ देर बाद वह थककर सो गया। इसके बाद यशस्वी सेठ मनसुख से बोले, ''सेठजी बच्चे, चंचल ही होते हैं। उन्हें आप जितना किसी काम को करने से मना करेंगे, वे उसे उतना ही अधिक करने को लालायित होंगे। इसलिए आप उन्हें उनके अनुसार काम सौंपते जाइए। इससे बच्चे का मन भी लगा रहेगा

और वह किसी को परेशान भी नहीं करेगा। बाद में थककर वह सो जाएगा।'' यशस्वी बाबा की बातें मनसुख की समझ में आ गईं। आगे से वह बच्चे को उसके अनुरूप काम सौंपने लगा, जिन्हें नन्हा बालक खुश होकर करने लगा। अब वह किसी को परेशान नहीं करता था, बल्कि अपने काम करने के तरीके से सबको प्रभावित कर देता था।

□

भाग्य का निर्माता

अंजनमुनि नामक संत बहुत ज्ञानी और परोपकारी थे। वे हमेशा दूसरों के परोपकार में लगे रहते थे। अनेक लोगों की परेशानियों व तनावों को उन्होंने दूर किया था। किंकर नामक एक मनुष्य बहुत आलसी था। परिवारवालों के बहुत बार कहने पर वह बमुश्किल खड़ा होता और थोड़ा बहुत काम करता, लेकिन आलस्यवश फिर बैठ जाता। इसी कारण न तो वह पढ़ाई पूरी कर पाया और न ही किसी अच्छे काम में लग पाया। उन्नीस वर्ष की आयु होने पर भी वह बेकार था। अब घरवाले भी उसे आए दिन कोसते रहते थे। कुछ दिनों तक जब उसने परिवार वालों का ऐसा रवैया देखा, तो उसे बहुत दुःख हुआ। वह अंजनमुनि के पास गया और उनसे बोला, ''महाराज, पूरी दुनिया में ईश्वर को एक मैं ही मिला था, जिसके भाग्य में उन्होंने कुछ लिखा ही नहीं। मैं तो बिल्कुल असफल इनसान हूँ। सभी, यहाँ तक कि मेरे परिवार वाले भी मुझे पसंद नहीं करते।'' किंकर की यह बात सुनकर अंजनमुनि बोले, ''बेटा मेरी बातें ध्यान से सुनो। संसार में सफलता प्राप्त करने की आकांक्षा के साथ ही अपनी योग्यताओं में वृद्धि करना आवश्यक है। उन्नति करनेवाले गुणों को यदि अधिक मात्रा में जमा कर लिया गया है तो भाग्य में उन्नति होना संभव है और यदि उन गुणों को अविकसित पड़ा रहने दिया जाए, दुर्गुणों व मूर्खताओं को अपने दिमाग के अंदर भरकर रखा जाए तो भाग्य का लेख अलग होगा। बेटा, दरअसल भाग्य को हम जैसा चाहें, वैसा लिखना हमारे हाथ की बात है। हम चाहें तो अपना भाग्य बदल सकते हैं, और चाहें तो भाग्य को दुर्भाग्य में बदल सकते हैं। फर्क सिर्फ इतना है कि मेहनत से अपनी योग्यताओं के अनुरूप सफलता प्राप्त करनेवाले को लोग अकसर कहते हैं कि इसका भाग्य अच्छा है, जबकि आलसी व अपनी योग्यताओं को सुप्तावस्था में पड़े रहनेवाले को लोग कहते हैं कि उसका भाग्य खराब है। दोनों ही बातें गलत हैं। भाग्य का निर्माता मनुष्य स्वयं है। वह अपनी मेहनत से इसे बनाता व बिगाड़ता है।'' अंजनमुनि की बातों ने किंकर की आँखों पर से भाग्य व दुर्भाग्य का परदा हटा दिया और वह अपनी सोई हुई योग्यताओं को जाग्रत् करने के लिए जुट गया। □

ज्ञान का अभिमान

एक ज्ञानी व्यक्ति को अपने ज्ञान पर बहुत अभिमान था। वह किसी की मदद नहीं करता था और स्वयं को सर्वश्रेष्ठ समझता था। उससे कोई बात नहीं करता था। धीरे-धीरे ऐसा होने लगा कि वह जहाँ जाता, उसे देखकर लोग अपना रास्ता बदल लेते। अब उसे यह देखकर बुरा लगने लगा, लेकिन उसका अपने ज्ञान पर अभिमान अब भी कम नहीं हुआ। वह स्वयं से बोला, "ये सब लोग मेरे ज्ञान से जलते हैं। मुझे सही राह तो कोई संत ही दिखा सकते हैं।" यह सोचकर वह एक प्रसिद्ध संत के पास पहुँचा। वहाँ उसने देखा कि संत असंख्य लोगों से घिरे हुए उनकी परेशानियों के हल बता रहे हैं। संत न सिर्फ सबकी समस्याओं का समाधान कर रहे थे, अपितु वे अपने ज्ञान से कई लोगों की मदद भी कर रहे थे। संत को लोगों से हँसते-मुसकराते बातें करते देखकर ज्ञानी व्यक्ति सोचने लगा, "ये तो संत हैं, इन्हें क्या पड़ी है, दुनियादारी के मामलों में टाँग अड़ाने की। ये अपना ईश्वर चिंतन क्यों नहीं करते। अगर ये अपना सारा समय लोगों की समस्याएँ और उनके दुःख सुलझाने में ही लगाएँगे तो ईश आराधना कब करेंगे?" काफी देर बाद जब लोगों का जमघट संत के पास से हटा तो संत की नजर उस व्यक्ति पर गई। उसे देखकर संत मुसकराते हुए बोले, "कहो भाई, तुम्हारी क्या समस्या है?" इस पर ज्ञानी व्यक्ति बोला, "महाराज, पहले आप मुझे यह बताइए कि आप लोगों की समस्याएँ क्यों सुलझा रहे थे? आपको देखकर तो ऐसा प्रतीत हो रहा था कि लोगों का दुःख आपका अपना दुःख है। आपका इन छोटी-छोटी बातों से क्या लेना-देना।" ज्ञानी की बात सुनकर संत मुसकराते हुए बोले, "भाई, मैं त्यागी हूँ। इनसान हूँ। ऐसा ज्ञान किस काम का, जो इतना घमंडी और आत्मकेंद्रित हो कि अपने सिवाय दूसरे की चिंता ही न कर सके। ऐसा ज्ञान तो अज्ञान से भी बुरा है और मानवजाति के लिए खतरनाक है।" संत की बातें सुनकर ज्ञानी व्यक्ति की आँखें खुल गईं। उसे समझ आ गया कि लोग उससे अच्छा व्यवहार क्यों नहीं करते हैं। उसने संत को धन्यवाद दिया और वापस अपने घर चला आया। अब वह अपने ज्ञान से सभी जरूरतमंदों की मदद करता था। कुछ ही समय में वह ज्ञानी व्यक्ति सभी का प्रिय बन गया। □

जिह्वा और चंचल मन

एक बार स्वामी रामतीर्थ कॉलेज से घर आ रहे थे। मार्ग में उन्होंने एक व्यक्ति को सेब बेचते हुए पाया। लाल-लाल सेब देखकर स्वामी रामतीर्थ का चंचल मन पुलकित हो उठा और वे सेबवाले के पास पहुँचे तथा उससे उन सेबों का दाम पूछने लगे। तभी उन्होंने सोचा, ''यह जिह्वा क्यों पीछे पड़ी है?'' यह सोचकर वे सेब का दाम पूछकर आगे बढ़ गए। कुछ आगे बढ़कर उन्होंने सोचा कि जब दाम पूछ ही लिये तो उन्हें खरीदने में क्या हर्ज है। इसी उहापोह में कभी वे आगे बढ़ते और कभी पीछे जाते। सेबवाला भी उन्हें बार-बार आगे-पीछे जाते हुए देख रहा था। आखिर स्वामी रामतीर्थ उसके पास वापस आए और फिर ललचाई नजरों से सेबों को देखने लगे। यह देखकर सेबवाला उनसे बोला, ''साहब, सेब लेने हैं तो ले लीजिए, इस तरह बार-बार क्यों आगे-पीछे जा रहे हैं?'' आखिरकार उन्होंने कुछ सेब खरीद लिये और घर की ओर चल दिए। घर पहुँचने पर उन्होंने लाल-लाल सेबों को एक ओर रखा। लेकिन उनकी नजर लगातार सेबों पर ही पड़ी हुई थी। उन्होंने एक चाकू लेकर सेब काटा। सेब काटते ही उनका मन उसे खाने को लालायित होने लगा, लेकिन स्वामी रामतीर्थ स्वयं से बोले, ''किसी भी हाल में चंचल मन को इस सेब को खाने से रोकना है। आखिर मैं भी देखता हूँ कि जीभ का स्वाद जीतता है या मेरा मन नियंत्रित होकर मुझे जिताता है। सेब को उन्होंने अपनी नजरों के सामने रखा और स्वयं पर नियंत्रण रखकर उसे खाने से रोकने लगे। आखिर काफी देर हो गई। धीरे-धीरे कटा हुआ सेब ज्यों-का-त्यों रखा हुआ, पीला पड़कर काला पड़ने लगा, लेकिन स्वामीजी ने उसे हाथ तक नहीं लगाया। काफी देर बाद वे प्रसन्न होकर स्वयं से बोले, ''आखिर मैंने अपने चंचल मन को नियंत्रित कर ही लिया। सुंदर लाल सेब कटा-कटा पीला पड़ गया, लेकिन मैंने उसका स्वाद नहीं चखा।'' इसके बाद वे प्रसन्न मन से दूसरे काम में लग गए।

□

सूफी संत का जवाब

एक बहुत पहुँचे हुए सूफी संत थे। अनेक शिष्य उनके मार्गदर्शन में ज्ञान प्राप्त करते थे। एक दिन एक महिला उनके पास रोते हुए आई और बोली, ''बाबा, मैं लाख प्रयासों के बाद भी अपना मकान नहीं बना पा रही हूँ। किराए के मकान में रहते-रहते तंग आ चुकी हूँ। मैं बहुत अशांत और दुःखी हूँ। कृपया मेरे मन को शांत करें।'' उसकी बात पर सूफी संत बोले, ''बहनजी, हर किसी को पुश्तैनी जायदाद नहीं मिलती। अपना मकान बनाने के लिए आपको नेकी से धनोपार्जन करना होगा, तब आपका मकान बन जाएगा और आपको मानसिक शांति भी मिलेगी।'' महिला वहाँ से चली गई। इसके बाद शिष्य सूफी संत से बोला, ''बाबा, सुख तो समझ में आता है, लेकिन दुःख क्यों है? यह समझ में नहीं आता।'' उसकी बात सुनकर सूफी संत बोले, ''मुझे दूसरे किनारे पर जाना है। इस बात का जवाब मैं तुम्हें नाव में बैठकर दूँगा।'' सूफी और शिष्य दोनों नाव में बैठ गए। सूफी संत ने एक चप्पू से नाव चलानी शुरू की। एक ही चप्पू से चलाने के कारण नाव गोल-गोल घूमने लगी तो शिष्य बोला, ''बाबा, अगर आप एक ही चप्पू से नाव चलाते रहे तो हम यहीं भटकते रहेंगे, कभी किनारे पर नहीं पहुँच पाएँगे।'' उसकी बात सुनकर सूफी बोले, ''अरे तुम तो बहुत समझदार हो। यही तुम्हारे कुछ देर पहले सवाल का जवाब भी है। अगर जीवन में सुख-ही-सुख होगा तो जीवन-नैया यूँ ही गोल-गोल घूमती रहेगी और कभी भी किनारे पर नहीं पहुँचेगी। जिस तरह नाव को साधने के लिए दो चप्पू चाहिए, ठीक से चलने के लिए दो पैर चाहिए, काम करने के लिए दो हाथ चाहिए, उसी तरह जीवन में सुख के साथ दुःख भी होना चाहिए। जब रात और दिन दोनों होंगे, तभी तो दिन का महत्त्व पता चलेगा। जीवन और मृत्यु से ही जीवन के आनंद का सच्चा अनुभव होगा, वरना जीवन की नाव भँवर में फँस जाएगी।'' सूफी संत की बात शिष्य की समझ में आ गई।

□

कर्म के अनुरूप फल

एक पिता के दो पुत्र थे। पिता ने अंतिम समय में अपने दोनों पुत्रों को बराबर हिस्सा दिया। एक पुत्र ने अपने व्यापार को बढ़ाते-बढ़ाते बहुत उन्नति की और वह आर्थिक दृष्टि से अत्यंत संपन्न होकर समाज में गण्यमान्य लोगों में गिना जाने लगा। जबकि दूसरे को व्यापार में घाटा हो गया और उसके परिवार को दो जून का भोजन जुटाने में भी अत्यंत तकलीफें उठानी पड़ीं। अपने भाई की तरक्की और अपनी अवनति देखकर दूसरा भाई एक संत के आश्रम में पहुँचा और बोला, ''महाराज, मुझे लगता है कि ईश्वर केवल कल्पना है और यदि उसका अस्तित्व कहीं है भी, तो वह पक्षपाती है। क्या ईश्वर भी पक्षपात करता है? मैं और मेरे भाई दोनों एक ही पिता की संतान हैं। पिता ने दोनों को बराबर हिस्सा दिया। लेकिन वह उन्नति करते जा रहा है और मैं अवनति की ओर जा रहा हूँ। भला ऐसा क्यों?'' उसकी बात सुनकर संत उसे अपने साथ एक बगीचे में ले गए और वहाँ बगीचे को दिखाते हुए बोले, ''देखो वहाँ खेत के एक कोने में गन्ना बोया हुआ है, दूसरे कोने में चिरायता है, एक ओर चमेली के फूल अपनी सुगंध बिखेर रहे हैं, तो दूसरी ओर गुलाब के पौधों पर फूलों के साथ काँटे भी नजर आ रहे हैं। इनकी इस भिन्नता के लिए इन्हें पैदा करनेवाली जमीन दोषी या पक्षपाती नहीं है। जैसा बीज बोया गया है, वैसा ही फल मिला है। सुख-दु:ख और उन्नति-अवनति के लिए ईश्वर जिम्मेदार नहीं, बल्कि स्वयं मनुष्य जिम्मेदार है। उसके कर्म और संस्कार जिम्मेदार हैं। तुम्हारे भाई ने लगन, मेहनत और योग्यता से अपने काम को सँभाला तो उसकी उन्नति होती गई, इसके विपरीत तुमने आलस्य, भोग-विलास में अपना समय व्यतीत किया, तो रुपया-पैसा धीरे-धीरे सब खत्म होता गया। तुमने मेहनत की ही कब थी, जो ईश्वर को दोष दे रहे हो? जैसा कर्म तुमने किया है, वैसा ही फल पाया है? इसमें ईश्वर बीच में कैसे आ गया?'' संत की बातें सुनकर दूसरे पुत्र की आँखें खुल गईं। उसे अपनी गलती का अहसास हो गया और वह अपनी गलती को सुधारने का निश्चय कर वहाँ से चला आया। □

पहले सुयोग्य बनो

एक धनिक सेठ एक संत के पास पहुँचा और उनसे बोला, ''महाराज, मैं आत्मज्ञान प्राप्त करने के लिए साधना का प्रयास करता हूँ, परंतु मेरा मन ध्यान में एकाग्र ही नहीं हो पाता है। आप मुझे मेरे मन को एकाग्र करने का कोई मंत्र बताएँ।'' धनिक सेठ की बात सुनकर संत बोले, ''मैं कल तुम्हारे घर आऊँगा और वहाँ पर तुम्हें एकाग्रता का मंत्र प्रदान करूँगा।'' यह सुनकर सेठ बहुत खुश हुआ कि एक पहुँचे हुए संत उसके घर पधारेंगे। उसने अपनी हवेली की सफाई करवाई और संत के लिए अच्छे-अच्छे पकवान तैयार करवाए। नियत समय पर संत उसकी हवेली पर पधारे। सेठ ने उनका बहुत स्वागत-सत्कार किया। सेठ की पत्नी ने मेवों व शुद्ध घी से स्वादिष्ट हलवा तैयार किया था। चाँदी के पात्र में हलवा सजाकर संत को दिया गया तो संत ने फौरन अपना कमंडल आगे कर दिया और बोले, ''यह हलवा इस कमंडल में डाल दो।'' सेठ ने देखा कि कमंडल में पहले ही कूड़ा-करकट भरा हुआ है। यह देखकर वह बोला, ''महाराज, यह हलवा मैं इसमें कैसे डाल सकता हूँ? कमंडल में तो कूड़ा-करकट भरा हुआ है। इसमें हलवा डालने पर भला वह खाने योग्य कहाँ रह जाएगा, अपितु वह भी कूड़े-करकट के साथ मिलकर दूषित हो जाएगा।'' यह सुनकर संत मुसकराते हुए बोले, ''वत्स, तुम ठीक कहते हो। सबसे पहले पात्रता विकसित करो, तभी तो आत्मज्ञान के योग्य बन पाओगे। यदि मन-मस्तिष्क में विकार तथा कुसंस्कार भरे हैं तो वे आत्मज्ञान को आत्मसात् कैसे कर पाएँगे? एकाग्रता भी तभी बनती है, जब व्यक्ति शुद्धता से कार्य करने का संकल्प करता है।'' संत की बातें सुनकर धनिक सेठ ने उसी समय संकल्प लिया कि वह शुद्ध आचरण से तथा परोपकार के द्वारा पहले अपने को ऐसा सुपात्र बनाएगा कि उसे आत्मज्ञान सहजता से प्राप्त हो सके।

□

अच्छाई की प्रवृत्ति

एक व्यक्ति अकसर रात में चाँद को निहारता रहता था। वह चाँद की सुंदरता और शीतलता की बजाय, उसके दाग धब्बों को देखकर कहता था कि चाँद में दाग-धब्बे क्यों हैं? इसी तरह एक दिन जब उसकी पत्नी ने रात के समय घर में दीया जलाया तो उसने दीये को उठाया और बोला, ''दीपक तले अँधेरा क्यों है?'' वह कई लोगों से यह प्रश्न करता। सभी लोग उसके इस प्रश्न को सुनकर चुप हो जाते थे। वह व्यक्ति कहता, जब तक इन प्रश्नों का जवाब नहीं पा लूँगा, चैन से नहीं बैठूँगा। एक दिन उसने संत सुकरात का नाम सुना। वह अपने प्रश्नों का जवाब पाने के लिए उनके पास गया और बोला, ''भला चाँद में दाग-धब्बे क्यों और दीपक तले अँधेरा क्यों?'' प्रकृति ने जब इनको बनाया तो इनमें कमी क्यों पैदा की?'' उसकी इस बात पर सुकरात बोले, ''भले मानस यह बताओ, ईश्वर ने इनसान बनाया तो उसमें कमी क्यों? तुम दीपक और चाँद की कमी को देख रहे हो। उनकी कमी का बखान कर रहे हो। क्या तुम अपने अंदर की कमी का बखान भी ऐसे ही घूम-घूमकर सबके सामने कर सकते हो?'' उनकी बात पर व्यक्ति कुछ सोचता रहा। उसे सोच में पड़े देखकर सुकरात बोले, ''जिसकी जैसी दृष्टि होती है, उसे वैसा ही दिखाई देता है। हर वस्तु की अच्छाई देखने का स्वभाव बनाओ, बुराई की ओर ध्यान ही मत दो। जिस तरह तुम दीपक और चाँद की कमी देख रहे हो, उसी तरह उनके गुणों की ओर भी देखो। चाँद स्वयं दाग-धब्बों से ग्रसित होकर भी शीतलता और रोशनी प्रदान करता है, उसी तरह दीपक तले अँधेरा रहने पर भी वह सबको प्रकाश देता है, अपनी ऊष्मा व ज्योति से भटके हुओं को प्रकाश देता है।'' यह सुनकर व्यक्ति सुकरात के आगे नतमस्तक होकर बोला, ''हाँ महाराज, वाकई मैं सब में बुराई देखने के कारण बुरी प्रवृत्ति की ओर ही ध्यान देता था, लेकिन अब मैं अच्छाई की ओर प्रवृत्त रहूँगा।'' इसके बाद वह वहाँ से चला गया। उसे अपने प्रश्नों का जवाब मिल गया था।

□

प्रायश्चित्त क्यों करें

एक बार एक जिज्ञासु व्यक्ति स्वामी रामानंदजी के प्रवचन सुनने पहुँचा। वह उनके पास जाकर बोला, ''पाप का प्रायश्चित्त कैसे हो सकता है और प्रायश्चित्त करने से जीवन कैसे सफल हो सकता है, कृपया आप इस संदर्भ में मुझे मार्गदर्शन दें।'' उसकी बात सुनकर स्वामी रामानंद बोले, ''मन, कर्म, वचन से पाप न करने का संकल्प लो, भूतकाल में, जो पाप हो गए हैं, उनका प्रायश्चित्त करो। प्रायश्चित्त करने से मन की शुद्धि हो जाती है और मन पवित्र हो जाता है।'' यह सुनकर जिज्ञासु व्यक्ति बोला, ''महाराज, प्रायश्चित्त करने से क्या पापों से भी छुटकारा पाया जा सकता है और यदि हाँ तो क्यों?'' उसका प्रश्न सुनकर स्वामी रामानंद उसे अपने साथ एक नदी के पास ले गए। नदी के पास किनारे के एक गड्ढे में भरा पानी सड़ गया था, जिसके कारण उसमें बदबू उत्पन्न हो गई थी और कीड़े चल रहे थे। स्वामीजी जिज्ञासु को उस सड़े हुए पानी को दिखाकर बोले, ''भइया, यह पानी देख रहे हो, यह क्यों सड़ गया है?'' जिज्ञासु कुछ देर तक पानी को गौर से देखता रहा फिर बोला, ''महाराज प्रवाह रुकने के कारण पानी एक ही जगह इकट्ठा होकर सड़ गया है।'' उसकी बात पर स्वामीजी बोले, ''ऐसे सड़े हुए पानी की तरह पाप इकट्ठे हो जाते हैं तो वे अनिष्ट करने लगते हैं। जिस तरह वर्षा का पानी इस सड़े हुए पानी को आगे धकेल कर नदी को पवित्र बना देता है, उसी प्रकार प्रायश्चित्त रूपी अमृत-वर्षा इन पापों को नष्ट कर मन को पवित्र बना देती है, जिससे मन शुभ व सद्कार्यों को करने के लिए तैयार हो जाता है और व्यक्ति प्रयास करता है कि वह आगे से अच्छे व नेक कार्य ही करे, जिससे कि वह पाप का भागी न बने।'' जिज्ञासु प्रायश्चित्त के महत्त्व को समझ गया और स्वामीजी को नमस्कार कर वहाँ से चला गया।

□

अवतारी और अज्ञानी

एक बार भगवान् बुद्ध धर्म का संदेश देते हुए नगर की ओर बढ़ रहे थे। उनके अनेक अनुयायी भी उनके साथ थे। मार्ग में वे कुछ देर विश्राम के लिए रुके। एक वृक्ष के नीचे घनी छाया देखकर वे वहीं रुक गए। वृक्ष के पास ही एक सुंदर तालाब था। उस तालाब के अंदर विभिन्न रंगों के कमल पुष्प खिले हुए थे। महात्मा बुद्ध विभिन्न रंगों के कमल पुष्प देखकर मोहित हो गए और तालाब में, उन्हें और करीब से देखने के लिए उतर पड़े। कमल पुष्पों की अनूठी सुगंध व सुंदरता ने उन्हें मोहित कर दिया और वे अपनी सुध-बुध खो बैठे। जैसे ही वे तालाब से बाहर निकलने लगे, सहसा उन्हें देवकन्या की वाणी सुनाई दी, ''महात्मन्, तुम बिना कुछ दिए पुष्पों की सुरभि का सेवन कर रहे हो। यह तो अनुचित कर्म है। बिना किसी की आज्ञा लिये उस चीज का उपयोग एक तरह से चोरी ही कहलाती है।'' तथागत यह शब्द सुनकर हतप्रभ रह गए। उन्हें अपनी भूल का एहसास हो गया। तभी कुछ देर बाद एक व्यक्ति तालाब की ओर आया और तालाब में प्रवेश करके उसने अद्‌भुत कमल के पुष्पों को बेरहमी से तोड़ना शुरू कर दिया। देवकन्या उसे कमल पुष्प तोड़ते देखती रही। यह देखकर तथागत बोले, ''देवी, मैंने तो केवल गंध का सेवन ही किया था, पुष्पों को स्पर्श भी नहीं किया था, लेकिन तुमने मुझे चोर कह दिया। यह निर्दयता के साथ फूलों को तोड़कर किनारे फेंक रहा है। तुमने इसे क्यों नहीं रोका?'' यह सुनकर देवकन्या बोली, ''तथागत, सांसारिक मानव अपने लाभ के लिए धर्म-अधर्म में भेद नहीं कर पाता। ऐसा अज्ञानी व्यक्ति क्षम्य है, किंतु जिसका अवतार धर्म-प्रचार के लिए हुआ है, उसे तो प्रत्येक कृत्य के उचित-अनुचित का विचार करना चाहिए।'' देवकन्या की बात सुनकर तथागत समझ गए कि देवकन्या साधारण नहीं है। वे श्रद्धा से उसे प्रणाम कर आगे बढ़ गए। उन्होंने अपने शिष्यों से कहा, ''वृक्ष के नीचे पड़े फल को ग्रहण करने से पहले वृक्ष को भी आभार व्यक्त अवश्य करना चाहिए।''

□

सामयिक फल

एक बार भगवान् महावीर ने राजा बिंबिसार के कर्मों का अवलोकन करने के बाद उनसे कहा, ''राजन् तुम्हारे पास भले ही राज्य और असीमित संपत्ति है, परंतु अपने कर्मों के कारण तुम्हें नरक तो जाना ही पड़ेगा।'' भगवान् महावीर के ये शब्द सुनते ही राजा बिंबिसार बेचैन हो उठे। उनका किसी भी काम में मन नहीं लगा। रात को नींद भी नहीं आई। पूरी रात वे इधर-उधर घूमते रहे। सुबह उठते ही वे वापस भगवान् महावीर के पास पहुँचे और उनको प्रणाम करके विनीत भाव से बोले, ''प्रभु, मैं समस्त साम्राज्य और कोष आपके चरणों में समर्पित करता हूँ। कृपया आप मुझे नरक जाने की संभावना से मुक्त करने का उपाय बताएँ।'' यह सुनकर भगवान् महावीर समझ गए कि बिंबिसार साम्राज्य और संपत्ति के अहंकार से ग्रस्त है। उन्होंने कहा कि तुम अपने राज्य के 'पुण्य' नामक श्रावक के पास जाओ। यदि तुमने उससे किसी तरह सामयिक फल प्राप्त कर लिया, तो वह तुम्हें नरक जाने से बचा सकता है। भगवान् महावीर की बात सुनकर राजा बिंबिसार 'पुण्य' नामक श्रावक को ढूँढ़ते हुए उसके पास पहुँचे और बोले, ''महात्मन् मुझे भगवान् महावीर ने आपके पास भेजा है। आपके पास अद्भुत 'सामयिक' फल है, मुझे वह चाहिए। उसके बदले मैं आपको सबकुछ देने को तैयार हूँ।'' राजा की बात सुनकर श्रावक बोला, ''राजन्, 'सामयिक' समता को कहते हैं। समता में व्यक्ति सभी को समान समझ सकता है, लेकिन धन और संपत्ति का अहंकार रहते भला समता कैसे प्राप्त हो सकती है। सत्ता और संपत्ति के अहंकार में किए गए गलत कार्य ही तो नरक का कारण बनते हैं।'' श्रावक के यह शब्द सुनते ही राजा बिंबिसार की आँखें खुल गईं। उन्होंने राजपाट त्यागकर अपना समस्त जीवन जन सेवा और साधना में लगाने का संकल्प लिया और वहाँ से लौट आए।

□

छोटे का सुख

सुखदेव ऋषि के आश्रम में अनेक शिष्य रहते थे। उनमें अनुज नामक शिष्य अत्यंत तीव्र बुद्धि का था। धीरे-धीरे अनुज स्वयं को अन्य शिष्यों से श्रेष्ठ मानकर अन्य शिष्यों को हीन समझने लगा। यह देखकर ऋषि उसके अंदर छिपे अहं को समझ गए और उसे अपने साथ एक सागर के पास ले गए। विशालकाय सागर अत्यंत लुभावना प्रतीत हो रहा था। उसकी लहरें जब अठखेलियाँ करतीं, तो मन अत्यंत प्रसन्न हो जाता। ऋषि ने अनुज से सागर का पानी पीने के लिए कहा। अनुज ने जैसे ही पानी को मुँह में डाला, वैसे ही उसने बुरा सा मुँह बनाकर पानी को मुँह से निकाल दिया और बोला, ''गुरुजी, यह पानी तो अत्यंत खारा है। मेरे मुँह का स्वाद कसैला हो गया।'' ऋषि उसकी बात सुनकर कुछ नहीं बोले और मुसकरा दिए। वह उसे अपने साथ लेकर आगे बढ़ते रहे। आगे एक छोटी सी नदी आई। नदी का जल शांत था। वह भी हृदय को सुकून देती थी। ऋषि ने अनुज से नदी का जल पीने के लिए कहा। अनुज ने जैसे ही जल मुँह में डाला, वैसे ही उसके मन को अत्यंत तृप्ति मिली। वह बोला, ''गुरुजी, नदी के जल ने मुँह के स्वाद को बढ़ा दिया है। इतना ठंडा और मीठा जल बहुत कम देखने को मिलता है, जबकि इतने बड़े सागर का जल अत्यंत खारा था।'' उसके यह बोलते ही ऋषि बोले, ''पुत्र, देखा तुमने छोटे-बड़े से कुछ फर्क नहीं पड़ता। हर व्यक्ति को अपने व्यवहार और सद्कार्यों से अपने लिए जगह बनानी पड़ती है। तुमने सागर के अहं को देखा। सागर सबकुछ अपने में ही भरे रहता है। लेकिन इसका जल खारा रहता है। दूसरों के काम न आनेवाले स्वार्थी का सार यों ही निःसार होकर निष्फल चला जाता है। जबकि छोटी सी नदी जो पाती है, उसका अधिकांश बाँटती है, इसलिए उसके जल में मिठास है। व्यक्ति को बड़े होने पर भी अहं को अपने पास नहीं फटकने देना चाहिए अन्यथा उसका हाल भी सागर की तरह ही होता है। मेरे विचार में तुम मेरी बातों का अर्थ भलीभाँति समझ गए हो।'' ऋषि का इशारा समझकर अनुज को अपनी गलती का एहसास हुआ और उसने अपने अहं को अपने अंदर से निकालकर फेंक दिया। □

चार मठ की स्थापना

एक बार आदि शंकराचार्य वेदांत के महान् विद्वान् स्वामी गोविंद भगवत्पाद से मिलने बदरीनाथ की ओर रवाना हुए। मार्ग में थकने पर वे एक तालाब के किनारे विश्राम करने लगे। ग्रीष्म ऋतु की भीषण गरमी में आदि शंकराचार्य परेशान हो गए। तभी अचानक एक मेढक की 'टर्र-टर्र' की ध्वनि उन्हें सुनाई दी। उन्होंने देखा कि एक नन्हा मेढक का बच्चा भीषण गरमी को सहने में असमर्थ होकर तालाब के गरम पानी से बाहर निकलकर नदी की रेत पर जा पहुँचा था। गरम रेत पर वह तड़पने लगा। तभी वहाँ पर एक विशालकाय नाग आया और मेढक को बजाय अपना भोजन बनाने के, अपना फन पसार कर उसे शीतल छाँव प्रदान करने लगा। आदि शंकराचार्य यह नजारा देखकर दंग रह गए। आदिगुरु ने स्वामी के पास पहुँचकर उन्हें यह आश्चर्यजनक बात बताई तो स्वामीजी बोले, "पहले यह स्थान शृंगी ऋषि का पावन आश्रम था, जहाँ सभी जीव आपसी बैर भुलाकर आपस में भाईचारे का व्यवहार करते थे। यह घटना भी उसी की पुनरावृत्ति है।" आदि शंकराचार्य यह जानकर बोले, "जब शिकार और शिकारी में एकता संभव है, तब व्यक्ति और व्यक्ति के बीच क्यों नहीं?" उस समय उनकी आँखों के सामने हिमालय से कन्याकुमारी तक फैला विशाल भारत दिखाई देने लगा। उन्होंने सोचा कि यदि दक्षिण के लोग हिमगिरी का सम्मान उत्तर के लोगों की तरह करें और उत्तर के लोगों में दक्षिण के लोगों के समान रामेश्वरम् के प्रति श्रद्धाभाव जगे, तब देश में व्यक्ति-और-व्यक्ति के बीच एकता तथा भाईचारा संभव है। आदिगुरु शंकराचार्य ने दृढसंकल्प लेकर, समूचे भारत का पैदल भ्रमण किया। उत्तर में बदरीनाथ, दक्षिण में रामेश्वरम्, पूर्व में जगन्नाथपुरी तथा पश्चिम में द्वारिकानगरी के समीप बड़े-बड़े मठों की स्थापना की। इन चारों मठों से जन-जन में एकता और समभाव का वातावरण विकसित हुआ। आज भी इन चारों मठों के दर्शनार्थ आनेवाले लोग इस बात के लिए उस विशाल नागराज को याद करते हैं, जिसने शंकराचार्य के मन में चार मठों की स्थापना करने की प्रेरणा दी।

□

नया रोजगार

पंडित विद्याधर लोगों के घरों में कथा-कीर्तन बाँचकर अपनी आजीविका चलाते थे। उनके तीन बच्चे थे। वे अपने सभी बच्चों को बेहतर शिक्षा प्रदान करना चाहते थे। लेकिन वर्तमान समय में आधुनिक तकनीकों ने पंडित विद्याधर के कामकाज को मंदा कर दिया था। अधिकतर नौकरीपेशा लोगों के पास इतना समय नहीं होता था कि वे शुभ कार्यों के लिए पंडित को बुलाएँ। कई-कई दिनों तक पंडित विद्याधर को कुछ काम नहीं मिलता था और उनके पूरे परिवार को फाके बिताकर गुजारना पड़ता था। उनके बच्चों को हमेशा रूखा-सूखा भोजन ही मिलता था। दूध-दही और घी तो उन्हें कभी नसीब ही न हो पाता था। एक दिन उसकी पत्नी को तीव्र ज्वर ने घेर लिया, बड़े बेटे को चोट लग गई। घर में इलाज के रुपए तक न थे। यह देखकर पंडित हताशा व चिंता में आत्महत्या करने के लिए चल दिए। सहसा मार्ग में उनकी मुलाकात सिद्धेश्वर नामक संत से हुई। संत ने पंडित की पीड़ा पूछी और बोले, ''भलेमानस, मनुष्य इस धरती पर अत्यंत बुद्धिमान प्राणी है। तुम तो शिक्षित हो। अरे कथा-कीर्तन का काम नहीं मिलता तो कोई और काम तलाश लो। तुम्हारे आत्महत्या करने से तुम्हारे परिवार पर विपत्ति टूट पड़ेगी। आज के समय में कोई काम छोटा-बड़ा नहीं होता। जो काम मन को भा जाए और चल निकले वही काम सही है।'' सिद्धेश्वर संत की बातें सुनकर पंडित बोले, ''पर मैं क्या करूँ?'' सिद्धेश्वर पंडित विद्याधर को जंगलों की ओर ले गए। वहाँ पर अनेक वृक्षों में फल लगे हुए थे। सिद्धेश्वर बोले, ''इन फलों को बाजार में ले जाकर बेच दो। इनसे तुम्हें कुछ आय होगी और समझदारी से तुम अपने परिवार का पेट भर पाओगे।'' विद्याधर को सिद्धेश्वर संत की बात ठीक लगी। उन्होंने फल बेचना शुरू कर दिया। एक दिन जब वे फल तोड़ने लगे, तो उन्हें चंदन की लकड़ियों की खुशबू आई। आगे चलने पर उन्हें अनेक चंदन के पेड़ नजर आए। उनकी बुद्धि ने काम किया और उन्होंने चंदन का व्यापार करना शुरू कर दिया। कुछ ही समय में वे धनवान बन गए। पर वे संत सिद्धेश्वर की इस सीख को अंत तक नहीं भूले कि काम कोई छोटा या बड़ा नहीं होता। □

गलत चाल

एक बार की बात है। यहूदी संत सिंभा बुनेन के पड़ोस में एक बुरे स्वभाव का व्यक्ति रहता था। उसकी बुरी आदतों व गलत कार्यों से सभी लोग बहुत परेशान थे। जब उसके अनुचित कार्य बहुत अधिक बढ़ गए, तो लोगों ने यहूदी संत सिंभा से उस व्यक्ति को सुधारने के लिए कहा। वह व्यक्ति शतरंज का शौकीन था। शतरंज खेलने के लिए वह हर वक्त तैयार रहता था। एक दिन बुनेन ने उसे शतरंज खेलने का न्योता दिया, जिसे उस व्यक्ति ने सहर्ष स्वीकार कर लिया। खेल के दौरान संत बुनेन ने जानबूझकर गलत चाल चली। गलत चाल के कारण उनका मोहरा मरने लगा, तो संत बुनेन ने माफी माँगकर उस युवक से दोबारा चाल चलने को कहा। व्यक्ति ने सोचा कि यदि यह दोबारा चाल भी चले, तो भी हारेंगे ही, क्योंकि वह स्वयं तो शतरंज खेल का महारथी है। दाँव-पेंच भिड़ाकर जीत ही जाएगा। उसने संत को दोबारा से चाल चलने दी। खेल आगे बढ़ने लगा। कुछ देर बाद बुनेन ने फिर गलत चाल चलकर माफी माँगते हुए चाल वापस लेनी चाही तो व्यक्ति को गुस्सा आ गया और वह बोला, ''मैंने आपको एक बार मोहरा वापस लेने क्या दिया कि आप बार-बार चाल वापस लेना चाहते हैं। इस बार मैं चाल नहीं चलने दूँगा। आप तो बार-बार अपनी गलत चालों को नजरअंदाज करने को कह रहे हैं।'' व्यक्ति की बात सुनकर संत बुनेन मुसकरा कर बोले, ''अरे भाई, तुम खेल में मेरी दो गलत चालों को नजरअंदाज करने तक को राजी नहीं हो, लेकिन अपनी जिंदगी में कई गलत कार्य कर के चाहते हो कि खुदा तुम्हारे गलत कार्यों को हमेशा नजरअंदाज करता रहे।'' बुनेन की बात सुनकर व्यक्ति अचरज में पड़ गया। उसे हैरान देखकर बुनेन आगे बोले, ''याद रखो कि गलत कार्यों व चालों का अंजाम कभी भी अच्छा नहीं होता, इसलिए इस दुनिया में रहकर व्यक्ति को अच्छे कर्म ही करने चाहिए, ताकि उसके मन को संतुष्टि और शांति मिल सके।'' अब तो व्यक्ति की जैसे सारी सोच ही बदल गई। उसने उसी दिन से सारे गलत कार्य छोड़ दिए और अपने जीवन को सद्कर्मों की ओर मोड़ दिया।

□

मोह बंधन

अश्विनीदत्त नामक राजा को अपने महल व धन से विशेष मोह था। उन्होंने अपने महल को सुंदर बनवाने में बहुत खर्चा किया था। महल अद्वितीय था और उसकी शोभा देखते ही बनती थी। जो कोई भी उनके महल को देखता, वह उसकी सराहना किए बिना नहीं रहता था। धीरे-धीरे उन्होंने प्रजा के दु:ख-दर्द में शामिल होना भी बंद कर दिया और अपने महल व रानी की खूबसूरती में खोए रहने लगे। महल की भव्य नक्काशी करने में राजकोष कम होने लगा। यह देखकर मंत्री कुशलसिंह बेहद परेशान हुए। उन्होंने एक संत नागानंद का नाम सुना था कि वे हर व्यक्ति को सही राह दिखाते हैं और उन्हें भटकने से बचाते हैं। मंत्री कुशलसिंह संत नागानंद के पास गए और उन्हें सारी बात बताई। मंत्री की बातें सुनकर संत नागानंद राजा के महल में पहुँचे। उनका भव्य स्वागत किया गया। कुछ ही देर में राजा अश्विनीदत्त भी वहाँ पर आ गए। संत ने उन्हें बहुत ही खूबसूरत कमल का पुष्प भेंट किया। राजा संत से बातें करते-करते कमल की पँखुड़ियों को खोल-खोलकर गिराने लगे। पँखुड़ियों के अंदर एक भ्रमर मरा पड़ा था। राजा की नजर कमल के अंदर मरे हुए भ्रमर पर पड़ी तो वह आश्चर्यचकित होकर संत से बोला, ''महाराज, भ्रमर कठोर-से-कठोर लकड़ी में भी छेद कर देता है। फिर क्या कारण है कि वह पँखुड़ियाँ छेदकर बाहर नहीं आ पाया। अंदर ही घुट-घुटकर उसने अपने प्राण त्याग दिए। आखिर क्यों?'' राजा की बात सुनकर संत बोले, ''राजन् कई बार भ्रमर को कमल की पँखुड़ियों से इतना मोह हो जाता है कि वह उसे क्षति पहुँचाने की अपेक्षा उस पर अपनी जान दे देता है।'' राजा समझदार थे, वे संत का इशारा समझ गए कि अत्यधिक मोह का क्या परिणाम होता है? उन्होंने उसी समय अपने मोह के बंधन को त्यागा और प्रजा की देखभाल में अपना मानव जीवन सार्थक करने का संकल्प लिया।

□

सर्वोत्तम सौंदर्य

एक व्यक्ति जिज्ञासु प्रवृत्ति का था। एक बार उसके मन में यह जिज्ञासा उत्पन्न हुई कि सर्वोत्तम सौंदर्य क्या है? वह इसकी खोज में चल दिया। वह घूमता हुआ एक तपस्वी के पास पहुँचा और उससे अपनी जिज्ञासा कही। तपस्वी व्यक्ति की जिज्ञासा सुनकर बोले, ''श्रद्धा ही सबसे सुंदर है। जो मिट्टी को भी ईश्वर में परिवर्तित कर देती है।'' व्यक्ति इस जवाब से संतुष्ट नहीं हुआ और आगे बढ़ गया। आगे उसे एक पागल प्रेमी मिला। वह बोला, ''इस दुनिया में सबसे सर्वोत्तम सौंदर्य सिर्फ प्रेम का है। यदि प्रेम हो तो सारी दुनिया हसीन लगने लगती है। प्रेम के बल पर इनसान दुनिया की बड़ी-से-बड़ी ताकत को पराजित कर सकता है।'' व्यक्ति को इससे भी संतुष्टि नहीं हुई। वह कुछ और आगे बढ़ा तो देखा कि एक वीर योद्धा रक्तरंजित, हताश सा लौट रहा था। उस व्यक्ति ने अपने प्रश्न को उससे पूछा तो वह योद्धा बोला, ''शांति ही सबसे सर्वोत्तम है, क्योंकि युद्ध की विनाश लीला मैं स्वयं देखकर आ रहा हूँ। मैंने देखा कि किस कदर ईर्ष्या, लोभ के वशीभूत लड़ा गया युद्ध अनेकों की जिंदगी बरबाद कर देता है, अनेकों के घर उजाड़ देता है।'' योद्धा की बात सुनकर उस व्यक्ति को कुछ दूर पर एक स्त्री विलाप करती नजर आई। उसने उस स्त्री से विलाप का कारण जानना चाहा तो वह बोली, ''मेरी पुत्री खेलते-खेलते जाने कहाँ चली गई। मैं उसे ढूँढ़ रही हूँ।'' उस युवक से बातें करते-करते ही स्त्री की पुत्री खेलते-खेलते उसके पास पहुँच गई। स्त्री ने उसे बाँहों में भर लिया। युवक ने उससे भी वही प्रश्न किया। प्रश्न सुनकर स्त्री बोली, ''मेरी नजर में तो ममता में ही सर्वोत्तम सौंदर्य छिपा हुआ है। ममता व्यक्ति को पूरी तरह से बदल देती है। व्यक्ति ममता के वशीभूत जिम्मेदार, नेक, समझदार, परिपक्व व एक गुणी इनसान बन जाता है।'' स्त्री की बात सुनकर वह व्यक्ति अपने घर की ओर चल पड़ा। रास्ते में उसे एक तपस्वी मिले। उसने उनसे भी यही पूछा तो तपस्वी बोले, ''पुत्र, सर्वोत्तम सौंदर्य की कोई निश्चित परिभाषा नहीं है। जीवन में हर ओर सौंदर्य बिखरा पड़ा है। जिसके पास जिस चीज की कमी है, वह उसे पाने में सौंदर्य ढूँढ़ता है। सर्वोत्तम सौंदर्य वहीं है, जहाँ व्यक्ति धैर्य और संतुष्टि से अपने काम को ईमानदारी से करता है।'' व्यक्ति तपस्वी की बात से सहमत हो गया। □

सेवा और कार्य का अंतर

एक बार सुविख्यात संत स्वामी रणछोड़दासजी महाराज ने मध्य भारत के आदिवासी बहुल क्षेत्र में नेत्र चिकित्सा का शिविर आयोजित किया। शिविर के लिए अनेक तैयारियाँ की गईं। सभी आदिवासियों को प्रेम से उस शिविर में नेत्रों की जाँच कराने के लिए कहा गया। स्वामी रणछोड़दासजी के अनेक अनुयायी, सेवादार बनकर पूरे एक सप्ताह तक मरीजों की सेवा करते रहे। नेत्र जाँच शिविर के अंतिम दिन मध्य प्रदेश के तत्कालीन मुख्यमंत्री वहाँ पर उपस्थित हुए। मुख्यमंत्रीजी सहज व प्रेम-भाव से सेवादारों को मरीजों की सेवा करते देखते रहे। किसी भी सेवादार के माथे पर शिकन की रेखा नहीं थी। सभी सेवा-भाव में डूबकर पूरे मन से शिविर में रोगियों को सेवा प्रदान कर रहे थे। यह देखकर मुख्यमंत्री चकित होकर बोले, ''जो रचनात्मक काम सरकार लाखों रुपए खर्च करके भी अपने कर्मचारियों से नहीं करा सकती है, वह मैं यहाँ सहज भाव से होता देखकर बेहद आश्चर्यचकित हूँ।'' इस पर स्वामी रणछोड़दास मुसकराकर बोले, ''यहाँ पर काम में सेवा-भावना प्रमुख है।'' इस पर मुख्यमंत्री बोले, ''महाराज काम हो या सेवा-भावना, किंतु उसे करना तो पड़ता ही है फिर आपके सेवादार हर कार्य को इतनी सरलता के साथ कैसे कर पा रहे हैं? कृपया इस बात को बताएँ।'' मुख्यमंत्री के यह बोलते ही स्वामी रणछोड़दासजी बोले, ''वेतनभोगी सरकारी कर्मचारी इस तरह की गतिविधियों को काम मानकर करते हैं। जबकि हमारे धार्मिक संगठन के श्रद्धालुजन सेवादार बनकर, काम को सेवा समझकर करते हैं और यहाँ सभी के मन में यह धारणा कायम है कि सेवा धर्म का ही एक रूप है। यहाँ उपस्थित सभी सेवादारों का विश्वास है कि वे गरीबों तथा असहायों की सेवा करके अपने कर्तव्य एवं धर्म का पालन कर रहे हैं। इसलिए आपको भी इन्हें निस्स्वार्थ भाव से कार्य करते देखकर हार्दिक आनंद प्राप्त हो रहा है।'' यह सुनकर मुख्यमंत्री सेवादारों के प्रति नतमस्तक हो उठे और उन्होंने मन में निश्चय किया कि आगे से वे भी हर कार्य को सेवा-भावना के साथ ही करेंगे।

□

ईश्वर की उपासना

एक बार स्वामी रामतीर्थ पानी के जहाज से जापान जा रहे थे। उनके साथ एक वृद्ध अमरीकी भी यात्रा कर रहा था। कुछ ही समय में स्वामीजी का उस अमरीकी वृद्ध से घनिष्ठ परिचय हो गया। स्वामीजी ने देखा कि वह व्यक्ति कई-कई घंटों तक रूसी भाषा सीखने का अभ्यास करता रहता है। स्वामीजी यह देखकर वृद्ध अमरीकी से बोले, ''महाशय, आप भूगर्भशास्त्र के प्रोफेसर रहे हैं, ग्यारह भाषाओं के आप जानकार हैं, आपकी सत्तर वर्ष की आयु हो चुकी है। ऐसे में भगवद्-चिंतन व ईश्वर की उपासना करने के स्थान पर आप इस आयु में बारहवीं भाषा का अध्ययन क्यों कर रहे हैं?'' स्वामी का प्रश्न सुनकर वृद्ध अमरीकी मुसकराने लगा और बोला, ''स्वामीजी, आपका प्रश्न स्वाभाविक है। मुझे ज्ञात हुआ है कि हाल में रूसी भाषा में भूगर्भशास्त्र का एक अत्यंत महत्त्वपूर्ण ग्रंथ प्रकाशित हुआ है। मेरी हार्दिक अभिलाषा है कि मैं उस महत्त्वपूर्ण ग्रंथ का अंग्रेजी में अनुवाद करके उसे अपने देश के विद्यार्थियों को उपलब्ध कराऊँ। इस ज्ञान से मेरे राष्ट्र को बहुत लाभ होगा। यही सोचकर मैं रुसी भाषा का अध्ययन कर रहा हूँ।'' स्वामीजी उस व्यक्ति की अपने देश को सुदृढ करने की भावना जानकर बहुत प्रसन्न हुए और बोले, ''सचमुच आपका व्यक्तित्व एक प्रेरणा है, जो विद्यार्थियों को प्रेरित करेगा।'' स्वामीजी का जवाब सुनकर वृद्ध बोला, ''आपका यह कहना भी सही है कि इस आयु में ईश्वर चिंतन करना चाहिए, लेकिन मैंने गीता से यह प्रेरणा ली है कि ज्ञान की साधना तथा अपने राष्ट्र का हित-चिंतन भी ईश्वर की उपासना का ही एक रूप है। मैं इसी साधना को ईश्वर की उपासना मानता हूँ।'' स्वामीजी को जब यह ज्ञात हुआ कि वृद्ध व्यक्ति को गीता के भाव का भी गहनता से ज्ञान है तो वे स्वयं उसके सामने नतमस्तक हो गए और बोले, ''आज की इस यात्रा में आप जैसे व्यक्तित्व से मिलकर मैं भी धन्य हो गया हूँ।''

□

देवतुल्य प्रकृति

एक संत अपने शिष्यों को अनेक वस्तुओं की उपस्थिति व उनके महत्त्व के बारे में बता रहे थे। शिष्य बड़े ही ध्यानपूर्वक उनकी बातों को सुन रहे थे। संत शिष्यों से बोले, ''कल पूर्णिमा है और कल मैं रात्रि में इसी वृक्ष के नीचे तुम्हें चंद्रमा, आकाश और नक्षत्रों के महत्त्व के बारे में बताऊँगा।'' अगले दिन पूर्णिमा को रात्रि में संत उसी वृक्ष के नीचे आकर बैठ गए। शिष्यों ने भी अपने-अपने स्थान ग्रहण कर लिये। संत शिष्यों से बोले, ''आकाश की ओर देखो। आकाश में चंद्रमा अत्यंत उज्ज्वल एवं प्रकाशमान है। आकाश और पृथ्वी इसकी शीतलता से अभिभूत हो रहे हैं। क्या तुम बता सकते हो कि इस चंद्रमा में और सद्पुरुषों में क्या समानता है?'' संत का प्रश्न सुनकर शिष्य चुप हो गए। किसी को कोई जवाब नहीं सूझा तो संत बोले, ''सद्पुरुषों का यश बिल्कुल इस चंद्रमा के प्रकाश की तरह अंधकार में भी सद्गुणों तथा पुण्य कार्यों के बल पर निरंतर प्रकाशमान होता रहता है।'' तभी एक शिष्य बोला, ''गुरुजी, हम सूर्य, चंद्रमा, नदी व वृक्षों में देवता के दर्शन क्यों करते हैं और उन्हें देवतुल्य क्यों मानते हैं? जबकि ये सभी प्रकृति में शामिल हैं। फिर प्रकृति देवतुल्य कैसे है?'' प्रश्न सुनकर संत बोले, ''हम सूर्य, चंद्रमा, नदी तथा वृक्षों में देवता के दर्शन इसलिए करते हैं, क्योंकि इन सभी का स्वभाव प्राणी मात्र को हमेशा देना ही होता है और जो कभी भी लेने की इच्छा नहीं रखता, वह देवता की श्रेणी में ही आता है। इसलिए सूर्य, चंद्रमा, नदी तथा वृक्षों की आराधना की जाती है। इसलिए प्रकृति देवतुल्य है। हम सभी को भी इनसे शिक्षा लेकर अपने जीवन को ऐसा बनाने का प्रयास करना चाहिए कि हम भी लोगों को कुछ-न-कुछ देते रहें और लेने का भाव न रखें।'' संत की बात शिष्यों की समझ में आ गई और उन्होंने निश्चय किया कि वे अपने जीवन में हमेशा सद्गुणों व कार्यों से दूसरे लोगों की मदद करने का प्रयास करेंगे।

□

अनाथ को जीवनदान

एक बार संत ज्योतिबा फूले अपनी पत्नी सावित्री बाई के साथ कहीं जा रहे थे। रास्ते में उन्होंने कूड़े के ढेर के पास एक बच्चे की आवाज सुनी। दोनों बच्चे के रोने की आवाज सुनकर उस ओर पहुँचे, तो यह देखकर दंग रह गए कि एक नवजात शिशु अकेला पड़ा वहाँ रो रहा था और पास ही कुछ पशु-पक्षी उस नवजात शिशु पर प्रहार कर रहे थे। फूले दंपती ने तुरंत पशु-पक्षियों को वहाँ से भगाया और नवजात शिशु को अपने अंक में समेट लिया। बच्चा घायल हो गया था। उन्होंने इधर-उधर देखा, किंतु कहीं पर भी बच्चे पर हक जताने वाले माता-पिता नजर नहीं आए। यह देखकर दोनों उसे अपने घर पर ले आए और उसका पालन-पोषण करने का निश्चय किया। उन्होंने बच्चे का उपचार किया। कुछ ही दिनों बाद बच्चा स्वस्थ हो गया। उन्होंने उस बच्चे का नाम प्रभु प्रसाद रखा और उसकी बेहतर ढंग से परवरिश करने लगे। उन दोनों के अच्छे संस्कारों से प्रभु प्रसाद शिक्षा ग्रहण करने लगे। बालक को पढ़ाई से अत्यंत प्रेम था। शीघ्र ही वे स्वयं भक्ति-पदों की रचना करने लगे। उनके भक्ति-पद् आगे चलकर महाराष्ट्र के भक्ति साहित्य में जुड़ गए। कुछ समय बाद उनके भक्ति-पदों को बेहद पसंद किया जाने लगा। यह देखकर प्रभु प्रसाद की आँखों में आँसू भर आए। उन्होंने अपने पालनकर्ता संत ज्योतिबा फूले तथा सावित्री बाई को जीवन भर माता-पिता का सम्मान दिया और स्वयं से बोले, ''काश, इस देश में मुझ जैसे सभी अनाथों पर आप जैसे ईश्वर तुल्य व्यक्तियों की छाया पड़े, ताकि सभी अनाथ बच्चों को एक अच्छा व सम्मानपूर्ण जीवन मिल सके और वे भी अपने जीवन को सफल बना सकें।'' बेटे की बात सुनकर संत ज्योतिबा फूले तथा सावित्री बाई मुसकरा दिए।

□

दुर्व्यसनों से मुक्ति

परम विरक्त संत स्वामी कृष्णबोधाश्रमजी महाराज गढ़मुक्तेश्वर तीर्थ क्षेत्र में गंगा के किनारे घूमते हुए एक गाँव में पहुँचे। गाँव के बाहर स्थित एक मंदिर के पास उन्होंने अपना डेरा डाल लिया। वे कर्म पर बल देते थे और सहजता से लोगों की समस्याएँ सुलझाया करते थे। एक दिन गाँव के लोगों को पता चला कि तीन दिन से उनके गाँव में एक संत आए हुए हैं और वे निराहार हैं। यह जानते ही अनेक घरों के लोग अपने-अपने घर में भोजन तैयार कर उनके पास पहुँच गए। अनेक लोगों को मंदिर में एकत्रित देखकर स्वामीजी ने अपनी आँखें खोलीं, तो देखा कि भोज्य पदार्थों के ढेर वहाँ पर लगे हुए हैं। यह देखकर वे बोले, ''आप सभी लोग हृदय से अत्यंत उदार हैं, जो मेरे लिए भोजन तैयार कर के लाए हैं। लेकिन मैं सात्त्विक प्रवृत्ति का हूँ और केवल वही भोजन ग्रहण करता हूँ, जो शुद्ध हो। जिन घरों में मांस-मदिरा आदि का प्रयोग होता है, वह मैं ग्रहण नहीं करता।'' स्वामीजी की बात पर गाँव वाले एक-दूसरे की तरफ देखने लगे। गाँव में कई लोग ऐसे थे, जो मांस-मदिरा का सेवन नहीं करते थे, लेकिन हुक्का व बीड़ी लगभग सभी के परिवारों में प्रयोग में लाया जाता था। एक भी घर ऐसा नहीं था, जहाँ पर शुद्ध व सात्त्विक भोजन बनता हो। सात दिन बीत गए। स्वामी निराहार ही रहे। केवल नदी का जल पीते और लोगों की समस्याएँ सुलझाते। यह देखकर गाँव के लोगों ने पंचायत में यह संकल्प लिया कि उनके घरों में मांस-मदिरा, बीड़ी व हुक्का प्रयोग में नहीं लाया जाएगा। अगले दिन अनेक घरों से शुद्ध व सात्त्विक भोजन बनकर आया। स्वामीजी ने थोड़ा-थोड़ा भोजन सभी का चखा और मन-ही-मन लोगों को दुर्व्यसनों से मुक्ति पाते देख अत्यंत प्रसन्न हुए। कुछ दिनों बाद वे अन्य स्थान पर दूसरे लोगों को दुर्व्यसनों से मुक्ति दिलाने के लिए चल दिए।

□

बीमारी से घृणा

पंजाब के संत भूमणशाह घूमते-घूमते एक गाँव में पहुँचे। उनकी ख्याति चारों ओर फैल चुकी थी। लोग उनसे मिलकर अपनी समस्याओं के समाधान करते थे। गाँव में पहुँचने पर उन्हें पता चला कि वहाँ पर एक कुष्ठ रोगी है। उससे सभी घृणा करते हैं और पत्थर मारते हैं। जब उन्होंने उस कुष्ठ रोगी को जीर्ण-शीर्ण अवस्था में देखा तो अत्यंत द्रवित हो गए। उन्होंने उसकी मरहम-पट्टी की और उसकी देखभाल करने लगे। यह बात जब गाँव के लोगों को पता चली, तो वे दौड़े-दौड़े वहाँ पर आए और संत भूमणशाह से बोले, ''महाराज, यह आप क्या कर रहे हैं? आप एक कुष्ठरोगी को हाथ लगा रहे हैं। कुष्ठरोगी तो घृणा का पात्र होता है। इसे हमें इसके हाल पर छोड़ देना चाहिए।'' सभी लोगों ने अपना ऐसा-ऐसा वक्तव्य दिया। उनकी बातें सुनकर संत भूमणशाह बोले, ''क्या आप लोगों में से कभी कोई बीमार हुआ है?'' सभी लोग एक-दूसरे की हाँ-में-हाँ मिलाते हुए बोले, ''महाराज, बीमारी तो शरीर में लगी ही रहती है। कोई कितना भी भागना चाहे, लेकिन बीमारी व्यक्ति को अपनी चपेट में ले ही लेती है।'' इस पर संत बोले, ''यदि आपके बीमार होने पर आपके साथ भी ऐसा ही व्यवहार किया जाए, जैसा कि आप इस कुष्ठ रोगी के साथ कर रहे हैं, तो आपको कैसा महसूस होगा? बीमारी चाहे सामान्य ज्वर की हो अथवा कुष्ठ रोग की, वह किसी को भी हो सकती है। यदि आज आप ऐसे रोगी के साथ घृणा करेंगे तो कल को आपको भी ऐसी बीमारी का शिकार होने पर घृणा ही मिलेगी। अरे घृणा बीमारी से करो, बीमार से नहीं।'' इसके बाद वे कुष्ठ रोगी के लिए जड़ी-बूटियों से लेप बनाने में जुट गए। लेप तैयार होते ही अनेक हाथों ने उसे थाम लिया और कुष्ठ रोगी के शरीर पर मलने लगे। लोगों के मन से कुष्ठ रोगी के प्रति पनपे घृणा के भावों को खत्म होते देख संत भूमणशाह मुसकराकर ध्यान में लग गए।

□

लोभ का त्याग

एक शिष्य ने अपने गुरुदेव से नई-नई दीक्षा ली और उपासना में लग गया। कुछ दिनों बाद वह गुरुदेव से बोला, ''गुरुदेव, दीक्षा तो मैंने ले ली, किंतु न जाने क्यों मेरा मन शांत नहीं रह पाता है, न ही आराधना में लग पाता है।'' गुरुदेव ने शिष्य को ध्यान से देखा। वे उसके व्यक्तित्व को देखकर समझ गए कि उसका मन एकाग्र क्यों नहीं हो पाता है? वे उसे देखकर बोले, ''सच कहते हो वत्स! यहाँ तो ध्यान लगेगा भी नहीं। चलो कहीं और चलकर साधना करते हैं, शायद वहाँ ध्यान लग जाए। हम आज ही सूर्यास्त के बाद यहाँ से कहीं और चलेंगे।'' यह सुनकर शिष्य शाम के समय गुरुदेव के साथ वहाँ से बाहर चल दिया। गुरुदेव बिल्कुल खाली हाथ थे, लेकिन शिष्य के पास एक पोटली थी, जिस पर बराबर उसका ध्यान लगा हुआ था। गुरुदेव शिष्य की नजरों को देख रहे थे। एक जगह नदी देखकर उन्होंने अपने शिष्य से कहा, ''बहुत प्यास लगी है जरा पानी तो लेकर आना।'' गुरुदेव का आदेश सुनकर शिष्य पोटली को साथ लेकर पानी लेने के लिए जाने लगा तो गुरुदेव बोले, ''अरे पोटली लेकर क्यों जा रहे हो? अगर पानी में डूब गई तो। इसे मुझे दे जाओ।'' संकोच से शिष्य ने पोटली गुरुदेव को थमाई और नदी की ओर मुड़ गया। तभी उसे नदी में कुछ फेंकने की आवाज आई। उसने देखा कि उसकी पोटली पानी में तैरती जा रही है। यह देखकर वह बदहवास सा गुरुदेव के पास आया और बोला, ''गुरुदेव, मेरी पोटली। उसमें हजार सोने की अशर्फियाँ थीं।'' इस पर गुरुदेव मुसकरा कर बोले, ''वत्स, तुम्हारा मन एकाग्र इसलिए नहीं हो पाता था, क्योंकि ध्यान करते समय तुम अशर्फियों के लोभ से घिरे हुए थे। अब हम वहीं चलते हैं, जहाँ से आए थे। अब तुम एकाग्र होकर ध्यान कर पाओगे।'' यह सुनकर शिष्य लज्जित हो गया। वह समझ गया कि लोभ के त्याग के बिना शांत चित्त असंभव है।

□

जीवन का रहस्य

यह घटना उस समय की है, जब पृथ्वी पर मानव का जन्म नहीं हुआ था। विधाता जब सूनी पृथ्वी को देखता तो उसे कुछ-न-कुछ कमी नजर आती और वह इस कमी की पूर्ति के लिए दिन-रात सोच में पड़ा रहता। आखिर विधाता ने चंद्रमा की मुसकान, गुलाब की सुगंध, अमृत की माधुरी, जल की शीतलता, अग्नि की तपिश, पृथ्वी की कठोरता से मिट्टी का एक पुतला बनाकर उसमें प्राण फूँक दिए। मिट्टी के पुतले में प्राण का संचार होते ही सब ओर चहचहाट व रौनक हो गई और घरौंदे चहकने व महकने लगे। देवदूतों ने विधाता की इस अद्भुत रचना को देखा तो आश्चर्यचकित रह गए और विधाता से बोले, ''यह क्या है?'' विधाता ने कहा, ''यह जीवन की सर्वश्रेष्ठ कृति मानव है। अब इसी से जीवन चलेगा और वक्त आगे बढ़ेगा।'' विधाता की बात पूरी भी न हो पाई थी कि एक देवदूत बीच में ही बोल पड़ा, ''क्षमा कीजिए प्रभु। लेकिन यह बात हमारी समझ से परे है कि आपने इतनी मेहनत कर एक मिट्टी को आकार दे दिया। उसमें प्राण फूँक दिए। मिट्टी तो तुच्छ-से-तुच्छ है, जड़ से भी जड़ है। मिट्टी की बजाय अगर आप सोने अथवा चाँदी के आकार में यह सब करते तो ज्यादा अच्छा रहता।'' देवदूत की बात पर विधाता मुसकराकर बोले, ''वत्स! यही तो जीवन का अद्भुत रहस्य है। मिट्टी के शरीर में मैंने संसार का सारा सुख-सौंदर्य, सारा वैभव उड़ेल दिया है। जड़ में आनंद का चैतन्य फूँक दिया है। इसका जैसे चाहे उपयोग करो। जो मानव मिट्टी के इस शरीर को महत्त्व देगा, वह मिट्टी की जड़ता भोगेगा; जो इससे ऊपर उठेगा, उसे आनंद के परत-दर-परत मिलेंगे। लेकिन ये सब मिट्टी के घरौंदे की तरह क्षणिक हैं। इसलिए जीवन का प्रत्येक क्षण मूल्यवान है। जो जितना सोएगा, उतना खोएगा। तुम मिट्टी के अवगुणों को देखते हो, उसके गुणों को नहीं। मिट्टी में ही अंकुर फूटते हैं और मेहनत से फसल लहलहाती है। सोने अथवा चाँदी में कभी भी अंकुर नहीं फूट सकते। इसलिए मैंने सोच-समझकर मिट्टी के शरीर को कर्मक्षेत्र बनाया है, उसमें कर्मों के अंकुर जमेंगे। इस तरह मनुष्य की खेती उसके अपने हाथों में ही होगी। वह उसे

जैसा बोएगा, वैसा ही काटेगा और इस तरह जीवन अनवरत चलता रहेगा। जिन व्यक्तियों ने इस बात को गहनता से समझा, उन्होंने अपने जीवन को मूल्यवान बनाने के लिए स्वयं को देश और मानव सेवा के लिए समर्पित कर दिया। स्वामी विवेकानंद, दयानंद सरस्वती, स्वामी रामतीर्थ आदि ऐसी ही महान् विभूतियाँ हैं।''

□

महान् कला

एक युवा ब्रह्मचारी था। वह बहुत चतुर था। ज्ञान के मामले में कोई उसके बराबर नहीं था। वह स्वयं की प्रसिद्धि के लिए अनेक नई-नई कलाएँ मन से सीखता रहता था। नई-नई व विभिन्न कलाएँ सीखने के लिए वह अनेक देशों की यात्रा भी करता था। एक व्यक्ति को उसने बाण बनाते देखा तो उससे बाण बनाने की कला सीख ली। किसी को मूर्ति बनाते देखा तो उससे मूर्ति बनाने की कला सीख ली, इसी तरह कहीं से उसने सुंदर नक्काशी करने की कला को भी सीख लिया। वह लगभग पंद्रह बीस देशों में गया और वहाँ से कुछ-न-कुछ सीख कर लौटा। इस बार जब वह अपने देश लौटा तो अभिमान से भरा हुआ था। अहंकारवश वह सबका मजाक उड़ाते हुए कहता, ''भला पृथ्वी पर है, कोई मुझ जैसा अनोखा कलाविद्। मेरे जैसा महान् कलाकार भला कहाँ मिलेगा?'' बुद्ध को उस युवा ब्रह्मचारी के बारे में पता चला, तो वे उसका मिथ्या अहंकार तोड़ने के लिए एक वृद्ध ब्राह्मण का रूप धारण कर उसके पास आए और बोले, ''युवक, मैं अपने आप को जानने की कला जानता हूँ। क्या तुम्हें यह कला भी आती है?'' वृद्ध ब्राह्मण का रूप धरे बुद्ध को युवक नहीं पहचान पाया और बोला, ''बाबा, भला अपने-आप को जानना भी कोई कला है।'' इस पर बुद्ध बोले, ''जो बाण बना लेता है, मूर्ति बना लेता है, सुंदर नक्काशी गढ़ लेता है अथवा घरों को बना लेता है, वह तो मात्र कलाकार होता है। यह काम तो कोई भी सीख सकता है। पर इस जीवन में महान् कलाकार वह होता है, जो अपने शरीर और मन को नियंत्रित करना सीख जाता है। अब बताओ, ये कलाएँ सीखना ज्यादा बड़ी बात है या अपने जीवन को महान् बनाना।'' बुद्ध की बातों का अर्थ समझकर युवक का अभिमान चूर-चूर हो गया और वह उनके चरणों में गिर पड़ा। वह जान गया कि महान् कला तो अपने जीवन को महान् बनाना है।

□

सबसे उत्तम प्राणी

एक दिन महात्मा बुद्ध के कुछ शिष्य एक नगर में गए। वहाँ पर उन्हें लोगों ने बहुत बुरा-भला कहा। बुद्ध के पास वापस आने पर सभी शिष्य क्रोध व रोष से भरे हुए थे। महात्मा बुद्ध ने शिष्यों के भावों को पढ़ लिया। वे बोले, ''क्या बात है? आज सभी के चेहरे रोष व क्रोध से भरे हुए हैं।'' उनका शिष्य बोला, ''गुरुजी, हमें यहाँ से किसी और स्थान पर चलना चाहिए, जहाँ पर हमारा आदर हो। यहाँ तो लोग जैसे दुर्व्यवहार के सिवा कुछ जानते ही नहीं।'' बुद्ध मुसकरा दिए। बोले कि क्या किसी और जगह पर जाने से तुम सद्व्यवहार की अपेक्षा करते हो।'' दूसरा शिष्य बोला, ''गुरुदेव कम-से-कम यहाँ से तो भले लोग ही होंगे। बुद्ध बोले, ''किसी स्थान को केवल इसलिए छोड़ना गलत है कि वहाँ के लोग दुर्व्यवहार करते हैं। हम तो संत लोग हैं। हमें चाहिए कि उस स्थान को तब तक न छोड़ें, जब तक वहाँ के हर प्राणी को उत्तम बनाने का प्रयास न कर डालें। वे हमारे अच्छा व्यवहार करने पर सौ बार दुर्व्यवहार करेंगे। लेकिन कब तक? आखिर उन्हें सुधरना ही होगा और उत्तम प्राणी बनने का प्रयास करना ही होगा। लेकिन दूसरा व्यक्ति किसी अन्य को तभी उत्तम बना सकता है, जब वह स्वयं उत्तम हो।'' बुद्ध का प्रिय शिष्य आनंद बोला, ''गुरुजी उत्तम व्यक्ति कौन होता है?'' ''उत्तम व्यक्ति ठीक उसी तरह होता है, जिस प्रकार युद्ध में बढ़ता हुआ हाथी। जिस प्रकार युद्ध की ओर बढ़ता हुआ हाथी चारों ओर के तीर सहते हुए भी आगे बढ़ता है। उसी तरह उत्तम व्यक्ति भी दुष्टों के अपशब्द को सहन करते हुए अपने कार्य करता चलता है। उत्तम व्यक्ति स्वयं को वश में कर चुका होता है और स्वयं को वश में करनेवाले प्राणी से उत्तम कोई हो ही नहीं सकता।'' बुद्ध का जवाब सुनकर सभी शिष्य उत्तम प्राणी बनने के लिए दृढ़-संकल्प हो गए।

□

सुंदरता का अभिमान

राजकुमार पल्लव अत्यंत खूबसूरत था। जो भी उसे निहारता, वह एकटक देखता रह जाता। बड़े होने के साथ-साथ राजकुमार को यह अहसास तीव्रता के साथ हो गया था कि वह अपनी सुंदरता के बल पर सबकुछ कर सकता है। एक दिन राजकुमार पल्लव मार्ग में एक वृद्धा से टकरा गया। वृद्धा को देखकर वह बोला, ''रास्ते में ध्यान से चलना चाहिए।'' उसकी बात सुनकर वृद्धा बोली, ''बेटा, राजकुमार का फर्ज है कि वह वृद्धजनों का सम्मान करे। लगता है, तुम अपनी जवानी और रूप के नशे में मदमस्त हो।'' यह सुनकर राजकुमार वृद्धा का मजाक उड़ाते हुए बोला, ''सुंदर हूँ, तभी तो अभिमान करता हूँ। यदि मैं बदसूरत होता तो कोई मेरी प्रशंसा क्यों करता?'' उसकी बात सुनकर वृद्धा चुप रह गई। वहीं से वामदेव नामक एक संत गुजर रहे थे। वामदेव भिक्षा की बजाय श्रम करके अपनी आजीविका चलाते थे। राजकुमार पल्लव के पिता राजा सूर्यनाथ सिंह संत वामदेव का अत्यंत सम्मान करते थे। राजकुमार का व्यवहार देखकर संत वामदेव को लगा कि यदि राजकुमार पल्लव को समय रहते नहीं सुधारा गया, तो यह भविष्य में कभी अच्छा राजा नहीं बन पाएगा। उन्होंने इसके लिए एक योजना बनाई और पतझड़ ऋतु का इंतजार किया। पतझड़ होने पर उन्होंने राजकुमार पल्लव को राजसी बगीचे में बुलवाया। राजकुमार पल्लव वहाँ पर पहुँचा तो देखा कि पूरे बगीचे के सुंदर फूल-पत्ते झड़ गए थे। बगीचे की दुर्दशा देखकर राजकुमार पल्लव बोला, ''ओह···कुछ दिन पहले तक इस बगीचे की खूबसूरती सबको आकर्षित करती थी और आज यहाँ के सभी फल-फूल और पत्ते झड़ गए हैं।'' उसकी बात सुनकर संत वामदेव तुरंत बोले, ''बेटा, समय के साथ-साथ हर चीज पुरानी होती जाती है और उसकी सुंदरता मंद पड़ जाती है। तुम्हें भी अपनी सुंदरता पर बहुत अभिमान है। बीस वर्ष की आयु में सुंदरता पर अभिमान करना उचित नहीं है, क्योंकि इसका श्रेय प्रकृति को है। हाँ यदि साठ वर्ष तक तुम ऐसे ही युवा और सुंदर बने रहते हो तो अवश्य तब सुंदरता का श्रेय तुम्हें ही मिलना चाहिए।'' यह सुनकर राजकुमार पल्लव का अभिमान पल भर में चूर-चूर हो गया। वास्तविकता जानकर राजकुमार पल्लव ने उसी दिन से अपना ध्यान सुंदरता पर से हटाकर अपने गुणों को निखारने में लगा दिया। □

पितरों की तृप्ति

आचार्य अंजन लोगों की समस्या का समाधान चुटकियों में कर देते थे। उन्होंने देश-भर में घूमकर अनेक सामाजिक कुरीतियों पर प्रहार किए थे। वे अनेक तीर्थस्थलों पर जाकर लोगों को नई दिशा दिखाते थे। एक दिन वे हरिद्वार पहुँचे। वहाँ उन्होंने देखा कि अनेक लोग पूर्व दिशा की ओर मुँह कर पितरों को जल चढ़ा रहे थे और वहाँ बैठे पंडों को खाने-पीने की ढेर सारी वस्तुओं के साथ रुपए भी दे रहे थे। आचार्य अंजन ने एक व्यक्ति से कहा, ''यहाँ पर अधिकतर लोग पंडों को मोटी दान-दक्षिणा क्यों दे रहे हैं?'' इस पर एक व्यक्ति ने जवाब दिया, ''बाबा, यहाँ पर लोग अपने पितरों की पूजा कर रहे हैं और अपने पितरों को प्रसन्न करने के लिए व उनकी तृप्ति के लिए पंडों को दान-दक्षिणा दे रहे हैं, ताकि वे अपना जीवन शांति से यापन कर सकें।'' यह सुनकर आचार्य अंजन ने वहाँ पर उपस्थित अनेक विकलांग व भूख से व्याकुल गरीब लोगों को देखा, जो संपन्न व्यक्तियों के हाथ-पैर जोड़कर उनसे खाने की भीख माँग रहे थे और अधिकतर लोग उन्हें बुरी तरह झटककर व दुत्कार कर आगे बढ़ रहे थे। यह देखकर आचार्य अंजन का मन अत्यंत व्याकुल हो गया। वे तुरंत पश्चिम की ओर मुँह करके खड़े हो गए और लोटे से जल भर-भर कर गिराने लगे। अनेक लोगों को यह बड़ा अजीब लगा कि ये बाबा उलटी दिशा में मुँह करके जल क्यों चढ़ा रहे हैं? कई लोग एकत्रित होकर उनके पास गए और बोले, ''बाबा, आप उलटी गंगा क्यों बहा रहे हैं?'' इस पर आचार्य अंजन बोले, ''मेरे खेत पश्चिम की ओर हैं, इसलिए मैं इधर मुँह करके जल चढ़ा रहा हूँ ताकि मेरे खेतों तक पानी पहुँच जाए।'' यह सुनकर सभी लोग हँसने लगे और बोले, ''ऐसे भी खेतों तक पानी जा सकता है भला।'' आचार्य अंजन सहज भाव से बोले, ''क्यों नहीं जाएगा भाई, जब पंडों के द्वारा दी गई दक्षिणा व जल तुम्हारे पितरों तक पहुँच सकता है तो मेरे द्वारा दिया गया जल भी खेतों तक पहुँच सकता है।'' यह सुनकर सभी व्यक्तियों के सिर झुक गए। आचार्य अंजन बोले, ''तुम जीवित व्यक्तियों को तो रूखा-सूखा देते हुए भी दुत्कारते हो और मरने पर पंडों को

मोटी दान-दक्षिणा देकर अपने पितरों को तृप्त करते हो। यदि तुम यहाँ बैठे असंख्य भूखों व विकलांग व्यक्तियों की मदद कर उन्हें उनके पैरों पर खड़ा करो तो तुम्हें सारे पुण्य यहीं मिल जाएँगे और तुम्हारे पितर भी प्रसन्न हो जाएँगे।'' बात लोगों की समझ में आ गई और उनमें से समझदार व्यक्ति निर्धन व असहाय लोगों की मदद के लिए आगे बढ़ चले।

□

सेवा-भाव

एक दिन गुरु नानक देवजी का प्याला गंदे नाले में गिर गया। उन्होंने अपने शिष्यों की तरफ देखा और उनसे बोले, ''अरे जल्दी से इस प्याले को उठाओ, नहीं तो यह नाले के पानी के साथ ही बह जाएगा।'' यह सुनकर शिष्य वहाँ कार्य करनेवाले सफाई कर्मचारी को बुलाने के लिए दौड़ पड़े। नानकजी अपने शिष्यों को सफाई कर्मचारी को बुलाने के लिए दौड़ लगाते देखकर असहज हो उठे। वे कर्तव्य-कर्म को पूजा मानते थे। यह देखकर उन्हें बहुत निराशा हुई कि उनके शिष्य छोटा सा कार्य करने से भी हिचक रहे हैं। वे हताश हो गए। उन्हीं के साथ उनके एक शिष्य भाई लहिणा बैठे हुए थे। गुरु नानक भाई लहिणा को विशेष प्रेम करते थे, क्योंकि भाई लहिणा गुरु की आज्ञा का पालन निस्संकोच करते थे, वे उनके आदेश का पालन करने के लिए कठिन-से-कठिन परीक्षा पास करने से भी नहीं डरते थे। भाई लहिणा तुरंत उठे और प्याला निकालने के लिए गंदे नाले में झुक गए। प्याला नाले के तल में पहुँच गया था। भाई लहिणा ने तुरंत अपने कपड़े ऊपर किए और गंदे नाले में उतर गए। उन्होंने गंदे नाले में उतरकर प्याले को उठाया और बाहर आ गए। तभी उनके शिष्य भी अपने साथ सफाई कर्मचारी को लेकर आ गए थे। गुरु नानक ने सभी शिष्यों के सामने भाई लहिणा की भरपूर प्रशंसा की। उन्होंने शिष्यों को कुछ भी नहीं कहा। शिष्य स्वत: ही सभी कुछ समझ गए और उन्हें इस बात का अहसास हो गया कि प्रत्येक कार्य को अपने हाथ से अंजाम देना चाहिए और कार्य छोटा या बड़ा नहीं होता। कार्य करते समय, जहाँ घृणा के भाव मन में उत्पन्न हो जाते हैं, वहीं विकास अवरुद्ध हो जाता है। सेवा-भाव से कार्य करना ही मन को शांति देता है।

□

भेंट का मूल्य

गुर्जर नरेश सम्राट् कुमार पटल के गुरु आचार्य हेमचंद्र राजधानी पाटण लौट रहे थे। एक दिन वे एक गाँव में एक गरीब विधवा के घर ठहरे। उसकी जीर्ण-शीर्ण कुटिया में आचार्य हेमचंद्र को महल का सा आनंद आया। विधवा बहन के निर्मल प्रेम और आदर से कुटिया का कोना-कोना भरा हुआ था। अगले दिन आचार्य जब वहाँ से विदा होने लगे तो उस बहन ने बड़ी आत्मीयता और प्रेम से उन्हें अपने हाथ के कते सूत की एक चादर भेंट की। उस चादर को ओढ़े हुए आचार्य पाटण पहुँचे। सम्राट् ने उनका स्वागत किया। कुछ देर बाद जब उनकी नजर आचार्य द्वारा ओढ़ी गई मोटे सूत की चादर पर पड़ी तो उन्हें बहुत बुरा लगा। यह देखकर वे आचार्य से बोले, ''गुरुवर, यह मोटे सूत की चादर आपके शरीर पर शोभा नहीं देती।'' सम्राट् की बात सुनकर आचार्य समझ गए कि सम्राट् के मन में अहंकार भरा हुआ है। वे सम्राट् से बोले, ''अरे, यह शरीर तो अस्थि और मांस-मज्जा का ढेर है। चादर ओढ़ लेने से उसका क्या बिगड़ गया?'' इस पर सम्राट् ने कहा, ''गुरुदेव, आप तो शरीर के सुख और शोभा से निर्लिप्त हैं, पर मुझे तो लज्जा आती है कि मेरे गुरु के शरीर पर मूल्यवान उत्तरीय न होकर, एक मामूली सी चादर है।'' यह सुनकर आचार्य हेमचंद्र ओजस्वी स्वर में बोले, ''राजन, तुम्हें शर्म आ सकती है, लेकिन मुझे नहीं। तुमने चादर का मामूली होना जाँच लिया और यह देखना भूल गए कि इस मामूली सी चादर को बनाने में कितने गरीब लोगों के हाथ व उनकी मेहनत छिपी है। वे दिनभर मेहनत करके सूत कातते हैं और इस कमाई से ही अपना व अपने परिवार का गुजर-बसर करते हैं। इसे ओढ़कर मुझे शर्म नहीं, बल्कि गर्व का अनुभव होता है।'' वे आगे बोले, ''तुम्हारे जैसे धर्म परायण सम्राट् के राज्य में ऐसे भी असंख्य लोग हैं, जिन्हें दिन भर श्रम करने पर भी भरपेट भोजन नहीं मिलता और तुम उनके श्रम की यह कीमत आँकते हो। उनके श्रम को सस्ता व अर्थहीन कहते हो।'' आचार्य की बातें सुनकर सम्राट् का सिर शर्म से झुक गया और उनका अहंकार मिट गया।

□

दान का अर्थ

एक अमीर व्यक्ति के पास धन-दौलत तो बहुत थी, किंतु धैर्य, क्षमा आदि के भाव उसमें बिल्कुल न थे। वह एक पैसा देता और सैकड़ों-हजारों के गीत गाता। इस तरह उससे रुपए लेने वाले पर हमेशा के लिए उसके एहसान का बोझ चढ़ जाता था। एक दिन वह संत के पास गया। वहाँ पर उसने अपनी अमीरी का बखान किया, फिर अपनी दानशीलता के गुण गाए। यह देखकर संत समझ गए कि इस व्यक्ति को अपनी दौलत पर बहुत घमंड है। उस व्यक्ति ने संत के सामने रुपयों से भरी एक थैली निकाली और उनके समक्ष रखते हुए बोला, ''महाराज, मैंने सुना है कि यहाँ पर एक दवाखाना बन रहा है और आप उसके लिए चंदा इकट्ठा कर रहे हैं। यह लीजिए मैं पूरे एक लाख रुपए दे रहा हूँ।'' संत अपने काम में लगे रहे और धनिक बार-बार अपने लाख रुपए के गुण गाता रहा। कुछ देर बाद संत उसकी थैली उसे वापस देते हुए बोले, ''भले मानुष, मुझे तुम्हारे रुपयों की नहीं, बल्कि तुम्हारी जरूरत है।'' यह सुनकर अमीर दंग रह गया। आज तक किसी ने उसकी भेंट को नहीं ठुकराया था और एक संत ने इतनी कीमती भेंट को पल भर में ही ठुकरा दिया। यह देखकर वह आगबबूला हो गया और क्रोध से उसकी भुजाएँ फड़कने लगीं। यह देखकर संत मुसकराते हुए बोले, ''क्यों, क्या बहुत बुरा लगा?'' अमीर व्यक्ति बोला, ''बुरा लगनेवाली बात ही है। इतनी बड़ी रकम को आपने ऐसे लात मार दी, मानो वह मिट्टी हो।'' धनिक की बात सुनकर साधु कुछ देर चुप रहे फिर बोले, ''सेठ। याद रखो, जिस दान के साथ दाता अपने को नहीं देता, वह दान मिट्टी के बराबर ही होता है। दान का अर्थ है—सम-विभाजन। दूसरे का हिस्सा तुमने ले लिया है। उसे लौटाते हो तो इसमें अभिमान का अवसर कहाँ रहता है। यह चोरी का प्रायश्चित्त है। अगर अपनी सच्ची मेहनत और कमाई से दान दोगे तो सुकून के साथ-साथ उसमें धैर्य, दया और प्रेम के तत्त्व भी मिले होंगे।'' संत की बात सुनकर धनिक का गर्व चूर-चूर हो गया। उस दिन से उसके जीवन की दिशा बदल गई।

□

कीमती पत्थर

एक मछुआरा एक दिन अंधकार में ही नदी की ओर जाल लेकर बढ़ गया। नदी के पास पहुँचने पर उसे आभास हुआ कि सूर्य निकलने में अभी देर है। घने अँधेरे में वह मस्ती से टहलने लगा। टहलते-टहलते अचानक उसने देखा कि एक जगह पर बड़े-बड़े चमकीले पत्थरों का ढेर लगा है। वह कुछ देर उन पत्थरों के समीप बैठा रहा। उसने कुछ सोचा और समय बिताने के लिए पत्थरों की ओर अपना हाथ बढ़ाया। वह धीमे-धीमे एक-एक पत्थर को नदी में फेंकता रहा। इस तरह खेल-खेल में उसने काफी सारे पत्थरों को नदी को भेंट चढ़ा दिया। अंतिम पत्थर को वह नदी में फेंकने जा ही रहा था कि तभी सूर्य की किरणें उस पत्थर पर पड़ीं और चारों ओर रोशनी फैल गई। यह देखकर मछुआरा दंग रह गया। पत्थर की चमक व रोशनी देखकर मछुआरे की धड़कनें बंद होने को हो गईं, क्योंकि वह पत्थर एक मामूली पत्थर नहीं, अपितु अनमोल हीरा था, जिसका मूल्य करोड़ों में था। वह अभी तक लगभग करोड़ों के पत्थर पानी में फेंक चुका था। यह देखकर वह फूट-फूटकर रोने लगा। अपने हाथ में बचे अंतिम पत्थर को देखकर वह अंधकार को और स्वयं को कोसता रहा। उसे विश्वास ही नहीं हो रहा था कि उसने अपने हाथों से अनेक कीमती हीरे पानी में बहा दिए हैं। वह नदी के किनारे बैठकर शोक मनाने लगा। कुछ देर बाद वहाँ से एक महात्मा गुजरे और उसे रोते देख, उसकी सारी कहानी जानकर बोले, ''बेटा, रोओ मत, प्रसन्न हो जाओ। क्योंकि तुम अब भी सौभाग्यशाली हो। यह तुम्हारा सौभाग्य है कि अंतिम पत्थर फेंकने से पहले ही सूर्य की रोशनी फूट पड़ी, वरना यह पत्थर भी तुम्हारे हाथों से निकल जाता। यह पत्थर भी बड़ा मूल्यवान है। यह एक हीरा भी तुम्हारा जीवन सँवार सकता है। जो चीज हाथ से निकल गई, उसके लिए रोने की बजाय, जो तुम्हारे हाथ में है, उसे पाकर खुश होना चाहिए।'' महात्मा की बात सुनकर मछुआरे की आँखें खुल गईं और वह खुशी-खुशी उस हीरे को अपने घर ले आया।

□

आत्मसंतोष की भावना

हेटोड़ा नामक गाँव में एक बहुत ही गरीब व्यक्ति रहता था। एक दिन वह एक महात्मा के पास गया और बोला, ''महाराज, मेरा अधिकतर जीवन गरीबी में फाके काटते हुए गुजर गया। मैं भी वैभव व अमीरी में जीवन गुजारना चाहता हूँ। कृपया आप मेरी मदद करें।'' व्यक्ति की बात सुनकर महात्मा मुसकरा दिए और बोले, ''कल तुम इसी समय मेरे पास आना और अपनी कोई भी एक इच्छा बताना। मैं उसे अवश्य पूरा कर दूँगा।'' यह सुनकर व्यक्ति खुश होते हुए अपनी झोंपड़ी में आ गया। रात भर वह यही विचार करता रहा कि मैं महात्मा से कौन सी इच्छा पूरी करने को कहूँ? कभी वह सोचता कि वह महात्मा से कहेगा कि वे उसकी महल में रहने की इच्छा पूरी कर दें। महल में रहने से वह खुद ही सेठ बन जाएगा। फिर उसने सोचा, नहीं खाली महल से तो काम नहीं चलेगा। इससे तो अच्छा वह राजा बन जाए। राजा बनकर वह सब पर शासन करेगा और उसे धन-धान्य किसी भी बात की कोई कमी नहीं रहेगी। किंतु तभी उसके मन में आया कि राजा तो स्वयं प्रजा पर आश्रित होता है। यदि उसे प्रजा पसंद न करे तो वह रातों-रात जमीन पर आ जाता है। इसी उधेड़बुन में सुबह हो गई। सुबह वह महात्मा के पास पहुँचा। महात्मा उसे देखकर मुसकराते हुए बोले, ''हाँ भाई, बोलो, तुम्हारी कौन सी इच्छा पूरी की जाए?'' महात्मा की बात सुनकर वह व्यक्ति बोला, ''महाराज, रात भर मैं इसी उधेड़बुन में लगा रहा कि कौन सी इच्छा पूरी करूँ? लेकिन मैं इस निष्कर्ष पर पहुँचा कि एक इच्छा अनेक इच्छाओं को जन्म दे देती है। इसलिए सबसे अच्छी व मन को संतोष देने वाली इच्छा तो आत्म संतुष्टि है। इसलिए आप मेरी यही इच्छा पूरी कर दीजिए कि मेरे अंदर आत्मसंतोष रहे और कभी भी असंतोष की भावना मुझे गलत मार्ग पर चलने को न प्रेरित करे।'' व्यक्ति की बात सुनकर महात्मा मुसकरा दिए और बोले, ''तथास्तु।'' इसके बाद वह व्यक्ति संतुष्ट होकर अपने घर चला गया और मेहनत से अपना जीवन बिताने लगा।

□

दान की महिमा

कृपणदास नामक एक बहुत अमीर सेठ था। वह अपने नाम के अनुरूप ही था। किसी को एक फूटी कौड़ी तक न देता था। यहाँ तक कि वह स्वयं भी कंजूसी के कारण न तो अच्छा खाता था, न पहनता था और न ही किसी को दान देता था। एक बार जिस नगर में वह रहता था, वहाँ पर महामारी का भयंकर प्रकोप हुआ। लाखों लोग महामारी की चपेट में आ गए। स्त्री-पुरुष, बच्चे-वृद्ध असहाय और अनाथ होकर गलियों में भटकने लगे। उसी नगर में अनंगनाथ नामक एक महात्मा रहते थे। उनसे नगरवालों की यह दुर्दशा देखी नहीं गई और वे लोगों की सेवा के लिए निकल पड़े। उन्होंने लोगों से चंदा एकत्रित कर अनाज व वस्त्र पीड़ितों को बाँटे, किंतु पीड़ितों की संख्या इतनी अधिक थी कि यह सहायता ऊँट के मुँह में जीरा साबित हुई। लोग तड़प रहे थे। यह देखकर महात्माजी और अधिक धन एकत्र करने के लिए धनिकों के पास चल दिए। धनिकों से उन्होंने चंदा एकत्र किया, किंतु वह काफी कम था। उन्होंने अमीर सेठ कृपणदास के बारे में सुना हुआ था। वे कुछ सोचकर उसके पास गए और बोले, ''सेठ, कृपणदास मुझे मालूम है कि तुम किसी को दान नहीं देते। मैं तुमसे दान लेने आया भी नहीं हूँ। बस मेरा एक निवेदन है कि आज रात तक के लिए तुम मुझे एक लाख रुपए तक का चेक काटकर दे दो। मैं रुपए नहीं निकालूँगा। शाम को चेक तुम्हें वापस कर दूँगा।'' कृपणदास को अनंगनाथ महात्मा की बात समझ में नहीं आई। किंतु फिर उसने सोचा कि मात्र इतना करने से दान का पुण्य स्वयं मिल रहा है, तो क्या हर्ज है। शाम को अनंगदास धन की बोरियों से लदे थे। उन्होंने चेक वापस कर दिया। यह देखकर कृपणदास बोला, ''महाराज, आपको बहुत धन मिल गया। किंतु यह चेक आपने क्यों लिया? यह मैं न समझ पाया।'' इस पर अनंगदास मुसकराते हुए बोले, ''सेठ, तुम्हारी कंजूसी से सभी वाकिफ हैं। जब उन्होंने तुम्हारा एक लाख का चैक दान के लिए देखा तो अनेक धनिकों ने मेरे आगे धन का ढेर रख दिया।'' यह सुनकर सेठ का हृदय बदल गया और उसे दान की महिमा ज्ञात हो गई। उसने वह चेक महात्मा से वापस नहीं लिया और एक लाख रुपए का एक और चेक काटकर उसी क्षण महात्मा को दे दिया। अब सेठ कृपणदास बिल्कुल बदल गया था। □

विनम्र व्यवहार

एक बार महात्मा शाहंशाहजी अमरकंटक से शहडोल जा रहे थे। रेल के डिब्बे में भारी भीड़ थी। पैर रखने के लिए तिल भर भी जगह न थी। भीड़-भाड़ में महात्मा शाहंशाहजी तो रेल में चढ़ गए, किंतु उनका शिष्य नहीं चढ़ पाया। शिष्य ने उन्हें रेल के दो टिकट थमाए और चढ़ने की अफरातफरी में उसका पैर किसी वस्तु से उलझ गया और रेल चल पड़ी। शिष्य को रेल में न चढ़ने का महात्मा को बहुत दुःख हुआ और वे भारी भीड़ से बचते हुए एक ओर को खड़े हो गए। उनके सामने की सीट पर एक सज्जन बैठे हुए थे। उनकी वेशभूषा अत्यंत आकर्षक थी। उन्होंने कोट पहना हुआ था और आराम से अपनी सीट पर बैठे सिगरेट पी रहे थे। तभी सज्जन की नजर कोने में खड़े महात्मा शाहंशाह पर पड़ी और उन्हें देखकर वह सिगरेट का कश खींचते हुए व्यंग्य से बोला, "इन साधु वेशधारी ढोंगियों ने भारत को बरबाद कर रखा है। मुफ्त का खा-खाकर मोटे हो जाते हैं। बिना टिकट रेल में यात्रा करते हैं।" महात्माजी सज्जन के कटु वाक्य सुनकर शांत रहे और मंद-मंद मुसकराते रहे। अचानक टिकट निरीक्षक डिब्बे में घुसा। उसे देखते ही सीट पर बैठे सज्जन सकपका गए। उनके पास टिकट नहीं था। महात्माजी ने अपने झोले से दो टिकट निकाले और बोले, "साहब, इनका टिकट मेरे पास है।" टिकट निरीक्षक ने स्वर की दिशा में अपना मुँह मोड़ा तो महात्मा शाहंशाह को देखकर दंग रह गया। वह तुरंत उनके चरणों में झुका और बोला, "महाराज, आपके दर्शन कर मैं कृतार्थ हो गया। बड़े दिनों से तमन्ना थी कि आपसे मिलूँ।" टिकट निरीक्षक की बात सुनकर महात्माजी ने उसे अपने गले से लगाया और आशीर्वाद दिया। उसके बाद टिकट निरीक्षक रेल से उतरकर नीचे चला गया। यह देखकर वे सज्जन पानी-पानी हो गए और महात्माजी के पैरों में गिर पड़े।

□

डाकू का हृदय परिवर्तन

आर्य मुसाफिर पंडित लेखराम लाहौर के पास के एक गाँव में आर्यसमाज के एक समारोह में प्रवचन कर रहे थे। वे वैदिक धर्म और कर्म के महत्त्व पर प्रकाश डालते हुए लोगों से बोले, ''जो भी शुभ या अशुभ कर्म मनुष्य करता है, उसका फल उसे अवश्य मिलता है। चोरी, हत्या, हिंसा आदि पाप कर्म में लिप्त लोगों को अपने कर्म का फल अवश्य भुगतना पड़ता है। हाँ यह अवश्य है कि उन्हें उनके पाप-कर्मों का फल पहले या बाद में मिल सकता है, किंतु मिलता अवश्य है। इसलिए जहाँ तक हो सके, व्यक्ति को बुरे कर्म करने से बचना चाहिए।'' पंडितजी के प्रभावशाली वचनों को लोग सुन रहे थे। उस समय वहाँ पर उस क्षेत्र का कुख्यात डाकू मुगला भी उपस्थित था। पंडितजी के इन उद्‌गारों ने मुगला को परेशान कर दिया। प्रवचन पूरा होने के बाद मुगला पंडितजी के पास गया और उन्हें प्रणाम कर बोला, ''पंडितजी, मैं आपसे अकेले में कुछ बात करना चाहता हूँ। आप कहाँ पर ठहरे हुए हैं?'' मुगला की बातें सुनकर पंडितजी ने उसे अपना पता बता दिया। रात्रि के समय मुगला पंडितजी के पास पहुँचा। वहाँ उपस्थित लोग उसे देखते ही काँपने लगे और वहाँ से चले गए। मुगला पंडितजी के चरण स्पर्श कर के बोला, ''पंडितजी मैं तो वर्षों से लोगों को सता रहा हूँ, उनके घरों को लूटता रहा हूँ। कई हत्याएँ कर चुका हूँ। कृपया आप मुझे शांति एवं प्रगति का मार्ग दिखाएँ।'' मुगला की बातें सुनकर पंडितजी बोले, ''यदि तुम आज से ही अपराध करना छोड़ दो, लोगों की सेवा-सहायता करो और अपने जीवन को ईश्वर की आराधना में लगाने का संकल्प करो तो तुम अपने पापों से मुक्ति पा सकते हो और एक सम्मानीय जीवन भी जी सकते हो।'' कुख्यात अपराधी मुगला ने उसी समय पंडित लेखरामजी के बताए मार्ग पर चलने का दृढ-संकल्प लिया। कुछ ही दिनों में वह अपराधी की बजाय सच्चे और अच्छे आदमी के रूप में पहचाना जाने लगा।

□

भाग्य और पुरुषार्थ

एक बार दो राज्यों के शासकों के बीच युद्ध की तैयारियाँ चल रही थीं। दोनों ही शासक एक प्रसिद्ध संत के भक्त थे। दोनों ही अपनी विजय का आशीर्वाद माँगने के लिए अलग-अलग समय पर उनसे आशीर्वाद माँगने के लिए गए। पहले शासक ने उनसे विजय का आशीर्वाद माँगा। शासक की बात पर संत ने कुछ देर ध्यानमग्न होकर आँखें बंद कीं और फिर कुछ देर बाद उसे आशीर्वाद देते हुए बोले, ''तुम्हारी विजय निश्चित है।'' कुछ समय बाद दूसरा शासक भी यही आशीर्वाद माँगने के लिए उनके पास पहुँचा। उसकी बात पर भी संत ने कुछ देर आँखें बंद कीं और फिर आँखें खोलकर उससे बोले, ''तुम्हारी विजय संदिग्ध है।'' दूसरा शासक संत की यह बात सुनकर चला आया। किंतु उसने हार नहीं मानी और अपने सेनापति से कहा, ''हमें मेहनत और पुरुषार्थ पर विश्वास करना चाहिए। इसलिए हमें जोर-शोर से तैयारी करनी होगी। दिन-रात एक कर युद्ध की बारीकियाँ सीखनी होंगी। अपनी जान तक को झोंकने के लिए तैयार रहना होगा।'' इधर पहले शासक की प्रसन्नता का ठिकाना न था। उसकी विजय निश्चित हो चुकी थी, इसलिए उसने अपना सारा ध्यान आमोद-प्रमोद व नृत्य-संगीत में लगा दिया। उसके सैनिक भी रंगरलियाँ मनाने में लग गए। निश्चित दिन युद्ध आरंभ हो गया। जिस शासक को विजय का आशीर्वाद था, उसे कोई चिंता ही न थी। उसके सैनिकों ने भी युद्ध का अभ्यास नहीं किया था। दूसरी ओर जिस शासक की विजय संदिग्ध थी, उसने व उसके सैनिकों ने दिन-रात एक कर युद्ध की अनेक बारीकियाँ जान ली थीं। उन्होंने युद्ध में अपनी इन्हीं बारीकियों का प्रयोग किया और कुछ ही देर बाद पहले शासक की सेना को परास्त कर दिया और विजय हासिल कर ली। यह अप्रत्याशित निर्णय देखकर पहला शासक बौखला गया और उन्हीं संत के पास जाकर कहा, ''महाराज, आपकी वाणी में कोई दम नहीं है। आप गलत भविष्यवाणी करते हैं।'' उसकी बात सुनकर संत मुसकराते हुए बोले, ''पुत्र, इतना बौखलाने की आवश्यकता नहीं है। तुम्हारी विजय निश्चित थी, किंतु उसके लिए मेहनत और पुरुषार्थ भी तो जरूरी था। किस्मत भी हमेशा कर्मरत और पुरुषार्थी मनुष्यों का साथ देती है और उसने दिया भी है,

तभी तो दूसरा शासक पुरुषार्थ के बल पर विजय पा गया, जबकि उसकी पराजय निश्चित थी, किंतु किस्मत पुरुषार्थ का साथ देती है।" संत की बात सुनकर अपराजित शासक लज्जित हो गया और संत से क्षमा माँगकर वापस चला आया। वापस आने के बाद उसने निश्चय किया कि अब वह निरंतर पुरुषार्थ करेगा और कभी भी भाग्य के भरोसे हाथ-पर-हाथ रखकर नहीं बैठेगा।

□

सबसे तेज विष

एक बार एक राजा दरबार में बैठे विद्वजनों से अपनी जिज्ञासाओं का समाधान कर रहे थे। उन्होंने दरबार में अनेक तरह के प्रश्न किए, जिस पर सभी विद्वजनों ने अपनी-अपनी राय प्रकट की। सहसा उन्होंने सभी विद्वजनों की ओर देखते हुए कहा, ''विद्वजनो, कृपया यह बताएँ कि सबसे तेज काटने वाला कौन होता है।'' राजा के प्रश्न पर एक विद्वान् ने जवाब दिया, ''महाराज, सबसे तेज काटने वाला ततैया होता है। उसके काटने पर इनसान की चीख निकल जाती है।'' दूसरे विद्वान् ने कहा, ''महाराज, मेरी नजर में तो सबसे तेज काटने वाली मधुमक्खी है।'' तीसरे ने कहा, ''मेरे नजरिए से तो बिच्छू सबसे तेज काटता है।'' चौथे विद्वान् बोले, ''महाराज, साँप का काटा तो पानी भी नहीं माँगता। इसलिए वही सबसे तेज काटने वाला हुआ।'' सभी विद्वानों के जवाब सुनने के बाद भी राजा उनमें से किसी के भी जवाब से संतुष्ट नहीं हुए। फिर उन्होंने सिंहासन पर विराजमान राजगुरु से कहा, ''गुरुजी, इसका उत्तर आप ही दीजिए।'' राजा का सवाल सुनकर राजगुरु बोले, ''राजन्, मेरी दृष्टि में तो सबसे ज्यादा जहरीले दो ही होते हैं। एक निंदक और दूसरा चाटुकार।'' यह जवाब सुनकर राजा प्रश्नवाचक मुद्रा में बोले, ''गुरुजी, विस्तार से समझाइए।'' इस पर राजगुरु बोले, ''राजन् निंदक के हृदय में निंदा-द्वेष रूपी जहर भरा रहता है। वह निंदा करके पीछे से ऐसे काटता है कि मनुष्य तिलमिला उठता है। चाटुकार अपनी वाणी में मीठा विष भरकर ऐसी चापलूसी करता है कि मनुष्य अपने दुर्गुणों को गुण समझकर अहंकार के नशे में चूर हो जाता है। चापलूस की वाणी विवेक को काटकर जड़मूल से नष्ट कर देती है। अनेक ऐसे उदाहरण सामने हैं, जिनमें निंदक व चापलूस ने मनुष्य को इस प्रकार काटा कि वे जड़ से समूल नष्ट हो गए।'' राजगुरु का जवाब सुनकर राजा समेत सभी विद्वजन उनसे पूरी तरह सहमत हो गए।

□

कुदरत का सच

धनीराम नामक एक व्यक्ति बहुत अधिक धनवान था। उसके पास अथाह धन था। किंतु अथाह धन के होते हुए भी अभी तक वह घमंड, लोभ, असत्य आदि अवगुणों से दूर था। एक दिन उसने सुना कि उसके शहर में एक प्रसिद्ध संत पधारे हैं और वह प्रत्येक व्यक्ति की समस्याओं को दूर करने में उनकी मदद करते हैं। धनीराम भी अपने बढ़ते धन के कारण कुछ चिंतित रहने लगा था। इसलिए वह भी अपनी समस्या के समाधान के लिए उन संत के पास पहुँचा। संत उस समय तपस्या में लीन थे। जब उनकी तपस्या पूरी हो गई तो धनीराम हाथ जोड़कर उनसे बोला, ''गुरुजी, मेरे पास अथाह संपत्ति है, किंतु अभी तक मैं अथाह संपत्ति होने पर भी घमंड, लोभ, पाप, असत्य जैसे अवगुणों से दूर हूँ और मैं उनसे दूर ही रहना चाहता हूँ। कृपया आप मुझे कुदरत का ऐसा सच बताइए, जिससे कि अथाह धन होने पर भी मेरे अंदर कभी अवगुण न पनपने पाएँ और यदि पनपने भी लगें तो कुदरत का सच मुझे उसी क्षण सचेत कर दे।'' धनीराम की बात सुनकर संत उसे अपने साथ लेकर श्मशान भूमि में आ गए। धनीराम को बहुत हैरानी हुई कि भला श्मशान भूमि में कुदरत का ऐसा कौन सा सच पता लगेगा, जो मुझमें अवगुण पनपने से रोकेगा। कुछ ही देर बाद लोग एक करोड़पति व्यक्ति के शव को लेकर आए और उसे पंचतत्त्व में विलीन कर चले गए। उसके कुछ ही देर बाद दूसरे लोग एक फकीर के शव को भी पंचतत्त्व में विलीन कर के चले गए। उनके जाने के बाद संत ने एक मुट्ठी की राख में करोड़पति की चिता की ली और दूसरी मुट्ठी में फकीर की। फिर वे दोनों मुट्ठी की राख धनीराम को दिखाते हुए बोले, ''देखो व्यक्ति अमीर हो या गरीब, अंत में दोनों एक समान हो जाते हैं। इसलिए व्यक्ति को अपने यश, धन व तन पर गर्व न कर नेक कर्मों को करना चाहिए ताकि मृत्यु के बाद उसे मोक्ष प्राप्त हो सके। संत की बात सुनकर धनीराम कुदरत का सच समझ गया कि अंत में सभी मात्र मिट्टी बनकर रह जाते हैं। इसके बाद वह हमेशा अपने धन का सदुपयोग करने लगा और उसने अपना अधिकतर धन मानव कल्याण के कार्यों के लिए लगा दिया और स्वयं भी ईमानदारी से नेक कार्य करते हुए अपना जीवनयापन करने लगा। □

हीरे का मुकुट

एक संत हमेशा भगवान् के भजन में लीन रहता था। जब उसकी आयु पूरी हो गई तो मरने के बाद वह स्वर्ग में गया। स्वर्ग में उसे ईश्वर की आराधना करने के लिए सोने का मुकुट दिया गया। वह सोने का मुकुट प्राप्त कर अत्यंत खुश हो गया। किंतु तभी उसने कुछ देर बाद देखा कि कुछ व्यक्तियों को, जोकि संत न होते हुए भी केवल गृहस्थ व साधारण मनुष्य थे, उनके हाथों में हीरे-जवाहरात के मुकुट हैं। यह देखकर उसके आश्चर्य की सीमा न रही। उसे यह समझ ही नहीं आ रहा था कि केवल आम व्यक्तियों को हीरे के मुकुट कैसे दिए गए हैं, जबकि उसने इतनी अधिक तपस्या कर ईश्वर की आराधना की तब भी उसे केवल सोने का मुकुट दिया गया है। वह इस जिज्ञासा का समाधान पाने के लिए देवदूत के पास गया और उनसे इस भेदभाव का कारण पूछा। संत की बात सुनकर देवदूत मुसकराते हुए बोले, ''तुमने हीरे-जवाहरात दिए ही कहाँ थे, जो यहाँ पर मिलते?'' देवदूत का यह जवाब संत को कुछ समझ नहीं आया। वह बोला, ''तो क्या इन आम व्यक्तियों ने हीरे-जवाहरात दान किए थे?'' संत का जवाब सुनकर देवदूत बोला, ''अरे तुम एक विद्वान् संत होकर भी इतना नहीं समझते कि असली हीरे-जवाहरात वे आँसू हैं, जो किसी की पीड़ा समझकर, किसी के दु:ख-तकलीफ महसूस करके उसकी मदद को तत्पर आँखों से गिरते हैं। तुमने तो ऐसा एक भी आँसू अपनी आँखों से नहीं गिराया। माना कि तुम ईश्वर आराधना में अत्यंत सुखी व खुश थे। किंतु वह तो केवल तुमने अपने लिए किया। इसमें दूसरों के आँसू पोंछने व उन्हें खुशी देने जैसा तो तुम्हारा कोई भी कार्य नहीं था। सच्चे मन से ईश्वर की आराधना करने के कारण ही तुम्हें सोने का मुकुट मिला है, किंतु हीरे-जवाहरात का मुकुट तो केवल उनके लिए है, जिन्होंने दूसरों के दु:ख व पीड़ा को दूर करने में अपने आँसू बहाए हैं और पीड़ितों के आँसू पोंछे हैं।'' देवदूत की बात समझकर संत को यह समझ आ गया कि मानव का असली कार्य तो जरूरतमंद व असहायों की मदद करना है, उनकी पीड़ा को दूर करना है और हर क्षण उनकी पीड़ा-दु:ख को बाँटना ही सच्ची मनुष्यता है। ऐसा व्यक्ति ही वास्तव में स्वर्ग में हीरे के मुकुट का हकदार हो सकता है। □

ज्ञानी और सदाचारी

एक राजा का देवमित्र नामक पुरोहित अत्यंत ज्ञानवान व गुणवान था। राजा और प्रजा सभी उसका बहुत सम्मान करते थे। एक दिन पुरोहित के मन में यह विचार उपजा कि उसका सम्मान वास्तव में सिर्फ उसके ज्ञान के कारण है या उस सम्मान के पीछे उसका सदाचार भी छिपा हुआ है। यही जानने के लिए उसने अगले दिन राजसभा संपन्न होने पर जाते समय राजकोष से एक सिक्का उठा लिया। कोषाध्यक्ष पुरोहित को सिक्का उठाते देखकर हैरान रह गए, किंतु फिर वे यह सोचकर चुप रह गए कि देवमित्र जैसे महान् व्यक्ति ने सिक्का कुछ सोच-समझकर ही उठाया होगा। किंतु जब देवमित्र ने यही हरकत लगातार दस दिनों तक की, तो कोषाध्यक्ष ने तुरंत पुरोहित को गिरफ्तार करने का आदेश दे दिया। अगले दिन राजसभा में राजा व प्रजा सभी ज्ञानी पुरोहित देवमित्र को चोर के रूप में देखकर हैरान रह गए। राजा देवमित्र से बोले, ''चोरी जैसा जघन्य अपराध करके तुमने हमारे और प्रजा दोनों के ही सम्मान को ठेस पहुँचाई है, क्योंकि किसी को भी तुमसे ऐसे कुकृत्य की उम्मीद नहीं थी। इसलिए तुम्हें चोरी का दंड तो अवश्य मिलेगा।'' राजा के यह कहते ही देवमित्र बोला, ''महाराज, मुझे आपके द्वारा दिया जानेवाला दंड मान्य है, किंतु उससे पहले मैं आपसे कुछ कहना चाहता हूँ।'' राजा के आज्ञा देने पर देवमित्र बोला, ''महाराज, मैंने राजकोष से सिक्के उठाए अवश्य हैं, किंतु मैं चोर नहीं हूँ।'' देवमित्र के यह बोलने पर राजा हैरानी से बोला, ''भला यह कैसे संभव है कि तुमने सिक्के भी चुराए हैं और तुम चोर भी नहीं हुए?'' इस पर देवमित्र बोला, ''महाराज, दरअसल मैंने यह अपराध केवल यह जानने के लिए किया था कि मेरा सम्मान ज्ञान के कारण है अथवा सदाचार के कारण। आज मुझे यह पता चल गया है कि मेरा यह सम्मान पहले मेरे सदाचार के कारण है और उसके बाद ज्ञान के कारण, क्योंकि ज्ञानी व्यक्ति भी यदि सदाचारी न हो तो उसके ज्ञान का कोई मोल नहीं है। यदि ऐसा न होता तो मैं आज यहाँ पर कटघरे में न खड़ा होता।'' राजा ने पुरोहित की बात सुनकर उसे मुक्त कर दिया और कहा, ''देवमित्र, तुम्हारा कहना सही है कि ज्ञानी व्यक्ति का भी सदाचारी होना जरूरी है। सदाचार से ही व्यक्ति पहले पहचाना जाता है, उसके बाद अपने किसी अन्य गुण से।'' सभी राजा की बात से सहमत हो गए। ◻

परोपकार का फल

यह घटना उस समय की है, जब मिस्र देश में सेरोपियो नाम के एक संत रहते थे। वे परोपकार को ही जीवन का असली अर्थ मानते थे। वे सदैव मोटे कपड़े का चोगा पहनते थे। उनका चोगा जगह-जगह से फटा हुआ था। यह देखकर एक दिन एक व्यक्ति ने उनसे कहा, ''गुरुजी, आपका चोगा बुरी तरह फट गया है। आप इसे बदलकर नया चोगा क्यों नहीं पहन लेते?'' उस व्यक्ति की बात पर संत सेरोपियो बोले, ''अभी तो मेरा चोगा कुछ समय तक और चल जाएगा, जितने में मेरा नया चोगा आएगा, उतने में तो किसी जरूरतमंद की मदद हो जाएगी। धर्म की सीख और आदेश भी यही है कि परोपकार से बड़ा कार्य इस दुनिया में और कोई नहीं है। हम से जहाँ तक हो सके, परोपकार करना चाहिए, क्योंकि इस परोपकार का फल हमें इस जन्म में ही नहीं, अपितु जन्मों-जन्मों तक मिलता रहता है।'' संत सेरोपियो की यह बात सुनकर वह व्यक्ति आश्चर्य से बोला, ''गुरुजी, जरा वह ग्रंथ तो दिखाएँ, जिसमें परोपकार के बारे में यह सब लिखा हुआ है।'' उस व्यक्ति की बात पर संत बोले, ''वह ग्रंथ मेरे पास नहीं है, उसे मैंने बेच दिया।'' संत की यह बात सुनकर उस व्यक्ति को हँसी आ गई और वह बोला, ''क्या पवित्र ग्रंथ भी भला कहीं बेचा जाता है?'' उस व्यक्ति को हँसते हुए देखकर संत सेरोपियो बोले, ''महाशय, जो ग्रंथ दूसरों की सेवा करने के लिए अपनी चीजों को बेचने का उपदेश देता है, उसे बेचने में कोई हर्ज नहीं है। उस ग्रंथ को मैंने अपने हृदय में कंठस्थ किया हुआ है और मैं उस ग्रंथ में लिखी हुई बातों पर चल रहा हूँ। यदि वह ग्रंथ मेरे पास होता और मैं उसमें लिखी हुई बातों को अपने हृदय में न उतार कर उन पर अमल न करता तो वह ग्रंथ मेरे पास होते हुए भी व्यर्थ होता, जबकि उस ग्रंथ को बेचने पर मैंने उससे हुई कमाई को जरूरतमंदों में तो बाँटा ही है, इसके अलावा वह ग्रंथ जहाँ भी होगा, वहाँ भी अनेक लोगों को परोपकार की शिक्षा दे रहा होगा। ऐसे में बताओ, उस ग्रंथ को मैं अपने पास रखकर क्या करता? ग्रंथ व पुस्तकें तो होती ही हैं, परोपकार की राह दिखाने के लिए, दुनिया को दिशा दिखाने के लिए। अपने पास व्यर्थ जमा करने के लिए नहीं।'' संत सेरोपियो की बात सुनकर वह व्यक्ति अत्यंत शर्मिंदा हुआ और उसने उसी क्षण परोपकार का व्रत ले लिया। □

स्नेह की भावना

संतपुर नामक गाँव में दो भाई रहते थे। एक का नाम था—क्रियो और दूसरे का नाम था—त्रियो। क्रियो बेहद शांत स्वभाव का था और वह हमेशा दूसरों की भलाई के लिए काम करता था, जबकि त्रियो के मन में स्वार्थ भरा हुआ था। वह अपने स्वार्थ के आगे किसी के दुःखी-दर्द की पीड़ा तो दूर, बल्कि मरने वाले की आह भी नहीं सुनता था। क्रियो अपने भाई के स्वार्थ से परेशान था। वह किसी भी तरह उसकी इस बुरी आदत को दूर करना चाहता था। एक दिन उनके गाँव में पहुँचे हुए संत पधारे। क्रियो को जब उन विद्वान् संत के बारे में पता चला तो वह उनके पास गया और उनकी बहुत सेवा की। संत क्रियो के व्यवहार व आचरण से बहुत प्रसन्न हुए। एक दिन क्रियो अपने साथ त्रियो को भी ले गया। किंतु त्रियो ने न तो संत को नमस्कार किया और न ही उनकी कोई सेवा की उलटे वह क्रियो को उनकी सेवा करते हुए देखकर चिढ़ने लगा। संत यह बात समझ गए। कुछ देर बाद उन्होंने क्रियो और त्रियो दोनों को अपने पास बुलाया और बोले, ''मैं तुम दोनों को कुछ देना चाहता हूँ, बोलो क्या चाहते हो?'' त्रियो यह सुनते ही तुरंत बोला, ''महाराज, मुझे तो ढेर सारे हीरे-जवाहरात चाहिए, जिससे कि मैं पूरी जिंदगी आराम से बिता सकूँ।'' वहीं क्रियो बोला, ''महाराज, मुझे कुछ नहीं चाहिए। बस मुझे तो आप ऐसा वरदान दीजिए जिससे कि मैं जीवन भर सभी लोगों के साथ स्नेह करूँ और उनकी सेवा कर सकूँ।'' दोनों की बात सुनकर संत ने दोनों को एक-एक गठरी दी और बोले, ''तुम दोनों इसे लेकर आश्रम का एक चक्कर काट कर आओ। फिर तुम दोनों की बातें पूरी हो जाएँगी।'' दोनों जब गठरी लेकर चलने लगे तो त्रियो कुछ ही देर बाद बुरी तरह थक गया और उलटे पाँव संत के पास जाकर बैठ गया, जबकि क्रियो आराम से पूरा चक्कर काट कर संत के पास गया। त्रियो संत से बोला, ''महाराज, मेरी गठरी तो इतनी भारी थी कि उसे सिर पर रखते ही चक्कर आने लगे, बेहोशी छाने लगी और एक पग चलना भी मुश्किल हो गया। इसलिए मैं उलटे पाँव भागकर आपके पास आ गया।'' दूसरी ओर त्रियो बोला, ''महाराज, मेरी गठरी तो बेहद हलकी थी। उसे सिर पर रखते ही मुझे तो बेहद आनंद का अनुभव हुआ और मुझे ऐसा एहसास हुआ, जैसे कि

मैं स्वर्ग पहुँच गया हूँ।'' दोनों के अपने-अपने विचार रखने पर संत बोले, ''वत्स दरअसल तुम दोनों का ऐसा अपने-अपने स्वभाव के अनुरूप महसूस हुआ। वास्तव में दोनों गठरियों में लकड़ियों के बोझ के अलावा कुछ और नहीं था। किंतु जो तुम दोनों को महसूस हुआ, वह इसलिए, क्योंकि दूसरों के प्रति स्नेह व मदद की भावना मस्तिष्क से परेशानी को स्वयं ही दूर कर देती है। दूसरी ओर स्वार्थ की भावना के कारण त्रियो को बोझ अधिक लगा, क्योंकि इसने कभी अपनी स्वार्थपूर्ति से अधिक सोचा ही नहीं। वास्तव में दूसरों के प्रति स्नेह व दया का भाव रखनेवाला व्यक्ति ही इस जीवन में बड़े-से-बड़े बोझ को सहन करने की व बड़ी-से-बड़ी मुसीबत को दूर करने की क्षमता रखता है।'' संत की बात सुनकर त्रियो की आँखें खुल गईं और उसने संत के सामने प्रतिज्ञा की कि आगे से वह कभी भी स्वार्थ की भावना नहीं रखेगा, अपितु सबके प्रति समान भाव व मदद की भावना से अपना जीवन बिताएगा। क्रियो अपने भाई के सुधर जाने पर बेहद खुश था।

□

मार्ग का पत्थर

एक बार यूनान के महान् दार्शनिक संत डायोजिनस एक सड़क के किनारे बैठकर विश्राम कर रहे थे। सड़क के बीच में एक बड़ा सा पत्थर पड़ा हुआ था। अनेक राहगीर सड़क पर आते और बड़े से पत्थर को देखकर दूसरे मार्ग से निकल जाते तथा जो राहगीर अपनी ही धुन में चल रहे होते, वे पत्थर से टकराकर अपनी चोटों को सहलाते हुए आगे बढ़ जाते। यह क्रम काफी देर तक चलता रहा। संत डायोजिनस आने-जानेवाले राहगीरों की इन गतिविधियों को बड़ी देर तक देखते रहे। कुछ ही देर बाद अपनी ही रौ में चलता हुआ एक नवयुवक तेजी से उस तरफ आया और पत्थर को न देखकर, उससे बड़ी जोर से टकरा कर चीखकर गिर पड़ा। वह किसी तरह सँभल कर उठा और उठते ही मार्ग में पत्थर डालने वाले व्यक्ति को कोसने लगा। यह देखकर संत डायोजिनस जोर से हँस पड़े। वह युवक संत डायोजिनस को अपने गिरने पर जोर से हँसते हुए देखकर उनके पास जाकर गुस्से से बोला, ''एक तो पत्थर से टकराने के कारण मुझे चोट लग गई और आपको हँसी सूझ रही है।'' युवक की इस बात पर संत गंभीर होते हुए बोले, ''भद्र, मैं तुम्हारे गिरने पर नहीं हँसा। तुम्हारी चोट के लिए तो मैं हृदय से दुःखी हूँ, किंतु हँसी मुझे तुम्हारी बुद्धि पर आ रही है।'' युवक संत की यह बात सुनकर अचरज करते हुए बोला, ''वह कैसे?'' संत डायोजिनस बोले, ''मैं जब से यहाँ बैठा हूँ, तब से अनेक राहगीर इस मार्ग से गुजरे। कुछ इस पत्थर से टकराए और कुछ बच कर निकल गए। लेकिन किसी ने भी इस पत्थर को मार्ग से हटाने का साहस न किया। तुम तो उन से भी दो कदम आगे निकले। चोट खाकर भी पत्थर हटाने की बजाय पत्थर रखनेवाले को कोसते रहे, पर तुम्हारी बुद्धि में यह बात नहीं आई कि उस पत्थर को मार्ग से हटा दिया जाए। अरे भले मानस, पत्थर से तो ठोकर लगती ही है, किंतु यदि जरा सी इनसानियत व समझदारी से उस पत्थर को ही हटा दिया जाए तो मार्ग अत्यंत सुगम हो जाता है।'' यह सुनकर वह युवक अत्यंत लज्जित हो गया और फिर उसने संत डायोजिनस के साथ मिलकर उस पत्थर को मार्ग से हटा दिया तथा उनके प्रति श्रद्धा से नतमस्तक होकर अपने मार्ग पर चल दिया। □

अहंकार

किसी समय में सिंधु नदी के किनारे सौम्यदेव नामक एक विद्वान् ऋषि रहते थे। अपने नाम के अनुरूप वे बहुत ही सौम्य, विद्वान् व सभी विद्याओं में निपुण थे। उनके आश्रम में अनेक शिष्य शिक्षा प्राप्त करते थे। सौम्य ऋषि अपने शिष्यों को अत्यंत लगन से विद्या का ज्ञान देते थे। उनके शिष्यों में दो शिष्य बेहद प्रतिभावान व गुणी थे। अनेक वर्षों की कड़ी साधना के बाद दोनों अपने-अपने विषय के विद्वान् बन गए। विद्वत्ता के मद ने धीरे-धीरे दोनों को बेहद अभिमानी एवं ईर्ष्यालु बना दिया। दोनों ही एक-दूसरे को फूटी आँखों नहीं भाते थे। यहाँ तक कि वे आश्रम का काम भी मिल-जुलकर करना पसंद नहीं करते थे। एक दिन जब सौम्य ऋषि गंगास्नान करके लौटे, तो उन्होंने देखा कि दोनों शिष्य आपस में झगड़ रहे थे। दोनों ही एक-दूसरे पर व्यंग्योक्ति कर एक-दूसरे को आश्रम की सफाई के लिए बोल रहे थे। ऋषि ने जब उनके झगड़ने का कारण पूछा तो पहला शिष्य तेजी से बोला, ''गुरुजी, मैं इससे हर विद्या व कला में श्रेष्ठ हूँ। ऐसे में इसे मेरी हर बात माननी चाहिए। मैं इससे आश्रम की सफाई के लिए कह रहा हूँ। लेकिन यह मान ही नहीं रहा है।'' उसकी बात पर दूसरा शिष्य तपाक से बोला, ''गुरुजी, मैं क्यों आश्रम की सफाई करूँ? मैं भी इससे किसी मामले में कम नहीं हूँ।'' इस तरह दोनों का झगड़ा बढ़ने लगा। झगड़ा बढ़ते देख सौम्य ऋषि सहजता से बोले, ''तुम दोनों ठीक कह रहे हो। अब तुम दोनों इतने विद्वान् व श्रेष्ठ हो गए हो कि सफाई जैसा छोटा काम तुम दोनों को शोभा नहीं देता। अत: आज से सफाई का काम मैं किया करूँगा।'' यह कहकर जैसे ही वे झाड़ू उठाने लगे, वैसे ही दोनों ने ऋषि के हाथों से झाड़ू ले ली और अपने व्यवहार के लिए माफी माँगने लगे। उन दोनों को ऐसा करते देख सौम्य ऋषि बोले, ''पुत्रो, ज्ञान व कला प्राप्त कर के उसमें प्रवीणता लाना बहुत अच्छी बात है, किंतु अहंकार चाहे कला का हो या धन का, इनसान को ले ही डूबता है। इसलिए स्वयं में गुणों का समावेश कर उन्हें इस प्रकार फैलाओ कि पूरा विश्व तुम पर गर्व करे, ऐसा काम न करो, जिससे कि तुम्हारे गुण केवल तुममें ही सिमटकर संकुचित हो जाएँ। अहंकार पर विजय पाकर ही तुम स्वयं को विश्व में साबित कर सकते हो।'' सौम्य ऋषि की बात से दोनों सहमत हो गए और दोनों ने एक-दूसरे को गले लगाकर अहंकार को सदा-सदा के लिए अपने व्यक्तित्व से निकालने का वचन लिया। □

सत्संग का प्रभाव

एक बार मगध के राजा चित्रांगद अपने मंत्री के साथ प्रजा के सुख-दुःख का पता लगाने के लिए दौरे पर निकले। जब वे मार्ग से गुजर रहे थे तो उन्हें पता चला कि यहाँ से कुछ ही दूर जंगल में एक महान् तपस्वी आए हैं और वे अत्यंत बैरागी हैं। यह जानकर चित्रांगद उस तपस्वी से मिलने के लिए जंगल की ओर चल पड़े। जंगल में उन्होंने देखा कि एक महान् तपस्वी पूजा-पाठ में मगन हैं और उनके चेहरे पर अपूर्व तेज व कांति झलक रही है। राजा उनके पास पहुँचे और उनके दर्शन करके बोले, ''गुरुजी, मैं यहाँ का राजा हूँ। मैं चाहता हूँ कि मेरे राज्य में किसी को भी किसी तरह का कष्ट न पहुँचे। इसलिए आप ये कुछ सोने की मोहरें रख लीजिए और जंगल से बाहर अपना जीवन बिताइए।'' राजा की बात पर तपस्वी बोले, ''पुत्र, मैं तो एक ऋषि हूँ, भला इन मोहरों का मेरे पास क्या काम? मेरी बजाय, आप इन मोहरों को किसी निर्धन को दीजिए, जिससे कि उसका जीवन सुगम हो जाए।'' तपस्वी की बात पर राजा बोले, ''गुरुजी, लेकिन आपको भी तो जीविकोपार्जन के लिए रुपयों की आवश्यकता होती ही होगी न। ऐसे में आप इन मोहरों को क्यों ठुकरा रहे हैं?'' तपस्वी बोले, ''पुत्र, दरअसल हम स्वर्ण रसायन से ताँबे को सोना बना देते हैं और उसी से अपनी धन की पूर्ति करते हैं।'' यह सुनकर राजा हैरान हो गया और वह बोला, ''गुरुजी, आप ताँबे से सोना बनाने की कला जानते हैं। कृपया कर हमें भी वह कला सिखा दीजिए। फिर तो हमारे राज्य में कभी भी रुपए की कमी नहीं होगी और प्रजा अपना सारा जीवन आराम से व्यतीत करेगी।'' राजा की बात पर तपस्वी बोले, ''राजन्, मैं तुम्हें वह कला सिखा दूँगा, किंतु उसके लिए तुम्हें एक वर्ष तक मेरे साथ रहकर साधना करनी होगी।'' राजा अपनी प्रजा के हित के लिए तपस्वी के साथ साधना करने को तैयार हो गए। वे एक वर्ष तक निस्स्वार्थ तपस्वी के साथ साधना करते रहे। इसी बीच उन्हें यहाँ पर सच्चे अध्यात्म और आनंद की प्राप्ति हुई और उनका धन से मोह दूर हो गया। एक दिन तपस्वी बोले, ''आओ राजन्, आज मैं तुम्हें ताँबे से सोना बनाने की कला सिखाता हूँ।'' तपस्वी की

बात पर राजा बोले, "गुरुजी, अब मुझे स्वर्ण रसायन की जरूरत नहीं है, क्योंकि इस एक वर्ष में आपने मेरे पूरे अस्तित्व को ही अमृत रसायन में परिवर्तित कर डाला है। बस आप मुझे आशीर्वाद दीजिए कि मैं निस्स्वार्थ भाव से ऐसे ही प्रभु को स्मरण करते हुए अपने कार्य करूँ।" तपस्वी राजा को आशीर्वाद देकर वहाँ से चले गए।

□

सुखी व्यक्ति

दिग्विजय सिंह नामक एक राजा अपनी प्रजा का बहुत ध्यान रखता था। वह चाहता था कि उसके शासन में सभी सुखी हों, किंतु फिर भी आए दिन उसके पास ऐसे लोग आते रहते थे, जो किसी-न-किसी परेशानी व दु:ख से पीड़ित रहते थे। जब काफी दिन तक लोग उसके पास अपने दु:खों को लेकर आते रहे तो आखिर उससे रहा न गया और उसने अपने मंत्रियों से कहा कि आप लोग किसी ऐसे व्यक्ति को खोजकर लाएँ, जो पूर्ण रूप से सुखी हो। जो भी व्यक्ति सबसे सुखी व्यक्ति को खोज कर लाएगा, उसको इनाम दिया जाएगा। राजा का आदेश सुनकर सभी मंत्रीजन ऐसे व्यक्ति की तलाश में निकल पड़े। वे घर-घर जाकर पूछते कि हमें एक ऐसे व्यक्ति की तलाश है, जिसे किसी भी किस्म का कोई दु:ख न हो और जो हर तरह से सुखी हो।'' मंत्रीजनों की इस बात पर उन्हें हर घर से यही जवाब मिलता कि भैया हम कहाँ सुखी हैं? हमें तो अनेक तरह के दु:ख हैं। हमारा बच्चा बीमार पड़ा है। इस प्रकार सभी मंत्रीजनों को हर घर में इस प्रकार के ही समाचार मिलते कि उनके घर में मौत हुई है, तो कहीं लड़का आज्ञा का पालन नहीं करता, तो कहीं पर पूरा परिवार अपनी जवान बेटी के विवाह की चिंता में डूबा हुआ है। इस प्रकार घूमते-घूमते पूरा दिन निकल गया, किंतु मंत्रीजनों को एक भी ऐसा व्यक्ति नहीं मिला, जो पूर्ण रूप से सुखी हो। मंत्री निराश होकर वापस राज्य की ओर लौटने लगे। मार्ग में उन्हें एक साधु प्रसन्न मुद्रा में भजन-कीर्तन करते हुए नजर आए। वे आखिरी आशा लेकर साधु के पास गए और उनसे अपनी समस्या बताई। सारी बात जानकर साधु बोले, ''भद्रो, मैं सचमुच सुखी व्यक्ति हूँ, क्योंकि मेरे अंदर असंतोष की भावना नहीं है।'' मंत्री साधु को अपने साथ ले गए और राजा के सामने खड़ा कर दिया। साधु राजा से बोले, ''राजन्, सुखी तो सभी होना चाहते हैं, किंतु सुखी कैसे रहा जाता है यह कोई नहीं जानता, इसलिए सबके पास अपने-अपने दु:खों की लंबी कतार है। वास्तव में मानव जीवन तो संघर्ष और समस्याओं का ही नाम है, किंतु यदि मानव इन संघर्ष व समस्याओं का निडरता व प्रसन्नता से सामना करे और अपने मनोभावों लोभ, मोह, ईर्ष्या, क्रोध, असंतोष आदि पर विजय प्राप्त कर ले तो फिर उसे सुखी होने से कोई

नहीं रोक सकता। वस्तुत: सभी सुखी हो सकते हैं, किंतु वे इस गूढ बात को जानने की बजाय सुख की खोज में कस्तूरी मृग की तरह इधर-उधर भागते रहते हैं। ईर्ष्या, लोभवश दूसरे व्यक्ति को सुखी जान, उसे नुकसान पहुँचाने की कोशिश करते हैं, जबकि सुख उनके अंदर ही छिपा होता है।'' राजा साधु का जवाब सुनकर संतुष्ट हो गया और सुखी व्यक्ति की परिभाषा से परिचित हो गया।

□

बड़प्पन

एक बार नगर में भगवान् बुद्ध पधारे। भगवान् बुद्ध सांसारिक मोह-माया को त्याग कर भिक्षुक बनकर अदम्य ज्ञान की प्राप्ति कर चुके थे। उनके अनेक शिष्य उनके संसर्ग में रहकर दीक्षा प्राप्त कर स्वयं को जागृत कर रहे थे। भगवान् बुद्ध के उपदेशों की लहर जन-जन तक फैल चुकी थी। उस नगर का मंत्री बहुत ही नेक, ईमानदार व विनम्र व्यक्ति था। एक दिन उसने अपने राजा से कहा, ''महाराज! हमारे नगर में भगवान् बुद्ध स्वयं पधारे हैं। ऐसे में आपको उनका स्वागत करने स्वयं जाना चाहिए।'' मंत्री की बात सुनकर राजा गुस्से से भड़क गया और बोला, ''मैं क्यों जाऊँ? बुद्ध एक भिक्षु हैं। उन्हें आना होगा तो स्वयं महल में मुझसे मिलने आएँगे।'' विद्वान् मंत्री को राजा का यह घमंड अच्छा नहीं लगा। उसने उसी समय त्यागपत्र लिखा। त्यागपत्र राजा ने पढ़ा। त्यागपत्र में लिखा हुआ था, ''मैं आपके जैसे छोटे आदमी की अधीनता में काम नहीं कर सकता। आपमें बड़प्पन नहीं है।'' राजा त्यागपत्र पढ़कर मंत्री के पास गया और बोला, ''मंत्री, तुमने त्यागपत्र गलतफहमी में लिखा है। मैं बड़प्पन के कारण ही तो बुद्ध के स्वागत के लिए नहीं जा रहा हूँ।'' राजा की बात सुनकर विद्वान् मंत्री बोला, ''राजन्, अकड़ और घमंड बड़प्पन नहीं है। आप शायद यह भूल रहे हैं कि भगवान् बुद्ध भी कभी महान् सम्राट् थे। उन्होंने अध्यात्म की प्राप्ति हेतु और अपने जन्म को सार्थक सिद्ध करने के उद्देश्य से ही स्वेच्छा व प्रसन्नता से राजसी वैभव त्यागकर भिक्षु का पात्र ग्रहण किया है। इसलिए भिक्षु पात्र साम्राज्य से कहीं श्रेष्ठ है। आप तो भगवान् बुद्ध से बहुत पीछे हैं, क्योंकि वे सम्राट् होने के बाद ही भिक्षु बने हैं। सम्राट् होने पर भी उनके मन में दया, विनम्रता, नेकी थी और वास्तव में इनसानियत के गुणों से विभूषित मनुष्य ही उच्च अध्यात्म व ज्ञान को प्राप्त कर सकता है, तभी तो भगवान् बुद्ध अपने कार्य में सफल हो पाए।'' मंत्री की बातें सुनकर राजा का गर्व चूर-चूर हो गया और वह उसी समय मंत्री के साथ भगवान् बुद्ध का स्वागत करने के लिए गया तथा उनके चरणों में गिरकर उनसे दीक्षा देने का अनुरोध किया। भगवान् बुद्ध ने राजा को सहर्ष गले लगाकर दीक्षा देना स्वीकार कर लिया। □

दूषित विचार

एक बार स्वामी दयानंद कुछ लोगों के साथ भ्रमण के लिए गए हुए थे। रास्ते में उन्हें एक निर्धन व्यक्ति ने अपने घर खाने पर आमंत्रित किया। स्वामी दयानंद उस निर्धन व्यक्ति से बड़े प्रेम से मिले और उसके आमंत्रण को स्वीकार कर लिया। वह निर्धन व्यक्ति मेहनत-मजदूरी करके अपने परिवार का पेट पालता था। किंतु वह व्यक्ति उच्च कुल का नहीं था, इसलिए अनेक उच्च कुल के लोगों को स्वामीजी का उस व्यक्ति के घर आमंत्रण स्वीकार करना सही नहीं लगा। नाराज होकर उनमें से एक व्यक्ति बोला, ''स्वामीजी, आपको इस व्यक्ति का आमंत्रण स्वीकार नहीं करना चाहिए था।'' उस व्यक्ति की बात सुनकर स्वामीजी हँसकर बोले, ''क्यों भले मानस? उस व्यक्ति ने ऐसा कौन सा गुनाह कर दिया, जो मैं उसका आमंत्रण स्वीकार नहीं करता।'' इस पर दूसरा व्यक्ति बोला, ''स्वामीजी, दरअसल बात यह है कि वह व्यक्ति उच्च कुल का नहीं है। इसलिए ऐसे में आपका उसके घर का अन्न-जल ग्रहण करना उचित नहीं है।'' दूसरे व्यक्ति की बात पर स्वामीजी गंभीर होकर बोले, ''क्या आप लोग जानते हैं कि अन्न-जल कैसे दूषित होता है?'' स्वामीजी की बात पर सभी लोग चुप हो गए। उन्हें चुप देखकर स्वामीजी बोले, ''आप नहीं जानते न, तो लीजिए मैं ही बताता हूँ, सुनिए अन्न-जल दो प्रकार से दूषित होता है—एक तो वहाँ, जहाँ दूसरे व्यक्ति को दु:ख देकर अन्न-जल प्राप्त किया जाता है और दूसरा वहाँ, जहाँ उसमें कोई मलिन या अभक्ष्य वस्तु पड़ जाती है। मगर इस व्यक्ति का अन्न तो इन दोनों ही श्रेणियों में नहीं आता। यह व्यक्ति मुझे जो अन्न-जल देगा, वह इसके कमाए गए परिश्रम के पैसे का है, तब दूषित कैसे हुआ और इसे ग्रहण करने में मैं भ्रष्ट कैसे हुआ? वास्तविकता तो यह है कि हमारा मन मलिन होता है और इस कारण हम दूसरों की चीजों को मलिन मानने लगते हैं किंतु ऐसा करने से हम और भी मलिन हो जाते हैं। वास्तव में अन्न-जल मलिन नहीं होते, अपितु हमारे विचार और सोचने के भाव ही मलिन होते हैं।'' सभी व्यक्ति उनका यह जवाब सुनकर नीचे मुँह करके खड़े रहे। फिर स्वामीजी बोले, ''हमें

एक-दूसरे के प्रति भेदभाव को त्यागकर अपने मन व विचारों को दूषित होने से बचाना है। इसी में हमारा व देश का कल्याण है।'' स्वामीजी की इस बात पर सभी सहमत हो गए और उन्होंने स्वामीजी से माफी माँगकर आगे से अपने मन में दूषित विचारों को न पनपने का वचन दिया।

□

अंधविश्वास का अंत

उन दिनों गौतम बुद्ध राजगृह के विहार में रहते थे। वे वहाँ के सभी लोगों को शिक्षित व जागरूक करने का प्रयास कर रहे थे। वहीं पर एक अज्ञानी व अभिमानी ब्राह्मण था। वह बहुत अंधविश्वासी था। उसे यह मालूम था कि गौतम बुद्ध बेहद ज्ञानवान व आध्यात्मिक पुरुष हैं। लेकिन वह अपनी रूढ़िवादी बातों के आगे किसी की न चलने देता था। एक बार उस ब्राह्मण की कीमती चादरों का जोड़ा चूहों ने कुतर लिया। ब्राह्मण के मन में यह अंधविश्वास बैठा हुआ था कि चूहों द्वारा कुतरे हुए कपड़ों को पहनने वाले का अनिष्ट हो जाता है। यह सोचकर उसने उन कपड़ों को कहीं दूर फिंकवा दिया। गौतम बुद्ध को ब्राह्मण की इस बात का पता चल गया। वे ब्राह्मण के अंधविश्वास को दूर करना चाहते थे, इसलिए उन्होंने उन चादरों को स्वयं ओढ़ लिया। जब यह बात उस ब्राह्मण को पता चली तो वह यह सोच कर घबरा गया कि एक महान् बौद्ध भिक्षु को यदि उन चादरों को धारण कर अनिष्ट हो गया तो इसका पाप उसे लगेगा। वह तुरंत गौतम बुद्ध के पास पहुँचा तथा उनसे उन चादरों को उतारने के लिए कहा, ''महाराज, चूहे द्वारा कुतरे हुए वस्त्रों को धारण करने से अनिष्ट की आशंका रहती है।'' उस ब्राह्मण की बात सुनकर गौतम बुद्ध बोले, ''यह अंधविश्वास मात्र तुम्हारा भ्रम है, क्योंकि बुरी व बेतुकी बातें तुम्हारे दिमाग में घर किए हुए हैं। रातभर तुम बुरे सपने देखते हो। सारा दिन तुम उन्हीं बुरी चिंताओं में काटते हो। सपनों को सच्चा मानकर उनमें विश्वास रखते हो। प्रत्येक जीव-जंतु के चलने-फिरने में भी तुम मंगल और अमंगल को खोजते रहते हो तथा घबरा उठते हो। कौआ बोला, तुम चौंक उठे। उल्लू की आवाज कान में पड़ी, तुमने समझ लिया, साक्षात् मौत बुला रही है। छिपकली आ गिरी, तुम तड़प उठे। इस तरह की बातें सोचते हुए ही तुम जीते हो। अरे यह भी कोई जीवन है। ब्राह्मण देवता तुम इन बुरे संस्कारों, कल्पनाओं तथा अंधविश्वासों की बातों को अपने दिमाग से निकाल दो, तब देखो, तुम किस प्रकार भयमुक्त और निर्भय होकर जीते हो।'' गौतम बुद्ध की ये बातें सुनकर ब्राह्मण ठगा सा रह गया। उसे उनकी बातों में वास्तविकता का ज्ञान हुआ और उसने प्रण किया कि आगे से वह कभी भी अंधविश्वास व कल्पनाओं के जाल में नहीं घिरेगा और अपने जीवन को सहजता व सच्चाई के साथ जिएगा। □

व्यर्थ वस्तु

एक गुरु के पास एक युवक ज्ञान-प्राप्ति के लिए पहुँचा। गुरु ने युवक की लगन एवं उत्साह देखते हुए उसे ज्ञान देना स्वीकार कर लिया। अपने गुरु की शरण में नवयुवक शिक्षा ग्रहण करने लगा। जब उसकी शिक्षा पूर्ण हो गई तो युवक ने उन्हें गुरु-दक्षिणा देनी चाही। इस पर गुरुजी बोले, ''पुत्र, तुमने यहाँ से अनमोल शिक्षा प्राप्त की है। तुम इस शिक्षा का उपयोग लोगों के लिए करो, यही मेरी दक्षिणा है।'' इस पर नवयुवक नहीं माना तो गुरुजी कुछ सोचकर बोले, ''ठीक है यदि तुम मुझे गुरु दक्षिणा देना ही चाहते हो, तो वह बहुत अद्‌भुत होनी चाहिए।'' इस पर नवयुवक बोला, ''गुरुजी, आप ही बताइए कि आखिर वह कौन सी अद्‌भुत वस्तु है।'' इस पर गुरुजी मुसकराकर बोले, ''पुत्र, जो चीज बिल्कुल व्यर्थ हो, तुम मुझे वही गुरुदक्षिणा में देना।'' यह सुनकर नवयुवक खुशी-खुशी वहाँ से चला गया। उसने सोचा कि इस दुनिया में व्यर्थ तो बहुत सी वस्तुएँ हैं। कुछ देर बाद वह कूड़े के ढेर के पास पहुँचा और उसे उठाना चाहा तो उसमें से आवाज आई, ''खबरदार, जो मुझे व्यर्थ समझा। लोगों ने मेरा भरपूर उपयोग किया है और इसके बाद भी मेरा उपयोग होगा। क्या मुझसे बढ़िया खाद धरती पर मिलेगी? सारी फसलें मेरे से ही प्राण और पोषण पाती हैं। ये अन्न, फल सब मेरे ही रूप हैं। इसलिए मैं व्यर्थ नहीं हूँ।'' कूड़े की बात से शिष्य सहमत हो गया। वह कुछ और आगे बढ़ा तो उसे धरती पर अपने पैरों के नीचे मिट्टी नजर आई। वह व्यर्थ समझकर उसे उठाने लगा तो मिट्टी बोली, ''तुम मुझे व्यर्थ समझते हो। धरती का सारा वैभव मेरे गर्भ से ही प्रकट होता है। ये विविध रूप, रस, गंध मुझसे ही उत्पन्न होते हैं।'' मिट्टी की बात सुनकर युवक सोचने लगा कि जब कूड़ा और मिट्टी भी इतनी उपयोगी हैं, तो फिर कोई और पदार्थ व्यर्थ हो ही नहीं सकता। अब तो वह मुश्किल में फँस गया। कई दिनों तक वह सोचता रहा कि आखिर व्यर्थ वस्तु क्या है? आखिर एक दिन उसे व्यर्थ वस्तु मिल ही गई और वह अपने गुरु के पास जाकर बोला, ''गुरुजी, आज मैं आपके पास व्यर्थ वस्तु लोभ, ईर्ष्या, अहंकार और क्रोध को गुरुदक्षिणा में देने

आया हूँ। आज के बाद मैं इन चीजों से दूर रहूँगा और शायद पृथ्वी पर इनसे व्यर्थ वस्तु कोई और नहीं है।'' गुरु अपने शिष्य की चतुराई और समझदारी पर मुसकरा उठे तथा उसे आशीर्वाद देकर पृथ्वी पर ज्ञान का प्रकाश फैलाने के लिए भेज दिया।

□

सच्चे ज्ञान की खोज

एक बार एक राजा ने दरबार में एक प्रश्न किया, ''सच्चे ज्ञान की खोज क्या है?'' मंत्री सहित सभी दरबारी राजा के इस अद्‌भुत प्रश्न पर विचार करने लगे। किसी को भी प्रश्न का जवाब न सूझा। तभी महामंत्री बोले, ''महाराज, आपके इस प्रश्न का जवाब तो केवल श्रृंगी नामक ऋषि ही दे सकते हैं।'' महामंत्री का यह जवाब सुनकर राजा उनके साथ तुरंत श्रृंगी ऋषि की खोज में चले गए। काफी दिनों तक चलते-चलते व लोगों से पूछते-पूछते एक दिन वे एक कुटिया पर पहुँचे। कुटिया के करीब ही एक वृद्ध व्यक्ति खेत में बीज बो रहे थे। राजा ने उसके निकट आकर श्रृंगी ऋषि के बारे में पूछा तो वे वृद्ध बोले, ''बेटा, मुझे ही श्रृंगी ऋषि कहते हैं।'' राजा इतने बड़े ऋषि की सादगी देखकर दंग रह गए। फिर वे बोले, ''गुरुजी, मेरे मन में तीन प्रश्न उठ रहे हैं कृपया उनका जवाब दीजिए।'' श्रृंगी ऋषि ने उन्हें प्रश्न बताने को कहा तो राजा बोले, ''पहला, सबसे अच्छा मित्र कौन है? दूसरा, सबसे अच्छा समय कौन सा है? और तीसरा सबसे अच्छा काम कौन सा है?'' ऋषि कुछ बोलने जा ही रहे थे कि सहसा उन्हें किसी के कराहने की आवाज आई। सभी उस दिशा में बढ़ चले। वहाँ पर एक व्यक्ति झाड़ियों व काँटों से बुरी तरह जख्मी कराह रहा था। राजा तुरंत उस व्यक्ति की मदद करने लगे और श्रृंगी ऋषि द्वारा दी गई जड़ी-बूटी का उस व्यक्ति पर लेप करने लगे। वह व्यक्ति राजा के चरणों में सिर रखकर बुरी तरह रोने लगा और बोला, ''महाराज, मुझे क्षमा कर दीजिए। मैं आपको मारने चला था, किंतु आपके परोपकारी स्वभाव ने मुझे पश्चात्ताप करने पर मजबूर कर दिया।'' उस व्यक्ति के माफी माँगने पर राजा श्रृंगी ऋषि से बोले, ''गुरुजी आपने मेरे प्रश्नों का जवाब नहीं दिया।'' इस पर श्रृंगी ऋषि बोले, ''पुत्र आपके दो प्रश्नों का जवाब तो मिल चुका है कि सबसे अच्छा समय वर्तमान है और सबसे अच्छा कर्म परोपकार है। रहा सबसे अच्छा मित्र। तो सबसे अच्छा मित्र आपका मन है, जो हमेशा आपके साथ रहता है और सच्चे ज्ञान की खोज भी यही है। जिसने इन तीनों को जीत लिया, वह जीवन में कभी मात नहीं खा सकता।

□

अकाल में सेवा

एक बार श्रावस्ती में भयंकर अकाल पड़ा। अनेक लोग भूख से तड़पते हुए मर गए। सब ओर हा-हाकार मच गया। हर कोई अपने लिए रोटी के एक टुकड़े की तलाश में था। सबसे अधिक चिंताजनक स्थिति उन माताओं की थी, जिनकी गोद में दूधमुँहे बच्चे थे और उनके घर के पुरुष भूख से तड़प-तड़पकर मौत का आलिंगन कर चुके थे। भगवान् बुद्ध को जब यह ज्ञात हुआ तो उनसे श्रावस्ती के लोगों की दयनीय स्थिति नहीं देखी गई। उन्होंने धनवान लोगों की गोष्ठी बुलवाई और उनसे कहा, ''आप लोग इन माताओं और इनके दूधमुँहे बच्चों की रक्षा करें।'' भगवान् बुद्ध की बात सुनकर एक धनवान व्यक्ति बोला, ''भगवन् हमारे पास अनाज है, किंतु वह हमारे परिवार के लिए एक वर्ष के लिए है। हम इसमें से किसी दूसरे को यह अन्न कैसे दे सकते हैं? यदि हम ऐसा करेंगे, तो हमारा परिवार भूख से मर जाएगा।'' सभी धनवान व्यक्तियों ने उसकी हाँ-में-हाँ मिलाई। फिर एक और व्यक्ति बोला, ''भगवन्, भला अपने घर का दीया बुझाकर कोई दूसरे के घर का दीया क्यों जलाएगा? दूसरे घर का दीया जलाना भी तभी अच्छा लगता है, जब अपने घर का दीया जल रहा हो।'' उन लोगों की बात सुनकर भगवान् बुद्ध गंभीर होकर बोले, ''आप सभी लोग स्वार्थ के वशीभूत ये बोल रहे हैं, किंतु क्या आपको यह पूरा भरोसा है कि आपके सदस्य की मृत्यु केवल अन्न न मिलने के कारण ही हो सकती है, अन्य कारक जैसे बीमारी, दुर्घटना मौत के जिम्मेदार नहीं हो सकते। क्या आप इस बात के प्रति पूरी तरह आशावान हैं कि एक साल में से इन अन्न से पीड़ित व्यक्तियों के अलावा कोई और काल का ग्रास नहीं बनेगा? बुद्ध की ये बातें सुनकर सभी चौंक गए और सभी ने अपने सिर नीचे कर लिये। इसके बाद बुद्ध बोले, ''भाइयो, आपदाओं से मिलकर ही निबटा जाता है। यदि आप आज इनकी मिलकर मदद करेंगे, तो अकाल जैसी इस विपत्ति से मुक्ति संभव है। किंतु यदि आज आप इनकी मदद नहीं करेंगे तो जीवन भर कोई आपकी मदद करने को भी तैयार नहीं होगा। याद रखिएगा, जो बुरे समय में दूसरों की मदद करते हैं, ईश्वर भी उनकी मदद करते हैं।'' यह सुनकर सभी धनवानों ने अपने अनाज के भंडार खोल दिए और भूख से बिलखते बच्चों व व्यक्तियों में बाँट दिए। कुछ ही समय बाद सब लोगों के प्रयास से अकाल जैसी विपत्ति पर विजय पा ली गई और सभी लोग खुशी व आनंद से रहने लगे। □

आराधना का समय

स्वामी रामकृष्ण परमहंस के पास प्रतिदिन अनेक लोग अपनी समस्याओं के समाधान के लिए आते थे। स्वामीजी से अपनी जिज्ञासा व्यक्त करके व उनसे समाधान पाकर लोग खुशी-खुशी अपने घर लौटते थे। एक व्यापारी अपने जीवन में बहुत व्यस्त रहता था। उसका व्यापार बहुत तरक्की कर रहा था। वह अपने व्यापार में पूरी ईमानदारी बरतता था। ईश्वर में भी उसकी अटूट आस्था थी, किंतु उसे अपने व्यस्त जीवन में आराधना का समय नहीं मिल पाता था। वह अपनी इसी समस्या को लेकर स्वामी रामकृष्ण परमहंस के पास पहुँचा। स्वामी रामकृष्ण बोले, ''इस प्रश्न का जवाब देने से पहले तुम मुझे यह बताओ कि क्या तुमने कभी किसी ग्रामीण स्त्री को ढेंकी से चूड़ा बनाते देखा है?'' स्वामीजी का यह अजीबोगरीब प्रश्न सुनकर व्यापारी बोला, ''नहीं स्वामीजी, मैंने किसी ग्रामीण स्त्री को ऐसा करते नहीं देखा। मुझे अपने व्यापार से फुरसत ही नहीं मिलती।'' इस पर स्वामीजी बोले, ''चूड़ा बनाने वाली ग्रामीण स्त्री एक हाथ से चूड़ा पलटती जाती है तथा दूसरे हाथ से बच्चे को गोदी में लेकर दूध पिलाती रहती है। उस दौरान यदि कोई पड़ोसन या अन्य व्यक्ति उसके पास आता है, तब वह उससे भी बातें करती जाती है। ग्राहक आने पर उससे हिसाब भी करती है, किंतु इन सबके बीच उसका कार्य पूर्ववत् चलता रहता है। इन सब कामों के बीच उसका ध्यान ओखली और मूसल पर लगा रहता है। वह भली-भाँति जानती है कि यदि थोड़ी सी भी असावधानी बरती गई, तो मूसल हाथ पर गिरेगा और हाथ टूट जाएगा। उस ग्रामीण स्त्री की तरह ही हमें अपने सांसारिक कार्यों के बीच सर्वशक्तिमान ईश्वर की स्तुति करनी चाहिए। उसके लिए अलग से समय नहीं निकाल पाने का पछतावा नहीं करना चाहिए।'' स्वामीजी के इस उदाहरण से व्यापारी भली-भाँति समझ गया कि व्यस्त रहते हुए भी ईश्वर की आराधना की जा सकती है। तभी स्वामीजी बोले, ''पुत्र, एक बात और याद रखना कि कार्य व व्यापार में ईमानदारी बरतना, मन लगाकर काम करना भी ईश्वर की आराधना के ही बराबर है।'' व्यापारी स्वामी रामकृष्ण परमहंस से अपनी जिज्ञासा का उत्तर पाकर संतुष्ट हो गया और उन्हें प्रणाम कर वापस चला गया। □

सच्चा संत

दलित जाति में पैदा हुए रविदास परम भगवद्भक्त थे। वे नेकी के रास्ते पर चलते थे और भक्ति में लगे रहते थे। धीरे-धीरे वे लोगों में बेहद प्रसिद्ध हो गए। किंतु जैसे-जैसे उनकी प्रसिद्धि बढ़ती रही, वैसे-वैसे उनके शत्रुओं की संख्या भी बढ़ती रही। उनके शत्रु हमेशा उन्हें नीचा दिखाने की कोशिश करते रहते थे। एक बार जब वे भक्तों की टोली में बैठकर उपदेश दे रहे थे तो उन्हीं के बीच में उनके शत्रु भी बैठे थे। उनसे यह बात सहन नहीं हो रही थी कि एक निम्न जाति के व्यक्ति के उपदेशों को सब सुनें और उन पर अमल करें। उनमें से एक शत्रु संत रविदास से बोला, ''संत की पहचान किस गुण से होती है। क्या निम्न जाति का व्यक्ति भी एक उच्च कोटि का संत हो सकता है?'' उस व्यक्ति का प्रश्न सुनकर संत रविदास समझ गए कि यह प्रश्न उन्हें नीचा दिखाने व अपमानित करने के लिए कहा गया है। किंतु वे अपने शत्रु के प्रश्न पर तनिक भी गुस्सा न हुए और सहजता से मुसकराते हुए बोले, ''भाई, हर व्यक्ति में एक संत छिपा हुआ है, बशर्ते उसमें उसके जैसे गुण हों।'' यह सुनकर वह शत्रु बोला, ''तो आप ही बताइए कि संत के गुण क्या हैं?'' इस पर संत रविदास बोले, ''एक संत में क्षमा, दया, तप, त्याग, सत्यता, परहित की भावना होनी जरूरी है। सच्चा संत वही होता है, जो सबके कल्याण और हित की बात सोचता है, जो जात-पात के भेदभाव से दूर रहकर प्राणी मात्र में सब जगह भगवान् के दर्शन करता है।'' उस व्यक्ति को अभी भी संत रविदास के जवाब से संतुष्टि नहीं हुई और वह फिर बोला, ''मेरे अंदर अनेक दुगुर्ण मौजूद हैं, तो क्या ऐसे में भी आप मुझमें भगवान् के दर्शन करते हैं।'' इस पर संत रविदास बोले, ''हाँ भइया, मुझे तब भी आप में भगवान् के दर्शन होते हैं और इतना ही नहीं, आपके अंदर वास्तव में ईश्वर विराजमान हैं। यदि आप अपने दुर्गुणों को अपने से दूर करने का निश्चय कर लें तो कुछ ही समय बाद आप भी सच्चे संत की श्रेणियों में आ जाएँगे। संत होने के लिए उपदेश देना जरूरी नहीं है, बल्कि उपदेशों पर अमल करना जरूरी है।'' वहाँ पर बैठे सभी लोग संत रविदास की ज्ञान भरी बातें सुनकर उनकी जयजयकार करने लगे और वह शत्रु शर्मिंदा होकर वहाँ से चला गया। उसके बाद वह संत रविदास का शत्रु नहीं रहा, अपितु उनका भक्त बन गया और उनके बताए मार्ग पर चलने लगा। □

भोजन की चिंता

एक बार स्वामी विवेकानंद रेलवे स्टेशन पर रुके हुए थे। जब लोगों को उनके वहाँ रुकने का पता चला तो उनके पास अपार भीड़ लग गई और लोग उनसे अपनी समस्याएँ व जिज्ञासाओं का समाधान पूछने लगे। स्वामीजी सभी की समस्याओं का समाधान करते और लोगों की जिज्ञासाओं का जवाब देते। लोगों की इस अपार भीड़ में स्वामीजी को तीन दिन बीत गए और इन तीन दिनों में लोगों की समस्याओं का समाधान करते-करते वे खाना-पीना तक भूल गए। किंतु इस दौरान किसी को भी उनके खाने-पीने के बारे में पूछने का खयाल तक नहीं आया। तीसरे दिन रात्रि में एक निर्धन व्यक्ति उनके पास आया और उन्हें प्रणाम कर बोला, ''स्वामीजी ! आप निराहार तीन दिनों से लोगों की समस्याओं का समाधान कर रहे हैं और प्रवचन कर रहे हैं। मैंने देखा कि इन तीन दिनों में आप ने कुछ भी खाया-पिया नहीं है। मेरा हृदय इस बात से बहुत दुःखी है।'' उस निर्धन व्यक्ति की बात सुनकर स्वामी विवेकानंद को बहुत प्रसन्नता हुई और वे सोचने लगे कि वह व्यक्ति, व्यक्ति के रूप में साक्षात् ईश्वर है, जिसने इतनी बारीकी से ईश्वर की भाँति उनकी भूख-प्यास का ध्यान रखा। वे उस निर्धन व्यक्ति से प्रसन्नतापूर्वक बोले, ''क्या तुम मुझे कुछ खाने को दोगे?'' यह सुनकर वह व्यक्ति सहमते हुए बोला, ''स्वामीजी, मैं एक मेहतर सफाई कर्मचारी हूँ, आपको अपनी बनाई रोटी कैसे दे सकता हूँ? यदि आपकी आज्ञा हो तो मैं कुछ भोजन सामग्री खरीद कर ला दूँ।'' यह सुनकर स्वामीजी बोले, ''बंधु ! तुम मुझे अपनी बनाई रोटी ही दो। मैं वही खाऊँगा।'' उस सफाई कर्मचारी के घर की रोटी-दाल स्वामीजी ने बड़े प्रेम से खाई। एक दलित सफाई कर्मचारी के हाथ का भोजन खाते देख सवर्ण लोगों ने स्वामीजी से नाक सिकोड़ कर कहा, ''आप कैसे साधु-संन्यासी हैं? निम्न वर्ग के व्यक्ति के हाथ का बना हुआ खाना खाते हैं।'' उन लोगों की बात सुनकर स्वामीजी बोले, ''मैं तीन दिनों से निराहार था। तुम लोगों ने तीन दिन तक मेरे खाने-पीने की चिंता नहीं की। इसने मेरी प्रेम-श्रद्धा सहित सुध ली है। मानवता, दया, प्रेम, सहानुभूति श्रद्धा का धनी यह व्यक्ति नीच अपितु महान् है। नीच तो वह है, जो इन गुणों से रहित है।'' स्वामीजी का यह स्पष्ट कथन सुनकर सभी व्यक्तियों का सिर शर्म से झुक गया। □

आज और अभी

एक पहुँचे हुए महात्मा के पास एक युवक आया और उनसे कहने लगा, ''महाराज, मैंने आपका बड़ा नाम सुना है। मैं बहुत ही दुर्व्यसनी व्यक्ति हूँ और अब अपने परिवार की सुख-शांति के लिए मैं दुर्व्यसनों को छोड़ना चाहता हूँ। कृपया आप मेरी मदद कीजिए।'' युवक की बात सुनकर महात्मा बोले, ''तुम कौन-कौन से दुर्व्यसन करते हो?'' युवक बोला, ''महाराज मैं शराब पीता हूँ, जुआ खेलता हूँ और भी कई अन्य दुर्व्यसन करता हूँ, जिन्हें आपसे कहते हुए शर्म आती है।'' उसकी बात सुनकर महात्मा बोले, ''कहते हुए शर्म आती है तो क्या ऐसे दुर्व्यसन करते हुए शर्म नहीं आती? आज से ही यह सब छोड़ दो।'' युवक महात्मा की बात पर बोला, ''एकदम कैसे छोड़ दूँ। धीरे-धीरे ही तो छोड़ पाऊँगा।'' यह सुनकर महात्मा उसे रामकृष्ण परमहंस के जीवन की एक घटना सुनाने लगे और बोले, ''एक दिन स्वामी रामकृष्ण परमहंस के पास एक धनी व्यक्ति सहस्रों स्वर्ण मुद्राएँ लेकर आया और उन्हें देने लगा। परमहंस उस व्यक्ति से नाराज होकर बोले, ''मुझे इन स्वर्ण मुद्राओं का क्या काम? इन्हें किसी गरीब व जरूरतमंद को दीजिए।'' किंतु धनी व्यक्ति अपने धन का अभिमान दिखाते हुए वहीं खड़ा रहा। यह देखकर स्वामीजी उसे पकड़कर गंगा-तट पर ले आए और बोले, ''यदि तुम्हें मुद्राएँ मुझे ही देनी हैं तो इन्हें गंगा को समर्पित कर दो।'' स्वामीजी का जवाब सुनकर वह व्यक्ति दु:खी मन से एक-एक मुद्रा निकालकर गंगा में फेंकता रहा। किंतु सहस्रों मुद्राएँ थीं। उसे इसी कार्य में काफी समय बीत गया। कुछ देर बाद स्वामी परमहंस वहाँ पर आए और उस व्यक्ति से स्वर्ण मुद्राओं की पोटली लेकर गंगा में फेंक दी और उससे बोले, ''इन स्वर्ण मुद्राओं को एक साथ न फेंककर तुमने जिस तरह उन्हें गिन-गिनकर फेंका, उससे दो बातें स्पष्ट हो गईं। एक तो यह कि स्वर्ण मुद्राओं से तुम्हें बेहद लगाव था और दूसरा जिस जगह तुम मात्र एक कदम उठाकर पहुँच सकते थे, वहाँ पहुँचने के लिए तुमने बेकार में हजारों कदम उठाए।'' इसके बाद महात्मा उस युवक से बोले, ''दुर्व्यसन छोड़ना है तो फिर धीरे-धीरे छोड़ने का बहाना

क्यों? एकदम क्यों नहीं छोड़ देते? आज से, बल्कि अभी से छोड़ दो।'' महात्मा की बातें सुनकर नवयुवक को अपनी गलती का अहसास हो गया और उसने दृढ-संकल्प कर लिया कि आगे से वह किसी दुर्व्यसन को नहीं करेगा।

□

राज सुख से बड़ा सुख

राजा विक्रमादित्य के राज्य में एक सदाचारी, नेक और ईमानदार ब्राह्मण रहता था। वह बहुत ही निर्धन था। एक दिन वह धन-प्राप्ति के उद्देश्य से अपने घर से निकलकर काम की तलाश में चल पड़ा। मार्ग में उसकी मुलाकात एक पहुँचे हुए महात्मा से हुई। ब्राह्मण से बातें करने के बाद महात्मा समझ गए कि यह ब्राह्मण नेक, ईमानदार व गुणवान है। उन्हीं दिनों राजा विक्रमादित्य अपना राज्य किसी गुणी व योग्य व्यक्ति को सौंपकर महात्मा के संसर्ग में रहकर शांति से अपना शेष जीवन गुजारना चाहते थे। उन्होंने महात्मा को यह बात बताई हुई थी। महात्मा ब्राह्मण को अपने साथ राजा विक्रमादित्य के पास ले गए और उन्हें सारी बात बताई। महात्मा से ब्राह्मण के बारे में जानकर राजा विक्रमादित्य खुशी-खुशी अपना सारा राज्य उसे सौंपने को तैयार हो गए और ब्राह्मण से बोले, ''मैं अपना राजपाट तुम्हें सौंपकर महात्मा के साथ जा रहा हूँ।'' यह सुनकर ब्राह्मण ने सोचा कि यदि राजा विक्रमादित्य जैसा नेक, गुणवान, कुशल व प्रतापी राजा अपना सबकुछ सौंपकर खुशी-खुशी महात्मा के साथ जाना जाता है तो इसका सीधा तात्पर्य यह है कि शायद महात्मा के संसर्ग में राज-सुख से भी अधिक सुख प्राप्त होता होगा। इसके बाद वह राजा विक्रमादित्य से बोला, ''महाराज, मैं भला एक मामूली सा व्यक्ति इतना बड़ा राजपाट कैसे सँभालूँगा, मुझे तो इसका बिल्कुल भी अनुभव नहीं है। इसके योग्य तो आप ही हैं।'' इसके बाद वह महात्मा के पास जाकर बोला, ''गुरुजी, राजा तो राज्य त्यागकर आपके पास आने के लिए बड़े ही बेताब और प्रसन्न हैं। इससे तो यह जान पड़ता है कि इस दुनिया में राज-सुख से भी बड़ा सुख है। मुझे तो आप अपनी शरण में ले लीजिए।'' ब्राह्मण की बात सुनकर महात्मा मुसकराते हुए बोले, ''तुमने ठीक पहचाना! इस दुनिया में राज-सुख से भी बड़ा सुख है शांति से सभी दुर्गुणों पर विजय पाकर सबकी सेवा का संकल्प। इससे स्वत: ही व्यक्ति को मोक्ष की प्राप्ति हो जाती है।'' महात्मा का जवाब सुनकर वह ब्राह्मण उन्हीं के साथ रहकर लोगों की सेवा में अपना जीवन बिताने लगा और कुछ ही दिनों में उसे अहसास हो गया कि उससे अधिक प्रसन्न और सुखी राजा भी नहीं है, क्योंकि अब उसके पास कोई चिंता नहीं थी और लोगों की मदद की भावना ने उसके जीवन को एक नई दिशा दे दी थी। □

नियमित दिनचर्या

एक महात्मा दिन-रात जप-तप में लगे रहते थे। उन्हें तप के आगे किसी भी चीज की सुध नहीं रहती थी। एक-दो दिन बाद महात्मा ने सोचा कि यदि साधना भोजन त्याग कर की जाए तो ज्यादा अच्छा होगा। यह सोचकर उन्होंने एक दिन के अंतर से भोजन करना शुरू कर दिया। फिर तीन दिन के अंतर से और फिर धीरे-धीरे सात दिन के अंतराल पर। इस प्रकार अपने भोजन को कम करते-करते उन्होंने पेय-पदार्थों पर निर्भर रहना शुरू कर दिया। पहले वे दूध पीकर रहते फिर धीरे-धीरे दूध बंद कर केवल जल पीकर ही रहने लगे। इस दौरान उनका शरीर अस्वस्थ हो गया और उन्हें पीड़ा होने लगी। लेकिन फिर भी वे अपने निर्णय पर अटल रहे और उन्होंने खाने को मुँह तक नहीं लगाया। यहाँ तक कि धीरे-धीरे उन्होंने बिस्तर पकड़ लिया। उनके साधु मित्रों ने उन्हें बहुत समझाया कि वे अन्न ग्रहण करें, लेकिन वे नहीं माने। जब उनकी स्थिति मरणासन्न हो गई तो स्वामी अखंडानंदजी को बुलाया गया। स्वामी अखंडानंदजी ने महात्मा की चिंताजनक दशा देखी। उन्हें देखकर महात्मा निर्बलता व रुग्ण होने के कारण अजीबोगरीब हरकतें करने लगे। स्वामीजी ने भोजन मँगवाया और महात्मा के सामने स्वयं भोजन कर कहा, "तपस्या का अर्थ मात्र भूखा रहना नहीं है। जिस प्रकार ईश्वर के भजन व स्तुति से मन को आत्मिक शांति मिलती है, उसी प्रकार क्षुधा की तृप्ति के लिए भोजन आवश्यक है, क्योंकि भोजन करने से ही शरीर स्वस्थ व ऊर्जावान रहता है। स्वस्थ शरीर और स्वस्थ मन ही तपस्या व सेवा के योग्य होता है। इसलिए तपस्या व सेवा करने के लिए यह अत्यंत अनिवार्य है कि जीवित रहने के लिए अनिवार्य तत्त्व जैसे भोजन, जल का त्याग न किया जाए।" महात्मा को स्वामी अखंडानंदजी की बातों में सत्यता नजर आई। उन्होंने कुछ निवाले मुँह में डाले तो उनकी जान-में-जान आई। कुछ दिनों बाद पूरा भोजन लेने से वे बिल्कुल स्वस्थ हो गए और तपस्या के मर्म को समझ गए। इसके बाद उन्होंने अनिवार्य तत्त्वों को अपने जीवन में शामिल करते हुए लोगों की सेवा में अपना जीवन बिता दिया।

□

गुरुकुल का उत्तराधिकारी

गुरु अंबुजानंद के पास अनेक शिष्य शिक्षा ग्रहण करने के लिए आते थे। वे काफी समय से गुरुकुल चलाते थे। अंबुजानंद के द्वारा प्रदान की जानेवाली सर्वश्रेष्ठ शिक्षा के कारण उस गुरुकुल का नाम दूर-दूर तक फैल गया था। अब अंबुजानंद काफी वृद्ध हो गए थे। गुरुकुल चलाना अब उनके लिए मुश्किल हो गया था। ऐसे में वे अपने शिष्यों में से ही किसी एक को गुरुकुल का मुख्य उत्तराधिकारी बनाकर उसके हाथों में शिक्षा का सारा कार्यभार सौंपना चाहते थे। पिछले छह-सात वर्षों से उनकी गुरुकुल के सर्वश्रेष्ठ विद्यार्थियों पर नजर थी। सर्वश्रेष्ठ विद्यार्थियों में अठारह विद्यार्थी थे। वे उनमें से किसी एक को गुरुकुल का उत्तराधिकारी बनाकर शेष को वहाँ पर शिक्षक नियुक्त करना चाहते थे। इसके लिए एक दिन उन्होंने उन सभी विद्यार्थियों को अपने पास बुलाया। उन्होंने उन से पूछा कि यदि मैं आपको शिक्षा के लिए किसी विशेष क्षेत्र में नियुक्त करना चाहूँ तो आप कौन-कौन से क्षेत्र को चुनना चाहेंगे। आप सभी बेहद प्रतिभाशाली, ईमानदार और कर्तव्यपरायण हैं। आपकी शिक्षाओं से अनेक लोग लाभान्वित होंगे। गुरु की बातें सुनकर शिष्य कुछ देर सोचते रहे और फिर सत्रह विद्यार्थियों ने अपने-अपने अनुरूप क्षेत्रों के नाम गुरु को बता दिए। अठारहवाँ आयुष नामक विद्यार्थी अभी तक कुछ सोच ही रहा था। उसने इसी साल गुरुकुल से अपनी शिक्षा पूरी की थी और वह यहीं पर शिक्षक बनने का इच्छुक था। उसे मूक देखकर गुरु बोले, ''बेटा आयुष, तुमने क्षेत्र का चुनाव नहीं किया?'' गुरु की बात सुनकर आयुष उनके सामने श्रद्धा से शीश झुकाकर बोला, ''गुरुजी, मैंने आपसे ही शिक्षा ग्रहण की है। मैं आपके द्वारा सीखी गई शिक्षा को जन-जन तक फैलाना चाहता हूँ। इसके लिए मुझे किसी क्षेत्र विशेष का चुनाव करने की आवश्यकता नहीं है। मैं हर क्षेत्र में आपके द्वारा प्रदान की गई शिक्षाओं को दूसरों तक पहुँचाना चाहूँगा। चाहे क्षेत्र अच्छा हो या बुरा, इससे कोई फर्क नहीं पड़ता। मेरा काम शिक्षा देना है, क्षेत्र का चुनाव करना नहीं। एक शिक्षक के लिए हर क्षेत्र और सभी विद्यार्थी समान हैं।'' आयुष की बात सुनकर वृद्ध गुरु अंबुजानंद

का चेहरा प्रसन्नता से खिल उठा और उन्होंने उसे गले से लगा लिया। वे बोले, ''बेटा, आज से यह गुरुकुल तुम्हारी देख-रेख में चलेगा। मैं अब अपनी सेवाओं से मुक्त होना चाहता हूँ। मुझे मेरे गुरुकुल का सही उत्तराधिकारी मिल गया है।'' इसके बाद सर्वसम्मति से आयुष को गुरुकुल का उत्तराधिकारी बना दिया गया।

□

नैतिकता का मूल्य

महर्षि चरक आयुर्वेद के जाने-माने आविष्कारक थे। उन्हें राजा ने यह आदेश दे रखा था कि वे जब मरजी, जैसे चाहें कहीं से भी अपनी औषधियों के लिए जड़ी-बूटियाँ ले सकते हैं। पूरा नगर उनके लिए खुला है। उन्हें यदि कोई भी बूटी, पुष्प, कंद पसंद आता है तो वे अपने शिष्य को आदेश देकर उसे बिना किसी की अनुमति लिये मँगवा सकते हैं। महर्षि चरक ने राजा के इस आदेश पर प्रसन्नता प्रकट की और अपने शिष्यों के साथ अपने काम में लग गए। एक बार वे अपने शिष्यों के साथ अनेक महत्त्वपूर्ण औषधियाँ तैयार करने के लिए कीमती जड़ी-बूटियों की तलाश कर रहे थे, तभी उनके शिष्य सोम शर्मा को एक विचित्र पुष्प नजर आया। वह पुष्प बहुत ही गुणकारी लग रहा था। शिष्य सोम शर्मा पुष्प को देखकर स्वयं पर धैर्य न रख पाया और उसे लेने के लिए बाग में चल दिया। उसे जाते देखकर महर्षि चरक बोले, ''प्रिय सोम वहाँ किसकी इजाजत से जा रहे हो?'' महर्षि चरक को ऐसा बोलते देखकर सोम हैरानी से बोला, ''गुरुजी, हमें तो इस बात की इजाजत मिली हुई है। न कि हम स्वेच्छा से कहीं भी जाकर जड़ी-बूटियों आदि को ले सकते हैं। फिर आप मुझे क्यों रोक रहे हैं?'' शिष्य की बात सुनकर महर्षि चरक बोले, ''राजा का आदेश तो अवश्य मिला हुआ है। किंतु पुत्र नैतिकता भी कोई चीज होती है। नैतिकता का मूल्य सबसे बड़ा होता है और किसी भी कीमत पर व्यक्ति को अपनी नैतिकता का हनन नहीं करना चाहिए। राजा का आदेश हमें स्वतत्रंता अवश्य देता है, किंतु यदि हम वस्तु के मालिक से भी इजाजत ले लें तो इससे नैतिकता भी बनी रहेगी और आदेश का पालन भी हो जाएगा।'' महर्षि चरक का जवाब सुनकर शिष्य दंग रह गया कि गुरुजी ने बुद्धिमत्ता का प्रयोग कर आदेश के पालन के साथ ही नैतिकता के मूल्य को भी बरकरार रखा और नैतिकता की नींव को मजबूत किया।

□

शिष्य का अभिमान

एक शिष्य को अपनी कुश्ती की कला पर बहुत अभिमान हो गया। उसके गुरु जिन्होंने उसे कुश्ती की कलाएँ सिखाई थीं, अब वृद्ध हो चले थे और शिष्य दिन-दूनी, रात-चौगुनी सफलता के नए परचम लहरा रहा था। कुछ ही समय बाद उस पर सफलता का नशा इतना अधिक चढ़ गया कि वह अपने आगे सबको तुच्छ समझने लगा। अब सभी लोग उसकी प्रशंसा की बजाय निंदा करने लगे। एक दिन उसके गुरु ने उसे समझाया कि निंदा करना अच्छी बात नहीं है। विनम्रता एवं मदद की भावना ही व्यक्ति को सफलता की ऊँचाइयों पर जीवित रख सकती है।'' गुरु की बात सुनकर शिष्य क्रोध से आगबबूला हो उठा और बोला, ''तुम मेरी सफलता से जलते हो। मैं तुमसे ज्यादा बलवान व श्रेष्ठ हूँ इसलिए ईर्ष्यावश तुम मुझे ये सब कह रहे हो।'' यह सुनकर गुरु बोले, ''नहीं बेटा, मैं यह ईर्ष्यावश नहीं कह रहा। आखिर तुम मेरे ही शागिर्द हो। मेरे द्वारा सिखाई गई युक्तियों को ही कुश्ती में प्रयोग करते हो। ऐसे में भला मैं तुमसे क्यों ईर्ष्या करूँगा?'' इस पर शिष्य गुस्से से बोला, ''तुमने तो सिर्फ मुझे कुछ तकनीकें ही सिखाई थीं, किंतु बार-बार यह कहकर मेरा अपमान क्यों करते हो कि तुमने मुझे कुश्ती के कौशल व बारीकियों की जानकारी दी है। मैं तुम्हें भी हरा सकता हूँ। चाहो तो मुकाबला करके देख लो।'' गुरुजी शिष्य की बातें सुनकर दंग रह गए, किंतु फिर उन्होंने मुकाबले की बात स्वीकार कर ली। निश्चित दिन मुकाबला प्रारंभ हो गया। सभी लोग दंगल में एक वृद्ध व जवान व्यक्ति के बीच चल रहे मुकाबले को देखकर हैरान रह गए। सभी को वृद्ध गुरु पर बेहद दया आ रही थी और वे आँखें बंदकर उसके जीवन की सलामती की दुआएँ कर रहे थे। कुछ ही देर बाद एक जोर की चीख सुनाई दी और लोगों ने अपनी आँखें खोलकर देखा तो हैरान रह गए कि युवा शिष्य चारों खाने चित्त पड़ा था तथा वृद्ध गुरु जीत के साथ मुसकरा रहे थे।'' जीतने के बाद गुरु शिष्य के पास जाकर बोले, ''पुत्र, यही एक दाँव मैंने तुम्हें नहीं सिखाया था और तुम्हारा घमंड तोड़ने के लिए सुरक्षित रखा हुआ था।'' गुरु की बात सुनकर शिष्य का अभिमान चूर-चूर हो गया और वह गुरु के पैरों पर गिर पड़ा। □

मन का अहंकार

एक दिन रामकृष्ण परमहंस अपने गुरु तोतापुरी के साथ अध्यात्म के संदर्भ में विचार-विमर्श कर रहे थे। उस समय कड़ाके की सर्दी पड़ रही थी, इसलिए कमरे को गरम करने के लिए पास में ही धूनी जल रही थी। कुछ देर बाद वहाँ पर सर्दी से काँपता हुआ एक नौकर आया और धूनी की आग से अपनी चिलम भरने लगा। यह देखकर गुरु तोतापुरी गुस्से में आ गए और उन्होंने नौकर को बहुत बुरी तरह डाँटा साथ ही उसे थप्पड़ भी मार दिया। बेचारा नौकर गाल को सहलाता हुआ उलटे पाँव वहाँ से चला गया। नौकर के जाने के बाद परमहंस हैरानी से तोताराम को देखने लगे और फिर मुसकराने लगे। गुरु तोताराम परमहंस को मुसकराते देख क्रोधित होकर बोले, ''इस अस्पृश्य नौकर ने धूनी की पवित्र अग्नि को स्पर्श कर धृष्टता की है, इसलिए मैंने इसे यह दंड दिया है। किंतु मेरे दंड देने पर तुम मुसकरा क्यों रहे हो?'' गुरु की बात सुनकर परमहंस बोले, ''मुझे तो आज ही मालूम हुआ कि कोई वस्तु स्पर्श करने मात्र से ही अपवित्र भी हो जाती है। साथ ही आपके ब्रह्मवाद की वास्तविकता का भी भान हुआ। अभी चर्चा के दौरान आप 'एको ब्रह्म द्वितीयो नास्ति' का पक्ष लेते हुए यह बता रहे थे कि सारा संसार एक प्रतिबिंब के सिवा और कुछ नहीं है, सभी एक समान हैं, सभी में एक ही आत्मा का निवास है और दूसरी तरफ केवल अग्नि को स्पर्श करने के कारण अपने इस निर्दोष नौकर को सजा दे दी। वह बेचारा तो सर्दी में ठिठुरता हुआ बड़ी आस लेकर यहाँ अपनी चिलम सुलगाने आया था, किंतु यहाँ आकर उसे क्या मिला? बेवजह की प्रताड़ना। गुरुजी हो सकता है कि जो व्यवहार आपने अपने नौकर के साथ किया वह आप को उचित लगा हो, क्योंकि आप अभी भी मन के अंदर अहंकार को पाले बैठे हैं, इसलिए केवल आप मुँह से 'एको ब्रह्म द्वितीयो नास्ति' का उच्चारण कर सकते हैं, मन से उस पर अहंकारवश पालन नहीं कर सकते।'' परमहंस की बात सुनकर गुरु तोतापुरी दंग रह गए और उन्हें अपनी गलती का अहसास हो गया। वे परमहंस से बोले, ''परमहंस मुझे गर्व है कि तू मेरा शिष्य है। मैं आज से ही अपने मन में बसे अहंकार को इस धूनी में जलाता हूँ।'' इसके बाद गुरु तोतापुरी सभी के साथ समान व प्रेमपूर्वक व्यवहार करने लगे। □

आकाश का चाँद

एक व्यक्ति प्रसिद्ध संत के पास गया और उनसे बोला, ''गुरुजी, मुझे पूर्ण ज्ञान है फिर भी मेरा किसी काम में मन नहीं लगता। जब भी काम करने बैठता हूँ तो मन भटकने लगता है और मैं उस काम को छोड़ देता हूँ। कृपया कर मेरी इस समस्या का समाधान कीजिए।'' यह सुनकर संत ने उसे रात का इंतजार करने को कहा। रात होने पर वे उसे अपने साथ एक झील पर ले गए और झील के अंदर चाँद के चमचमाते प्रतिबिंब को दिखाकर बोले, ''एक चाँद आकाश में है और एक झील में। झील में जो चाँद है, वह तुम्हारी तरह फँसा हुआ है। आकाश का चाँद मुक्त है। उस पर कोई बंधन नहीं है। तुम्हारा मन यह झील का चाँद भटका रहा है, क्योंकि तुम्हें ज्ञान, सद्‌गुण, कर्म सभी का ज्ञान है, लेकिन तुम उन पर अमल करने की बजाय सिर्फ उन्हें अपने मन में लेकर बैठे हो, ठीक उसी तरह जैसे झील असली चाँद का प्रतिबिंबि लेकर बैठी है। तुम्हारा ज्ञान तभी सार्थक हो सकता है, जब तुम उसे व्यवहार में एकाग्रता व संयम से अपनाने की कोशिश करोगे। झील का चाँद तो मात्र एक भ्रम है, भला यह चाँद मुक्त आकाश के चंद्रमा की बराबरी कहाँ कर सकता है? उसी तरह तुम्हें काम में मन लगाने के लिए स्वयं को आकाश के चंद्रमा की तरह बनना है, झील के चंद्रमा की तरह नहीं। झील का चंद्रमा पानी में कंकड़, पत्थर गिरने पर हिलने लगता है, जिस तरह तुम्हारा मन जरा-जरा सी बात में पल-पल डोलने लगता है। तुम्हें अपने ज्ञान, कर्म व धर्म को जीवन में नियमपूर्वक प्रयोग में लाना होगा, क्योंकि यदि ज्ञान, धर्म आदि को जीवन में अमल न किया जाए तो वह झील में विराजमान चंद्रमा की तरह ही है। खुद को आकाश का चाँद बनाओ फिर तुम्हें कोई शिकायत नहीं होगी। ऐसा करते समय तुम्हें प्रारंभ में थोड़ी परेशानी आएगी, किंतु कुछ समय बाद तुम एकाग्रता व संयम के अभ्यस्त हो जाओगे और तब आकाश के चंद्रमा की तरह स्थिर तुम्हारा हर काम में मन लगेगा।'' व्यक्ति संत के इस उदाहरण को भली-भाँति समझ गया और अपने जीवन में दृढ निश्चय कर एकाग्रता से काम करने लगा।

□

ब्रह्मर्षि की पदवी

ऋषि विश्वामित्र महान् विद्वान् होते हुए भी बहुत क्रोधी थे। ऋषि विश्वामित्र चाहते थे कि सभी उन्हें राजर्षि की बजाय ब्रह्मर्षि कहकर पुकारें। जब भी ऋषि वशिष्ठ उन्हें राजर्षि कहकर पुकारते तो उन्हें बहुत क्रोध आता। क्रोध में वे ऋषि विश्वामित्र को जान से मारने के लिए सोचने लगे। उन्हें लगा कि उनके बाद उन्हें राजर्षि कहनेवाला कोई नहीं होगा और वे ब्रह्मर्षि ही कहलाए जाएँगे। एक दिन वे उस वृक्ष पर उन्हें मारने के लिए जाकर बैठ गए, जिसके नीचे वे प्रतिदिन अपने शिष्यों को पढ़ाया करते थे। निश्चित समय पर ऋषि वशिष्ठ अपने शिष्यों को पढ़ाने के लिए आए। तभी एक शिष्य चाँद की ओर देखते हुए बोला, ''गुरुवर चाँद कितना सुंदर होता है। इसकी शीतलता व रोशनी भी अनुपम होती है।'' यह सुनकर ऋषि वशिष्ठ बोले, ''हाँ चाँद अति सुंदर है, किंतु यदि तुम ऋषि विश्वामित्र को देखो तो इस चाँद को भूल जाओ। यदि विश्वामित्र में क्रोध का कलंक न हो तो वे सूर्य के समान चमक उठेंगे।'' गुरु के मुख से विश्वामित्र की प्रशंसा सुनकर उनका एक शिष्य बोला, ''गुरुवर, वे तो आपके शत्रु हैं और आप उनकी प्रशंसा कर रहे हैं।'' वशिष्ठ बोले, ''कुछ भी हो, किंतु वे मुझसे अधिक विद्वान्, तपस्वी, कर्मयोगी हैं और उनके चरणों में मेरा मस्तक नत है।'' वशिष्ठ को मारने के लिए वृक्ष पर बैठे विश्वामित्र अपनी प्रशंसा सुनकर आश्चर्यचकित हो गए और उनके हाथ से छुरा नीचे गिर पड़ा। वे पेड़ से उतरकर ऋषि वशिष्ठ के चरणों में गिर पड़े और बोले, ''ऋषिवर मुझे क्षमा कर दीजिए। मैं नाहक ही आपको अपना शत्रु समझता था।'' उनको क्षमायाचना करते देख ऋषि वशिष्ठ उन्हें उठाते हुए बोले, ''उठिए ब्रह्मर्षि।'' वशिष्ठ के मुख से ब्रह्मर्षि शब्द सुनकर विश्वामित्र हैरानी से बोले, ''आपने मुझे ब्रह्मर्षि कहा।'' ऋषि वशिष्ठ बोले, ''आज से आप ब्रह्मर्षि ही कहलाएँगे, क्योंकि आज आपका क्रोध शांत हो गया है और आपने क्रोध पर विजय पाकर ब्रह्मर्षि कहलाने की पदवी हासिल कर ली है।''

□

बुद्धि का प्रयोग

एक शिष्य ने गुरु से पूछा, ''गुरुजी सभी प्राणी जन्म लेते हैं और मरते हैं। इस जगत् के सभी प्राणी चाहे वे जीव-जंतु हैं अथवा मनुष्य सभी में भूख, पीड़ा, खुशी आदि के भाव प्रकट करने की क्षमता है। सभी अपना बचाव करना भी जानते हैं। सभी को बीमारी आदि से भी जूझना पड़ता है। पशु-पक्षी, जीव-जंतु, मनुष्य सभी का अंत निश्चित है, लेकिन क्या कारण है कि केवल मनुष्यों में ही साधु, तपस्वी, ज्ञानी, चोर, डाकू, लुटेरे, आतंकवादी, वहशी दरिंदे आदि होते हैं, जबकि पशु-पक्षी, जीव-जंतु आदि में भिन्न-भिन्न किस्म के ज्ञानी, तपस्वी, डाकू, आतंकवादी, लुटेरे आदि नहीं होते। मनुष्यों में ही भाँति-भाँति की जातियाँ, धर्म और पेशे क्यों होते हैं?'' शिष्य का प्रश्न सुनकर गुरुजी मुसकरा कर बोले, ''तुमने बहुत ही अच्छा प्रश्न किया है। वर्तमान समय में इस प्रश्न का आना स्वाभाविक भी है। इसके पीछे सर्वप्रमुख कारण है, व्यक्ति के अंदर बुद्धि का होना। बुद्धि होने के कारण ही व्यक्ति की यही प्रमुख विशेषता है कि जो पशु-पक्षी, जीव-जंतु आदि नहीं हो सकते, वे, वह भी हो सकते हैं—पंडित भी, ज्ञानी भी, तपस्वी भी, चोर भी, लुटेरे भी और आतंकवादी भी। किंतु मनुष्य अपनी बुद्धि का सार्थक प्रयोग करने की बजाय भटक जाता है और गलत कार्यों के वशीभूत अपने जीवन को बरबाद कर अपनी बुद्धि का प्रयोग कर विनाश की ओर चला जाता है। इस बुद्धि का सही दिशा में ही प्रयोग करना चाहिए। बुद्धि का प्रयोग करके ही मनुष्य ने स्वयं को एकता में बाँधने की बजाय धर्मों, जातियों तथा विभिन्न पेशों में बाँट लिया है और असंख्य विवादों को जन्म दिया है। यदि मनुष्य चाहता तो वह अपनी बुद्धि का प्रयोग करके सारी मनुष्य जाति को एकता के सूत्र में बाँधकर अपना जीवन सार्थक व सफल बना सकता था, किंतु उसने ऐसा नहीं किया। यदि अभी भी मनुष्य अपनी बुद्धि का प्रयोग अच्छे व नेक कार्यों में करे तो वह जीवन को कामयाब बना सकता है, जो कि जीव जगत् के प्राणी नहीं कर सकते।'' शिष्य गुरु की बात से सहमत हो गया।

□

गुणों से महान्

स्वामी दयानंद वेदों के महान् विद्वान, महान् दार्शनिक और समाज-सुधारक थे। उनके पास अनेक लोग विचार-विमर्श करने के लिए आते रहते थे। एक दिन पंडित ताराचरण स्वामी दयानंद के पास शास्त्रार्थ करने के लिए आए। वे अत्यंत विद्वान् थे और उन्हें इस बात का अभिमान था। उन्हें लगता था कि उनकी विद्वता के आगे सभी मूढ़ हैं। वे स्वामी दयानंद को भी अपने से नीचा ही समझते थे। जब वे स्वामी दयानंद के पास शास्त्रार्थ करने पहुँचे तो वे भूमि-आसन पर विराजमान थे। उन्होंने पंडित ताराचरण को अभिवादन कर आदर सहित जमीन पर रखे आसन की ओर बैठने का निवेदन किया। किंतु पंडितजी ने इसे अपना अपमान समझा। उन्हें लगा कि वे तो सर्वश्रेष्ठ हैं, इसलिए उन्हें हर लिहाज से स्वामी दयानंद से ऊँचा आसन मिलना चाहिए। वे भला नीचे आसन पर बैठकर अपनी विद्वत्ता को कम कैसे कर सकते हैं? वे नीचे न बैठकर खड़े रहे। स्वामी दयानंद पंडित ताराचरण के मनोभावों को समझ गए और बोले, ''पंडितजी मात्र ऊँचे आसन पर बैठने से कोई महान् नहीं होता। यदि ऐसा होता तो सामने ऊँचे वृक्ष पर बैठा कौआ सबसे अधिक पूज्य व महान् होता। संयोगवश उस समय एक वृक्ष पर कौआ बैठा हुआ था। कौए की ओर इशारा करके स्वामी दयानंद फिर बोले, ''महानता तो त्याग, परोपकार, विनम्रता, पुण्य और धर्म में है। गुणों से महान् हुआ जाता है, उच्च स्थान पर बैठने से नहीं। यदि हमारे अंदर गुण हैं तो हम नीचे बैठने पर भी उतने ही विद्वान् रहेंगे और यदि हमारे अंदर बुराइयाँ हैं तो वे उच्च स्थान पर बैठने से भी दूर नहीं होंगी। पंडित ताराचरण स्वामी दयानंद की बात सुनकर लज्जित हो गए और उनके बगल वाले आसन पर बैठ गए।

□

पेड़ की पीड़ा

एक नामू नाम का बालक पेड़ से लकड़ियाँ काटने में व्यस्त था। छोटा सा बालक लकड़ियाँ काटते-काटते जाने क्या सोचता जा रहा था। उसकी माँ भी उसके साथ लकड़ियाँ काट रही थी। कुछ ही देर में माँ की नजर अपने बेटे नामू पर पड़ी तो वह चिल्ला उठी। उसने देखा कि उसके बेटे के पैर से अनवरत खून की धारा बह रही थी। यह देखकर वह चिंतातुर होकर बालक नामू को गले से लगाते हुए बोली, ''बेटा, यह क्या हो गया? तुम्हें यह चोट कहाँ लगी? देखो तो तुम्हारे पैर से कितना खून बह रहा है?'' खून की परवाह न करते हुए बेटा मासूमियत से बोला, ''माँ, मैंने अपनी कुल्हाड़ी से स्वयं अपने पैर पर वार किया है।'' यह सुनकर माँ दंग रह गई और उसने नामू की धोती उठाई तो यह देखकर दंग रह गई कि उस के पैर की पूरी चमड़ी छिली हुई थी।'' माँ गुस्से से बोली, ''बेवकूफ, भला कोई अपने पैर पर भी घाव करता है? क्या तुम्हें इससे पीड़ा नहीं हो रही? अरे, यदि यह घाव पक गया तो तुम्हारा पैर काटने की भी नौबत आ सकती है।'' बालक पीड़ा में तड़पते हुए बोला, ''माँ, मैं यही जानने की तो कोशिश कर रहा था कि जब हम पेड़ पर कुल्हाड़ी से वार करते हैं तो वह पीड़ा से कितना तड़पता होगा? लेकिन मैं पेड़ की पीड़ा का अंदाजा नहीं लगा पा रहा था। इसकी पीड़ा का अंदाजा लगाने के लिए ही मैंने अपने पैर पर कुल्हाड़ी से वार किया।'' बेटे के ये शब्द सुनते ही माँ रो पड़ी और बेटे को सीने से लगाते हुए बोली, ''बेटा, निश्चय ही तू एक दिन महान् बनेगा। जिस बालक के हृदय में पेड़ के लिए भी इतनी पीड़ा हो, वह भला साधारण कैसे हो सकता है?'' नामू की माँ के यह शब्द सच निकले। यही बालक आगे चलकर महान् संत नामदेव के नाम से प्रसिद्ध हुआ।

□

संन्यासी और गृहस्थ

एक बार मानसिक उलझन में फँसा एक व्यक्ति महान् संत कबीर के पास पहुँचा और उनसे बोला, ''हे बाबा, संन्यासी और गृहस्थ दोनों में कौन श्रेष्ठ है?'' कबीर व्यक्ति को देखकर मुसकराते हुए बोले, ''पुत्र, दोनों ही एक जैसे महान् और श्रेष्ठ हैं। संन्यासी और गृहस्थ दोनों ही अपने धर्म का निर्वाह करते हैं। समाज में दोनों को ही अपने कर्म का भली-भाँति निर्वाह करने पर महानता प्राप्त हो सकती है।'' वह व्यक्ति हाथ जोड़कर बोला, ''मैं समझा नहीं।'' उसका कथन सुनकर कबीरजी बोले, ''रुको, अभी कुछ देर बाद स्वयं ही तुम्हें इस बात का आभास हो जाएगा।'' फिर उन्होंने अपनी पत्नी को बुलाया और उससे दीपक जलाने को कहा। कबीर की पत्नी बिना कुछ कहे दीपक जलाकर रख गईं। व्यक्ति ने जब यह देखा तो हैरान रह गया। उस समय पूरा दिन था और चहुँओर प्रकाश फैला हुआ था, इसलिए दीपक की आवश्यकता नहीं थी। वह व्यक्ति कुछ बोलता इससे पहले ही कबीर उसे अपने साथ एक जंगल में ले गए। जंगल में एक बेहद वृद्ध संन्यासी थे। कबीर कुछ देर तक उनसे इधर-उधर की बातें करते रहे और फिर बोले, ''महाराज, आपकी उम्र क्या है?'' संन्यासी बोला, ''मैं नब्बे वर्ष का हूँ।'' थोड़ी देर फिर कबीर ने उनसे बातें कीं और फिर बोले, ''संन्यासी महाराज आपकी आयु कितनी है?'' संन्यासी मुसकराकर बोले, ''मेरी उम्र नब्बे वर्ष है।'' कुछ देर बाद फिर कबीर ने उनसे उनकी आयु पूछी। इस बार भी संन्यासी ने सहजता से अपनी उम्र उन्हें बता दी। इस प्रकार कम-से-कम दस बार उन्होंने संन्यासी से उनकी उम्र पूछी और संन्यासी ने भी बिना किसी खीज या चिढ़ के हर बार उन्हें अपनी उम्र बताई। इसके बाद वे संन्यासी से विदा लेकर निकल पड़े। रास्ते में वे व्यक्ति से बोले, ''देखा तुमने? मैंने कितनी बार संन्यासी से एक ही प्रश्न किया, किंतु उन्होंने हर बार मुसकराकर प्रश्न का उत्तर दिया। एक बार भी क्रोध नहीं किया। बस यही सच्चे संन्यासी का स्वभाव होता है। इसलिए संन्यासी धर्म सर्वश्रेष्ठ है।'' यह सुनकर व्यक्ति बोला, ''फिर गृहस्थ धर्म श्रेष्ठ कैसे हुआ?'' कबीर बोले, ''तुमने देखा होगा कि जब मैंने अपनी पत्नी से दीपक जलाने के लिए कहा तो उसने बिना कुछ कहे दीपक

जलाकर रख दिया। एक बार भी यह नहीं कहा कि मैं दिन में दीपक जलाने की मूर्खता क्यों कर रहा हूँ। यानी उसमें आज्ञा-पालन की अद्भुत धैर्यशक्ति है और वह मेरी व अपनी इच्छा में भेद नहीं समझती। इसलिए गृहस्थ धर्म का निर्वाह भी अपार धीरज और पति-पत्नी के पारस्परिक विश्वास व प्रेम द्वारा ही संभव है। इसलिए गृहस्थ धर्म के निर्वाह के लिए भी क्षमा, प्रसन्नता, शांति और धीरज जैसे गुण होने आवश्यक हैं। यही गुण गृहस्थ धर्म को संन्यास के समान श्रेष्ठ और महान् बनाते हैं।'' कबीर की बातों से व्यक्ति की समस्या का समाधान हो गया।

□

दिशा का पूजन

एक गृहस्थ भीगे वस्त्र पहनकर सभी दिशाओं को नमस्कार कर रहा था। उसकी इस गतिविधि को गौतम बुद्ध के शिष्य देख रहे थे। गौतम बुद्ध भी उस समय अपने शिष्यों के बीच बैठे हुए थे। यह देखकर एक शिष्य ने गौतम बुद्ध से कहा, ''भगवान् यह व्यक्ति दिशाओं की पूजा क्यों कर रहा है?'' गौतम बुद्ध शिष्य का प्रश्न सुनकर मुसकराते हुए बोले, ''यह उसी गृहस्थ से पूछते हैं।'' कुछ देर बाद गृहस्थ वहीं पर आया तो बुद्ध के एक शिष्य ने उससे कहा, ''भले मानस आप दिशाओं का पूजन क्यों करते हैं?'' यह प्रश्न सुनकर गृहस्थ असमंजस में पड़ गया और बोला, ''यह तो मुझे नहीं पता।'' इस पर शिष्य गौतम बुद्ध से हाथ जोड़कर बोले, ''प्रभु, आप ही बताइए।'' गौतम बुद्ध बोले, ''पूजा करने की दिशाएँ भिन्न होती हैं। माता-पिता और गृहपति पूर्व दिशा है। आचार्य दक्षिण, स्त्री-पुत्र-पुत्री पश्चिम और मित्र आदि उत्तर दिशा है। सेवक निम्न तो श्रमण-ब्राह्मण ऊँची दिशा है। इसलिए सभी दिशाओं का पूजन किया जाता है। इन सभी दिशाओं का सच्चे हृदय से पूजन करने से लाभ होता है।'' गौतम बुद्ध का जवाब सुनकर वह गृहस्थ बोला, ''और तो सब ठीक है भगवान्। मैं सबकी पूजा सच्चे हृदय से कर सकता हूँ, परंतु सेवकों की पूजा कैसे की जा सकती है? क्योंकि सेवक तो स्वयं मेरी सेवा करते हैं।'' यह सुनकर गौतम बुद्ध बोले, ''भंते, पूजा का अर्थ केवल हाथ जोड़ना अथवा सिर झुकाना ही नहीं है, सेवकों की सेवा का स्वरूप उनके प्रति स्नेह, वात्सल्य दरशाने में है और उनकी हर संभव मदद करने में है, उनसे प्रेम से बात करने में है।'' गौतम बुद्ध की बात सुनकर गृहस्थ बोला, ''भगवान। आपने मुझे सही ज्ञान कराया है। अभी तक तो मैं मात्र हाथ जोड़कर सिर नवाने को ही पूजन समझता था, किंतु आज आपने मुझे असली दिशा पूजन की विधि समझाई है और मैं भविष्य में इसी तरह से पूजन कर अपने जीवन को सफल बनाऊँगा।'' यह कहकर वह व्यक्ति गौतम बुद्ध को प्रणाम कर वहाँ से चला आया।

□

ईश्वर की उपस्थिति

राजा अंगसिंह के पुत्र प्रवीण सिंह गलत संगति में पड़कर अनुचित कार्य करने लगे। एक दिन एक महिला उनके पास विलाप करती हुई आई और बोली कि युवराज ने उनकी बेटी के साथ दुर्व्यव्यवहार किया है। यह सुनकर राजा अत्यंत चिंतित हो गए। प्रवीणसिंह, अभी बालक ही थे, इसलिए राजा चाहते थे कि अभी बालक की विसंगतियों पर विराम लग जाए, जिससे कि भविष्य में वह एक नेक और अच्छा राजा बन सके। वे उन्हें अपने राजगुरु सोमदेव के पास लेकर आए। सोमदेव ने पुत्र को छह माह तक वहाँ पर छोड़ देने के लिए कहा। गुरु सोमदेव प्रतिदिन युवराज को अपने साथ रखते और उनसे कई सद्कार्य कराते। इसी तरह तीन महीने बीत गए। अब राजकुमार पर सुसंगति के साथ ही गुरुदेव की बातों का असर पड़ने लगा था। एक दिन गुरु बोले, ''पुत्र, ईश्वर हर जगह मौजूद है। याद रखो, दुष्कर्म और पाप की सजा मिलती अवश्य है, क्योंकि ईश्वर उसे देख रहा होता है। जब तुम किसी प्रलोभन से पाप करने को उतारू हो तो वहीं ईश्वर की उपस्थिति का अनुभव करो। यदि तुम्हारे अंदर किसी मनुष्य या नारी के साथ दुष्कर्म करने की लालसा हो तो तुम उसके नेत्रों से यह अनुभव करो कि मेरा प्रभु मुझे देख रहा है। तुम हर जगह ऐसा आचरण करो कि मेरा प्रभु मेरे सामने हैं।'' ये बातें प्रतिदिन युवराज प्रवीण सिंह को बताते। एक दिन उन्होंने राजकुमार को एक खरगोश देकर उसे एकांत में मारने को कहा। युवराज खरगोश को लेकर कई स्थानों पर गए, लेकिन उसकी गरदन नहीं मरोड़ पाए। वे जब भी उसकी गरदन पर हाथ रखते तो उसकी निरीह आँखों में उन्हें ईश्वर के दर्शन नजर आते। कई घंटों बाद वे वापस जीवित खरगोश को लेकर गुरु के पास पहुँचे और बोले, ''गुरुजी आप ही ने तो सिखाया है कि हर किसी में ईश्वर की उपस्थिति समझो। फिर मैं अकेला कैसे हो सकता हूँ? इस खरगोश की भोली आँखों में मुझे ईश्वर की उपस्थिति नजर आई। इसलिए मैं इसे मार नहीं पाया।'' युवराज की बात सुनकर गुरु सोमदेव ने उन्हें गले से लगा लिया और बोले, ''पुत्र, आज तुम सदाचार और प्रेम की परीक्षा में पास हो गए हो।'' इसके बाद महाराज अपने पुत्र में सुधार देखकर उन्हें अपने साथ ले गए। □

असली श्रावक

मगध के राजा श्रोणिक परम धार्मिक और प्रजा हितैषी थे। एक बार उन्होंने यह घोषणा करवाई कि जो व्यक्ति धर्म के मार्ग का अनुसरण करेंगे और श्रावक व्रत धारण करेंगे, उनसे चुंगी नहीं ली जाएगी। यह घोषणा सुनकर पूरी प्रजा में हलचल मच गई। अधिकांश दुर्व्यसनी व्यक्ति स्वयं को सच्चा धार्मिक और श्रावक बताकर इस घोषणा का लाभ उठाने लगे। इससे राज्य की आय कम होने लगी। राजस्व अधिकारी ने राजा को बताया कि राज्य की आय कम हो गई है तो वे चिंतित हो गए और उन्होंने मंत्री से इस बारे में परामर्श किया। मंत्री बुद्धिमान था। वह बोला, ''महाराज। आप चिंता न करें। मैं असली और नकली श्रावक की पहचान कर लूँगा।'' इसके बाद उन्होंने मैदान में दो तंबू लगवाए। एक तंबू सफेद रंग का था और एक काले रंग का। मंत्री ने सभी श्रावकों और स्वयं को सच्चा धार्मिक अनुयायी कहने वालों को वहाँ बुलवाया और घोषणा की कि जो सच्चे श्रावक हैं, वे सफेद तंबू में आ जाएँ।'' यह सुनकर सारी भीड़ उस तंबू में घुसने के लिए आपाधापी मचाने लगी। मंत्री ने देखा कि काले तंबू में बहुत ही कम लोग थे। वह राजा को काले तंबू में लेकर गया। राजा ने काले तंबू में बैठे व्यक्तियों से कहा कि आपने सफेद तंबू में घुसने की कोशिश क्यों नहीं की?'' इस पर एक व्यक्ति बोला, ''महाराज। हम स्वयं को सच्चा श्रावक नहीं मानते। हम व्रत का पालन करने की कोशिश तो करते हैं, लेकिन कई बार अनजाने में पाप कर्म हो ही जाते हैं।'' उन व्यक्तियों का जवाब सुनकर राजा समझ गए कि ये लोग ही असली श्रावक हैं। सफेद तंबू में अपनी जगह पाने के लिए अभी तक आपाधापी मची थी। मंत्री वहाँ पहुँचकर बोला, ''जो व्यक्ति स्वयं को सच्चा श्रावक सिद्ध करने के लिए सफेद तंबू में जगह पाने के लिए मारपीट कर रहे हैं, वे सच्चे श्रावक कभी नहीं हो सकते। इसके बाद सभी लोगों को विदा कर दिया गया और सच्चे श्रावकों को ही चुंगी माफ करने के लिए कहा गया। कुछ ही समय में राज्य की आय में फिर से वृद्धि होनी आरंभ हो गई और असली व नकली श्रावक की पहचान भी हो गई।

□

तीन कठिन काम

एक बार यशोधन नामक राजा अपने दरबार में दरबारियों से चर्चा कर रहे थे। चर्चा करते-करते अचानक यशोधन के मुख से निकल गया कि इस दुनिया में ऐसे तीन कौन से कठिन काम हैं, जिन्हें करना एक मनुष्य के लिए सबसे मुश्किल होता है। राजा के प्रश्न को सुनकर सभी दरबारी विचार मग्न हो गए। काफी सोचने के बाद एक व्यक्ति बोला, ''महाराज, भारी-भरकम वजन उठाना इस दुनिया में सबसे कठिन काम है।'' दूसरा बोला, ''मेरे विचार में तो पहाड़ पर चढ़ना सबसे दुष्कर कार्य है। पहाड़ पर चढ़ना प्रत्येक व्यक्ति के वश की बात नहीं है।'' यह सुनकर एक अन्य व्यक्ति बोला, ''महाराज, मेरे खयाल से पानी पर चलना और आग में जलना सबसे मुश्किल कार्य है। अग्नि की जरा सी चिनगारी व्यक्ति की जान ले लेती है।'' इस प्रकार अपने-अपने अनुसार सभी व्यक्तियों ने अनेक ऐसे कामों को गिना दिया, जिन्हें कठिन माना जा सकता था, किंतु राजा किसी के भी जवाब से सहमत नहीं हुए। उन्होंने स्वामी गिरिनंद का बहुत नाम सुना था। स्वामी गिरिनंद उनकी सभी समस्याओं के समाधान करते थे। जब कोई भी तीन कठिन कामों को नहीं बता सका तो यशोधन स्वयं स्वामी गिरिनंद के आश्रम में गए और उन्हें प्रणाम कर उनके पास बैठ गए। स्वामी गिरिनंद समझ गए कि राजा कुछ पूछने के लिए उनके पास आए हैं। स्वामी गिरिनंद के पूछने पर राजा बोले, ''महाराज, आप मुझे तीन ऐसे काम बताइए जो बेहद कठिन हैं।'' यह सुनकर स्वामी गिरिनंद मुसकराते हुए बोले, ''तीन कठिन काम तो मैं बता दूँगा, लेकिन तुमको उन कामों को करने का प्रयास करना पड़ेगा।'' राजा ने उन कार्यों को करने का वचन दे दिया। तब स्वामी गिरिनंद बोले, ''दुनिया के तीन कठिनतम काम न तो शारीरिक हैं और न ही बौद्धिक। वे काम कुछ और ही हैं। उनमें पहला है—घृणा के बदले प्रेम करना। दूसरा है—अपने स्वार्थ व क्रोध का त्याग करना और तीसरा है—यह कहना कि मैं गलत था।'' स्वामी गिरिनंद के तीन कठिन काम सुनकर राजा बोला, ''महाराज, आप सही कह रहे हैं। मैं वचन देता हूँ कि इन तीनों कामों को हमेशा अपने जीवन में करूँगा।'' राजा की बात सुनकर स्वामी गिरिनंद ने उन्हें आशीर्वाद देकर वहाँ से विदा किया। □

महान् व्यक्ति

एक संत थे। वे अपने आश्रम में रहकर त्याग और प्रेम के नियमों का पालन किया करते थे। उनके अनेक शिष्य थे, जिन्हें वे शिक्षा प्रदान करते थे। उनका कुंभी नामक एक शिष्य दिन-रात उनके पास ही रहता था। वह तीव्र बुद्धि का था और विनम्रता एवं दयालुता के भाव उसमें कूट-कूटकर भरे हुए थे। गुरुजी कुंभी से बहुत प्रेम करते थे। एक दिन जब संत अपने सभी शिष्यों को पढ़ा रहे थे तो कुंभी बोला, ''गुरुजी, क्या इनसान भी महान् बन सकता है?'' कुंभी की बात पर गुरुजी बोले, ''हाँ, इनसान भी महान् बन सकता है, लेकिन उसके लिए कुछ बातों को अपने दिलो-दिमाग में उतारना होगा।'' इस पर कुंभी बोला, ''गुरुजी, कौन सी बातों को?'' संत ने कुंभी की बात सुनकर एक पुतला मँगवाया। संत के आदेश पर पुतला लाया गया। गुरुजी ने कुंभी से कहा कि वह उस पुतले की खूब प्रशंसा करे। कुंभी ने उस पुतले की प्रशंसा के पुल बाँधने शुरू कर दिए। वह आधे घंटे तक पुतले की प्रशंसा करता रहा, किंतु पुतले पर कुछ फर्क नहीं पड़ा। इसके बाद संत बोले, ''अब तुम पुतले का अपमान करो।'' गुरुजी के कहने पर कुंभी ने पुतले का अपमान करना शुरू कर दिया। पुतला अब भी शांत था। पुतले की प्रशंसा व अपमान दोनों करने पर गुरुजी बोले, ''तुमने इस पुतले की प्रशंसा व अपमान करने पर क्या देखा?'' कुंभी बोला, ''गुरुजी, मैंने देखा कि पुतले पर प्रशंसा व अपमान का कुछ भी फर्क नहीं पड़ा।'' कुंभी की बात सुनकर संत बोले, ''बस महान् बनने का यही एक सरल उपाय है। जो व्यक्ति मान-अपमान को समान रूप से सह लेता है, वही महान् कहलाता है। महान् बनने का इससे सरल उपाय कोई नहीं हो सकता।'' गुरुजी के महान् बनने की व्याख्या से सभी सहमत हो गए और सबने प्रण किया कि वे सभी अपने जीवन में प्रशंसा व अपमान को समान रूप से लेने का प्रयास करेंगे।

□

संकल्प और समर्पण

संत यशोधर्म बहुत प्रसिद्ध संत थे। अनेक शिष्य उनसे ज्ञान प्राप्त करने के लिए आतुर रहते थे। एक दिन जब वे अपने शिष्यों को पढ़ा रहे थे तो एक शिष्य बोला, ''अध्यात्म मार्ग में गति पाने के लिए व्यक्ति को क्या करना चाहिए?'' शिष्य का प्रश्न सुनकर संत यशोधर्म बोले, ''जैसे पक्षी को उड़ान भरने के लिए दो पंखों की आवश्यकता होती है, उसी तरह अध्यात्म का मार्ग पाने के लिए भी व्यक्ति को संकल्प एवं समर्पण रूपी दो पंखों की आवश्यकता होती है। इनके अभाव में कोई भी व्यक्ति अध्यात्म की राह नहीं पा सकता।'' यह सुनकर शिष्य बोला, ''गुरुजी, क्या अकेले संकल्प या समर्पण से अध्यात्म लाभ नहीं हो सकता।'' शिष्य की बात सुनकर यशोधर्म बोले, ''आओ, नौका विहार करते हैं। इसका जवाब मैं तुम्हें वहीं दूँगा।'' यह सुनकर शिष्य संत यशोधर्म के साथ नौका-विहार के लिए तैयार हो गया। वह संत के साथ नौका स्थल पर पहुँचा तो संत यशोधर्म बोले, ''नाव मैं चलाता हूँ।'' यह कहकर उन्होंने एक ही पतवार से नाव खेनी शुरू कर दी। आधा घंटा बीत गया। नाव वहीं-की-वहीं वर्तुलाकार घूमने लगी। काफी देर बीतने के बाद शिष्य बोला, ''गुरुजी, यह आप क्या कर रहे हैं? कहीं एक पतवार से भी नाव चलती है। ऐसे तो हम यहीं चक्कर खाते रहेंगे और कभी भी किनारे तक नहीं पहुँच पाएँगे।'' शिष्य की बात सुनकर संत यशोधर्म मुसकराते हुए बोले, ''अब तुम्हीं बताओ, जब नौका की एक पतवार हमें किनारे तक नहीं पहुँचा सकती तो खाली अकेले संकल्प या समर्पण का सहारा लेकर तुम अध्यात्म के मार्ग तक कैसे पहुँच सकते हो? जिस तरह दोनों पतवारों के बिना नाव खेना संभव नहीं है, उसी तरह संकल्प एवं समर्पण के बिना अध्यात्म का मार्ग पाना भी संभव नहीं है।'' संत यशोधर्म की इस बात से शिष्य की आँखें खुल गईं और वह समझ गया कि अध्यात्म के मार्ग के लिए संकल्प एवं समर्पण दोनों ही अनिवार्य हैं।

□

ज्ञान का मार्ग

सत्यसेन नामक एक राजा बड़े प्रतापी एवं वीर थे। उनका संकल्प था कि संसार में जो सर्वोच्च धार्मिक एवं उच्च स्तर का पंथ होगा, वे उसे ही स्वीकार करेंगे। इसके लिए उन्होंने विभिन्न पंथों के लोग से उनके पंथों के बारे में जानकारी लेनी शुरू कर दी। विभिन्न समुदायों एवं पंथों के लोग आते एवं अपने पंथ की सराहना और अन्य पंथ की आलोचना करते। यह देखकर राजा संशय में पड़ गया। उसे समझ ही न आया कि वह किस पंथ को स्वीकार करे? इसका समाधान जानने के लिए वह एक प्रसिद्ध संत के पास गया और उन्हें अपनी समस्या बताई। सारी बात जानकर संत राजा को अपने साथ एक नदी पर ले गए और बोले, ''मैं आपको सर्वोच्च पथ का मार्ग बता सकता हूँ, किंतु उसके लिए आपको इस नदी के पार चलना होगा।'' यह सुनकर राजा सत्यसेन बोले, ''इसमें कौन सी बड़ी बात है? नाव के द्वारा कुछ ही क्षणों में हम नदी के पार पहुँच जाएँगे।'' इस पर अनेक नावें नदी के पास आ लगीं। संत सभी नावों में कुछ-न-कुछ मीनमेख निकाल देते। यह देखकर राजा कुछ देर तो चुप रहे फिर खीज कर संत से बोले, ''महाराज, हमें नाव पार करके किनारे पर ही तो जाना है, उसके लिए सर्वश्रेष्ठ नाव चुनने की क्या आवश्यकता है। किसी भी ठीक-ठाक नाव को चुन लीजिए, वह हमें किनारे तक पहुँचा ही देगी।'' राजा की बात सुनकर संत बोले, ''राजन्, यही तो मैं आपको बताना चाहता हूँ कि यह माया का बना हुआ भवसागर झूठ-मूठ के जादू का खेल है, उसको पार करने के लिए कोई भी पथ पर्याप्त है। आप अपने जीवन के अमूल्य क्षणों को संशय में रहकर क्यों खो रहे हैं? किसी भी पथ से आगे बढ़िए। छोटी-छोटी पगडंडियाँ भी महापथ तक पहुँचा देती हैं और मनुष्य अपने लक्ष्य को प्राप्त करने में सफल हो जाता है।'' संत की बात सुनकर राजा की आँखें खुल गईं और उन्हें समझ में आ गया कि किसी भी पंथ के माध्यम से ज्ञान की प्राप्ति कर मंजिल तक पहुँचा जा सकता है।

□

अमरत्व का फल

भगवान् बुद्ध के उपदेशों से लोगों को अपनी समस्याओं का समाधान मिल जाता था। एक दिन एक किसान उनके पास आया और बोला, ''महाराज, मैं एक साधारण सा किसान हूँ। बीज बोकर, हल चलाकर अनाज उत्पन्न करता हूँ और तब उसे ग्रहण करता हूँ। किंतु इससे मेरे मन को तसल्ली नहीं मिलती। मैं कुछ ऐसा करना चाहता हूँ जिससे कि मेरे खेत में अमरत्व के फल उत्पन्न हों। आप मुझे मार्गदर्शन दीजिए, जिससे कि मेरे खेत में अमरत्व के फल उत्पन्न होने लगें?'' उसकी बात सुनकर भगवान् बुद्ध मुसकराने लगे और बोले, ''भले व्यक्ति, तुम्हें अमरत्व का फल तो अवश्य मिल सकता है, किंतु इसके लिए तुम्हें खेत में बीज न बोकर अपने मन में बीज बोने होंगे?'' यह सुनकर किसान हैरानी से बोला, ''प्रभु, आप यह क्या कह रहे हैं? भला मन के बीज बोकर भी फल प्राप्त हो सकते हैं।'' भगवान् बुद्ध बोले, ''बिल्कुल हो सकते हैं और इन बीजों से तुम्हें जो फल प्राप्त होंगे, वे वाकई साधारण न होकर अद्‌भुत होंगे, जो तुम्हारे मानव जीवन को भी सफल बनाएँगे और तुम्हें नेकी की राह दिखाएँगे।'' यह सुनकर किसान बोला, ''प्रभु, तब तो मुझे अवश्य बताइए कि मैं मन में बीज कैसे बोऊँ?'' भगवान् बुद्ध बोले, ''तुम मन में विश्वास के बीज बोओ, विवेक का हल चलाओ, ज्ञान के जल से उसे सींचो और उसमें नम्रता का उर्वरक डालो। इससे तुम्हें अमरत्व का फल प्राप्त होगा। उसे खाकर तुम्हारे सारे दुःख दूर हो जाएँगे और तुम्हें असीम शांति का अनुभव होगा।'' भगवान् बुद्ध से अमरत्व के फल की प्राप्ति के कारण सुनकर किसान की आँखें खुल गईं और वह समझ गया कि अमरत्व का फल सद्‌विचारों के द्वारा ही प्राप्त किया जा सकता है और उन्हें ठीक इसी प्रकार सींचना पड़ता है, जिस प्रकार खेत के बीजों को। भगवान् बुद्ध से अमरत्व का फल पाने के कारण सुनकर किसान उन्हें उगाने चल दिया।

□

पवित्र विचार

एक राजा और एक सेठ में बहुत गहरी मित्रता थी। सेठ उसी शहर में चंदन की लकड़ी का व्यापार करता था। एक दिन मुनीम ने बताया कि लकड़ी की बिक्री कम हो गई है। बिक्री बढ़ाने के नए उपाय करने पड़ेंगे। सेठ लकड़ी की बिक्री बढ़ाने के उपाय सोचता रहा। अचानक उसके मन में आया कि यदि राजा के किसी संबंधी की मृत्यु हो जाए तो उसके लिए यहीं से चंदन की लकड़ियाँ खरीदी जाएँ। ऐसे में उसका मुनाफा बढ़ जाए। कुछ देर बाद सेठ राजा से मिलने के लिए गया तो न जाने कैसे राजा के मन में भी उसकी अच्छी पोशाक और ठाठ-बाट देखकर यह विचार आया कि इसने मुझसे दोस्ती करके बहुत दौलत जमा कर ली है। दोनों के मन में एक-दूसरे के लिए विरोधी विचार चल रहे थे, इसलिए उनकी बोलचाल में पहले जैसी गरमजोशी नजर नहीं आई। दोनों ने ही इस बात को महसूस किया। राजा उससे बोला, ''चलो जरा मेरे गुरु के आश्रम तक होकर आते हैं।'' सेठ उसके साथ चल दिया। राजा के गुरु सत्यानंद भावों को पढ़ लेते थे। उन्होंने दोनों के एक-दूसरे के प्रति चल रहे विरोधी भावों को पढ़ लिया और बोले, ''आज तुम दोनों में मित्रता की बजाय प्रतिस्पर्धा और गलत भावना की बू आ रही है।'' दोनों ही यह सुनकर हैरान रह गए। गुरु सत्यानंद पहले सेठ से बोले, ''सेठ, तुम्हारे मन में गलत भावना ही क्यों आई? तुमने यह क्यों नहीं सोचा कि राजा के मन में चंदन की लकड़ी का आलीशान महल बनवाने की बात आ जाए। इससे तुम्हारा चंदन बिक जाता और बिक्री भी बढ़ जाती।'' इसके बाद गुरु राजा से बोले, ''राजन्, तुम्हारे मन में भी अपने मित्र को देखकर यह बात क्यों नहीं आई कि तुमसे दोस्ती के कारण उसने अपने रहन-सहन के स्तर को मेहनत से ऊँचा उठा लिया है।'' दोनों ही यह सुनकर शर्मिंदा हो गए। राजा व सेठ दोनों ने एक-दूसरे से क्षमा माँगी और आगे से कभी भी अपने मन में ऐसे विचारों को न पनपने देने का प्रण किया।

□

आत्मसंयम की परीक्षा

मिस्र देश के जुन्नून नामक महात्मा अत्यंत प्रसिद्ध थे। संत यूसुफ हुसैन ने उनसे दीक्षा लेने की प्रबल इच्छा प्रकट की। उन्होंने सहर्ष दीक्षा देना स्वीकार कर लिया और बोले, ''दीक्षा प्राप्त करने से पहले आपको एक काम करना होगा। आपको नील नदी के किनारे एक संत के पास जाकर उन्हें यह बक्सा सौंपना होगा।'' इसके बाद उन्होंने एक बक्सा संत यूसुफ को पकड़ा दिया। संत यूसुफ बक्सा लेकर चल पड़े। मार्ग काफी लंबा था। बार-बार उनकी नजर बक्से पर जाती। बक्से में ताला नहीं था। बहुत बार उनका मन हुआ कि आखिर बक्से को खोलकर देखें तो सही कि एक संत दूसरे संत को सौगात में क्या देना चाहता है? मात्र देखने से कुछ फर्क नहीं पड़ेगा। यह विचार कर संत यूसुफ एक छायादार पेड़ के नीचे बैठकर बक्सा खोलने लगे। बक्से का ढक्कन खोलते ही उसमें से एक चूहा निकलकर भाग गया। संत यूसुफ चूहे के पीछे भागे, लेकिन चूहा भला उनके हाथ कहाँ आता? बक्सा बिल्कुल खाली था। यह देखकर संत यूसुफ अत्यंत दुःखी हुए। उन्हें समझ नहीं आ रहा था कि नील नदी के संत को क्या कहेंगे? आखिर वे उस संत के पास पहुँचे और बक्सा उन्हें देते हुए बोले, ''गुरुजी, क्षमा करना। मैं स्वयं पर काबू नहीं रख पाया और जिज्ञासावश बक्से का ढक्कन हटा बैठा तथा इसके अंदर बंद चूहा निकलकर भाग गया।'' उनकी बात सुनकर संत बोले, ''ठीक है, आप यही बात महात्मा जुन्नून को बता दीजिएगा। दरअसल ऐसा करके वे आपके आत्मसंयम की परीक्षा लेना चाहते थे, लेकिन अफसोस कि आप परीक्षा में खरे नहीं उतरे।'' यह सुनकर संत यूसुफ दुःखी मन से महात्मा जुन्नून के पास पहुँचे और उन्हें सारी बात बता दी। महात्मा जुन्नून बिल्कुल शांत रहे और सहजता से बोले, ''जो व्यक्ति एक चूहा सँभालकर नहीं पहुँचा सकता, वह परम ज्ञान का अधिकारी नहीं। आप लौट जाएँ और पहले आत्मसंयम का अभ्यास करें।'' संत यूसुफ अपने घर लौट आए और आत्मसंयम का कड़ा अभ्यास करने लगे। कई वर्षों बाद वे महात्मा जुन्नून के पास पहुँचे तो महात्मा बोले, ''हाँ, अब आप दीक्षा के अधिकारी हैं। वास्तव में किसी भी कार्य की सफलता के लिए आत्मसंयम बहुत ही आवश्यक है, जिस व्यक्ति के अंदर आत्मसंयम का अभाव है, वह जीवन में कभी भी सफलता नहीं पा सकता।'' इसके बाद उन्होंने संत यूसुफ को प्रेमपूर्वक दीक्षा दी। □

प्रभु का संरक्षण

एक यहूदी फकीर रेत पर चला जा रहा था। जब वह काफी आगे तक चला आया तो सहसा उसकी नजर पीछे की ओर चली गई। उसने पीछे मुड़कर देखा तो यह देखकर हैरान रह गया कि रेत पर तो वह अकेला चल रहा था, किंतु पीछे-पीछे चार पैरों के निशान थे। आश्चर्य से यहूदी फकीर इधर-उधर देखने लगा और सोचने लगा कि ऐसा कौन है, जो बिल्कुल मेरे साथ-साथ चल रहा है और मुझे ही नजर नहीं आ रहा। जब उसे दूर-दूर तक किसी के दर्शन नहीं हुए तो उसने स्वयं से ही कहा कि अवश्य ही मेरे साथ अदृश्य रूप में प्रभु चले आ रहे होंगे। वह फिर चलने लगा, किंतु तभी उसने स्वयं से प्रश्न किया, जब मेरे कठिनाई भरे दिन थे। मैं अत्यंत मुसीबत में था, मुझसे कोई बात तक करना पसंद नहीं करता था। तब भी मैं अकसर इस रेत पर चलता था और तब मुझे कभी भी अपने पीछे चार पैर नजर नहीं आए। रेत पर केवल मेरे पदचिह्नों की ही छाप होती थी। तो इसका क्या यह अर्थ हुआ कि मुसीबत में ईश्वर भी साथ छोड़ देता है। आज मैं सुखी और प्रसन्न हूँ तो वह मेरे साथ-साथ चला आ रहा है। यह विचार आते ही यहूदी फकीर को आकाशवाणी सुनाई दी, ''नहीं, बेटा नहीं। तुम गलत सोच रहे हो?'' आकाशवाणी की आवाज पर यहूदी फकीर बोला, ''तो फिर सच क्या है? आप ही बताइए।'' फकीर के कानों से आवाज टकराई, ''जब तू सुख में होता है, मैं तेरे साथ चलता हूँ। ऐसे में दो पाँव के निशान तुम्हारे और दो मेरे। मुसीबत में जब तुझे सब छोड़ गए थे, मैंने नहीं छोड़ा। उस समय मैं तुम्हें अपनी गोद में लेकर चलता रहा। तुम्हें माँ जैसा प्यार और वात्सल्य देता रहा, तुम्हें सुख की छाँव देता रहा। उस दु:ख के समय तुम्हारे पाँव के निशान तो रेत पर पड़े ही नहीं। मैं तुझसे कभी विमुख नहीं हुआ, मुसीबत में भी नहीं।'' यह सुनकर यहूदी फकीर की आँखों से आँसू बह चले और वह बोला, ''हाँ प्रभु, आप सही कहते हैं। आपकी गोद में होने के कारण ही तो मैं हर पीड़ा और तनाव से उभर पाया और स्वयं को सँभाल पाया।'' यहूदी फकीर का जवाब सुनकर उसके कानों से फिर आवाज टकराई, ''हाँ, लेकिन इतना अवश्य याद रखना कि मुसीबत और पीड़ा में कभी हिम्मत न हारना, यह न कहना कि मेरे साथ कोई नहीं है। मैं हर पल तुम्हारे साथ हूँ। दु:ख और पीड़ा जीवन का हिस्सा हैं, यदि तुम उन्हें

धैर्य और शांतिपूर्वक सामान्य तरीके से हल करोगे तो जीवन में सफलता पाओगे और यदि विचलित होकर गलत मार्ग पर बढ़ोगे तो मेरी गोद से गिर पड़ोगे, फिर तुम्हें मैं नहीं बचा पाऊँगा। मैं तब तक तुम्हारे साथ हूँ, जब तक तुम नेकी, ईमानदारी और मेहनत से अपना काम करते हो।'' इसके बाद आकाशवाणी की गूँज समाप्त हो गई और यहूदी फकीर ने मन में संकल्प लिया कि जीवनभर वह यह बात नहीं भूलेगा कि ईश्वर हर क्षण उसके साथ है।

तीन बातें

राजा हरिसिंह बेहद सत्यप्रिय, न्यायप्रिय और बुद्धिमान था। वह अपनी प्रजा का हर तरह से ध्यान रखता था। लेकिन कुछ दिनों से उसे स्वयं के कार्य से असंतुष्टि हो रही थी। हालाँकि वह यह प्रयत्न करता था कि राजा होने का अभिमान स्वयं में न पाले। लेकिन कुछ दिनों से यश व धन की वर्षा ने उसके चंचल मन को हिला दिया था। उसने बहुत प्रयत्न किया कि वह अभिमान से दूर रहे। एक दिन वह अपने राजगुरु प्रखरबुद्धि के पास गया। प्रखरबुद्धि नाम के अनुरूप वे अत्यंत तीव्र बुद्धि थे। वे राजा का चेहरा देखते ही उसके मन की बात समझ गए और उसे अपने पास बैठाकर बोले, ''राजन्। मैं ज्यादा कुछ न कहते हुए केवल यह कहूँगा कि यदि तुम मेरी तीन बातों को हर पल याद रखो तो जीवन के पथ में कभी भी नहीं डगमगाओगे।'' प्रखरबुद्धि की बात सुनकर राजा बोला, ''कहिए गुरुजी, वे तीन बातें कौन सी हैं? मैं उन्हें हमेशा याद रखूँगा।'' इस पर प्रखरबुद्धि बोले, ''पहली, रात को मजबूत किले में रहना। दूसरी, स्वादिष्ट भोजन ग्रहण करना और तीसरी, सदा मुलायम बिस्तर पर सोना।'' गुरु की अजीबोगरीब बातें सुनकर राजा बोला, ''गुरुजी, इन बातों को अपनाकर तो मेरे अंदर अभिमान और भी अधिक उत्पन्न होगा।'' इस पर प्रखरबुद्धि मुसकरा कर बोले, ''राजन्, तुम मेरी बातों का अर्थ नहीं समझे। मैं तुम्हें समझाता हूँ—पहली बात, सदा अपने गुरु के साथ रहकर चरित्रवान बने रहना। कभी बुरी आदत मत पालना। दूसरी बात, कभी पेट भरकर मत खाना। रुखा-सूखा जो भी मिले, उसे प्रेमपूर्वक चबा-चबाकर खाना। खूब स्वादिष्ट लगेगा। यह मत सोचना कि तुम राजा हो, इसलिए तुम्हें हमेशा छत्तीस तरह के व्यंजन परोसे जाएँ। तीसरी बात, कम-से-कम सोना। अधिक समय तक जागकर प्रजा की रक्षा करना। जब नींद आने लगे तो राजसी बिस्तर का ध्यान छोड़कर घास, पत्थर, मिट्टी जहाँ भी जगह मिले, वहीं गहरी नींद सो जाना। ऐसे में तुम्हें हर जगह मुलायम बिस्तर लगेगी। बेटा, यदि तुम राजा की जगह त्यागी बनकर अपनी प्रजा का खयाल रखोगे, तो कभी भी अभिमान, धन व राजपाट का मोह तुम्हें नहीं छू पाएगा। यही नहीं, ये बातें राजा के साथ-साथ कोई साधारण व्यक्ति भी अपने जीवन में प्रयोग करे तो वह कभी गलत मार्ग पर नहीं जा सकता।'' प्रखरबुद्धि की गूढ़ बातों का अर्थ सुनकर राजा हरिसिंह उन्हें नमन कर अपने कर्तव्य की पूर्ति के लिए चल पड़ा। □

जीने के अंदाज

एक बार कुछ मजदूर एक स्थान पर मंदिर का निर्माण कर रहे थे। मंदिर का निर्माण करनेवाले मजदूर अपने-अपने स्वाभावानुसार काम को अंजाम दे रहे थे। सहसा उधर से स्वामी रामतीर्थ गुजरे। उन मजदूरों को देखकर स्वामी रामतीर्थ जिज्ञासावश उनके पास पहुँचे और एक मजदूर जोकि काफी हताश व जीवन से निराश लग रहा था उससे बोले, ''क्यों भाई, क्या कर रहे हो?'' वह मजदूर स्वामीजी के प्रश्न पर भड़कते हुए बोला, ''क्यों, क्या तुम्हारी आँखें फूटी हुई हैं? तुम्हें मैं पत्थर तोड़ते हुए दिखाई नहीं दे रहा हूँ।'' स्वामीजी उस मजदूर का जवाब सुनकर चुपचाप आगे बढ़ गए और दूसरे मजदूर के पास पहुँचे। वह मजदूर न तो विशेष प्रसन्न था और न ही बहुत उदास। वह अपने कार्य में मगन था। स्वामीजी उसे देखकर बोले, ''क्यों भाई, क्या कर रहे हो?'' स्वामीजी का प्रश्न सुनकर वह व्यक्ति सहजता से बोला, ''भइया, मैं रोजी-रोटी कमाने के लिए काम कर रहा हूँ।'' उसका जवाब सुनकर स्वामीजी फिर तीसरे मजदूर के पास पहुँचे। वह मजदूर इन दोनों मजदूरों से भिन्न बड़े ही प्रसन्न व संतोषजनक मिजाज से गुनगुनाता हुआ पत्थर तोड़ रहा था। स्वामीजी ने उससे भी यही प्रश्न पूछा, ''क्यों भाई, क्या कर रहे हो?'' स्वामीजी का प्रश्न सुनकर वह मजदूर उनकी तरफ देखते हुए प्रसन्न व आनंदित होते हुए बोला, ''भइया, मुझे एक नेक काम में भागीदार बनने का सुनहरा अवसर प्रदान हुआ है। मैं भी उसी अवसर का लाभ उठाकर मंदिर निर्माण में अपना योगदान दे रहा हूँ।'' स्वामीजी उस मजदूर का जवाब सुनकर अत्यंत प्रसन्न हुए और चिंतन करते हुए इस निष्कर्ष पर पहुँचे कि जीवन में भी तीन तरह के ही लोग हैं—पहली प्रकृति वाले हमेशा तनावग्रस्त होकर सिर्फ पत्थर तोड़ने के अंदाज में जीते हैं। दूसरी प्रकृति वाले जीवन को तनाव व सुख का मिश्रण समझते हैं और उसमें रोजी-रोटी कमाने के लिए जीते हैं और तीसरी प्रकृति वाले अपने जीवन को तनाव व दु:खों में भी इनसे निर्लिप्त होकर जीवन में कुछ प्राप्त करने के लिए जीते हैं। वास्तव में तीसरी प्रकृति वाले लोग ही अपने जीवन को सही अंदाज में जीते हैं, क्योंकि जीवन का अर्थ ही है कि आप कुछ कर के दिखाएँ, न कि उसे सिर्फ कुढ़न, तनाव व रोजगार में गँवा दें

और ऐसी प्रकृति वाले लोग वर्तमान समय में बहुत कम देखने को मिलते हैं। किंतु जो लोग अपने जीवन को पत्थर तोड़ने व रोजी कमाने में गँवा देते हैं, वे अपने जीवन को निरर्थक कार्यों में गँवा देते हैं और जो इसमें मंदिर निर्मित करते हैं, उनका जीवन श्रेष्ठ बन जाता है।

□

अपंग शरीर

एक बहुत धनिक सेठ था। उसके पास अपार धन-संपत्ति तथा अनेक नौकर-चाकर थे। उसकी हवेली भी बेहद शानदार बनी हुई थी। उसके पास हर तरह की सुख-सुविधा थी, किंतु इसके बावजूद वह हमेशा बीमार सा रहता था और उसे भूख-प्यास भी न के बराबर लगती थी। उसकी ऐसी हालत देखकर उसकी पत्नी व बच्चे भी बेहद परेशान रहने लगे। उन्होंने उस सेठ को अनेक जाने-माने डॉक्टरों को दिखाया, किंतु कोई भी उस सेठ की बीमारी को दूर नहीं कर पाया। एक दिन उन्होंने आर्य संन्यासी महात्मा आनंदस्वामी सरस्वती का प्रवचन सुना। प्रवचन सुनकर वह सेठ बहुत प्रभावित हुआ और उनसे मिलने के लिए गया। उनसे मिलने के बाद उसने अपनी भूख न लगने, नींद न आने तथा हर वक्त बीमार रहने की समस्या स्वामीजी को बताई। उसने यह भी बताया कि उसके पास सुख-सुविधा की कोई कमी नहीं है। बस उसे तन और मन की शांति नहीं है। उसके यह बोलने पर स्वामीजी मुसकराते हुए बोले, ''भइया, तन और मन की शांति ही तो असली सुख है। यदि यह असली सुख न होता तो तुम मेरे पास इतनी धन-दौलत, ऐशोआराम छोड़कर यह समस्या लेकर ही क्यों आते?'' उनकी बात पर सेठ बोला, ''स्वामीजी, आप बिल्कुल ठीक कह रहे हैं। अब आप मेरी मानसिक अशांति व बीमारियों का कारण बताइए।'' यह सुनकर स्वामीजी बोले, ''सेठजी, आप अपंग हैं। इसलिए भूख न लगना, बीमारियों का शरीर में घर करना व नींद न आना स्वाभाविक है।'' स्वामी का अपंग शब्द सुनते ही सेठ हैरानी से बोला, ''स्वामीजी, यह आप क्या कह रहे हैं? भला मैं अपंग कहाँ हूँ? मेरे हाथ-पैर तो सही सलामत हैं।'' सेठ के ऐसा बोलने पर स्वामीजी बोले, ''भले मानस, अपंग वही नहीं होता, जिसके हाथ-पैर न हों, बल्कि वह भी होता है, जो हाथ-पैर होते हुए भी उनका उपयोग नहीं करता। तुम तो हाथ-पैर होते हुए अपंग बने हुए हो। तुम अपने नौकरों को कम कर दो। अपने हाथ-पैरों से काम लो। नियमित व्यायाम करो। ईश्वर का स्मरण करो और ईमानदारी से अपना व्यवसाय खुद करो। फिर देखना कुछ ही दिनों में तुम्हें खुलकर भूख भी लगने

लगेगी और बीमारियाँ भी तुम्हारे शरीर से गायब हो जाएँगी।'' सेठ ने उसी दिन से काम करना शुरू कर दिया। सवेरे उठकर सैर व नियमित व्यायाम करने के बाद वह अपने व्यवसाय में जी-जान से मेहनत करने लगा और कुछ ही समय बाद वह बिल्कुल स्वस्थ हो गया।

□

अहंकार का अंत

एक राजा बहुत ही अभिमानी एवं अहंकारी था। उसे अपने धन-धान्य, वैभव व शासन का बहुत घमंड था। हालाँकि वह दानी, ईमानदार व सुशासक था। किंतु अपने अहंकार के कारण वह सभी की बुराई का पात्र था। राजा मन में यही सोचता रहता कि वह अपनी प्रजा का पूरा ध्यान रखता है, हर किसी की आवश्यकताओं की पूर्ति भी करता है फिर भी प्रजा उससे खुश नजर नहीं आती। आखिर क्यों? इसके पीछे क्या वजह हो सकती है? यही जानने के लिए वह सिद्ध और विरक्त संत बाबा गरीबदास के पास पहुँचा। वहाँ पहुँचकर उसने बाबा को अभिवादन किया और अभिवादन करते ही अहंकारवश कहा, ''बाबा, किसी भी वस्तु की आवश्यकता हो तो बताइए, मैं वह वस्तु पलक झपकते ही आपकी सेवा में भिजवा दूँगा।'' राजा की बात सुनकर बाबा उसके अहंकार को भाँप गए और बोले, ''तुम्हारे पास अपना क्या है, जो मुझे दोगे?'' बाबा की बात पर राजा बोला, ''बाबा, ऐसी कौन सी वस्तु है, जो मेरे पास नहीं है। मेरा भंडार असीमित धन-धान्य तथा कीमती वस्तुओं से भरा हुआ है।'' यह सुनकर बाबा बोले, ''राजन्, यह तुम्हारा भ्रम है कि धन-धान्य तुम्हारा है। तुम्हारा शरीर और सौंदर्य माता-पिता का दिया हुआ है। धन-धान्य धरती माता का दिया हुआ है। राजपाट भी तुम्हारा नहीं है। प्रजा के कारण ही तुम राजा हो। अत: राजपाट प्रजा का उपहार है। केवल धर्म (कर्तव्य) ही अपनी संपत्ति होता है। धर्म का पालन करते हुए, यदि तुम प्रजा की सेवा करोगे तो युगों-युगों तक अमर रहोगे। धर्म का पालन और कर्म ही तुम्हारे अपने हैं। बाकी सब तो आना-जाना है। इसलिए केवल अपने धर्म को अपना मान कर कर्म करते रहो।'' बाबा के मुँह से धन-संपत्ति और धर्म का रहस्य जानकर राजा का अहंकार चूर-चूर हो गया और उसे अपनी परेशानी का कारण भी समझ में आ गया। यह जानकर वह बाबा के चरणों में गिर पड़ा और उनसे हाथ जोड़कर बोला, ''बाबा, मैं आपकी बात को ध्यान में रखते हुए अब अपने शासन में धर्म और कर्म को ही ध्यान में रखूँगा और कभी भी अहंकार नहीं करूँगा।'' राजा की बात सुनकर बाबा ने उसे आशीर्वाद दिया। इसके बाद राजा वहाँ से आया और दोगुने जोश से अपने शासन की देख-रेख में लग गया। □

विश्वास की महिमा

रामदीन नामक एक व्यक्ति अपने जीवन से बेहद परेशान हो गया था। उसका किसी भी काम में मन नहीं लगता था। चाहे व्यवसाय हो या नौकरी; वह कहीं पर भी महीने से ज्यादा नहीं टिकता था। इससे उसकी घर-गृहस्थी बिखर रही थी और उसकी पत्नी उसे कोस कर अपने मायके चली गई थी। उसके भाई-भाभी आदि भी उसे उसके नाकारा होने के कारण डाँटते रहते थे। लेकिन तब भी वह कोई काम नहीं करता था। वह अपने एकाकी जीवन से तंग आ गया था। एक दिन वह ऐसे ही घूमते-घूमते एक महान् संत के पास गया और उनसे बोला, ''महाराज, मैं बेरोजगार हूँ। मेरा किसी भी काम में मन नहीं लगता। सभी मुझे कोसते रहते हैं। मेरी पत्नी भी मेरे व्यवहार से दु:खी होकर घर छोड़कर चली गई है। ऐसे में मुझे अपना जीवन निरर्थक लगने लगा है। आप ही मुझे सुखी जीवन का कोई मार्ग बताएँ।'' रामदीन की बातें सुनकर संत बोले, ''तुम्हें अपना जीवन निरर्थक इसलिए लगता है, क्योंकि तुम कोई भी काम मन लगाकर नहीं करते हो। यदि तुम अपने मन में यह दृढ निश्चय कर लो कि जो काम तुमने अपने हाथ में लिया है उसे हर हाल में एक निश्चित समय में पूरा करना ही है तो तुम्हारी यह समस्या स्वत: ही सुलझ जाएगी और सभी लोग ऐसे में तुम्हारा संसर्ग पाना चाहेंगे।'' रामदीन बोला, ''महाराज, मेरा किसी काम में मन ही तो नहीं लगता। मैं किसी भी काम में मन कैसे लगाऊँ?'' उसकी बात पर संत बोले, ''अपने काम में मन तुम तभी लगा सकते हो, जब तुम यह ठान लो कि काम को पूरा किए बिना तुम्हें कुछ नहीं करना है। पहले काम और बाद में खाना-पीना व अन्य चीजें। जब भी तुम्हारा मन उकताने लगे तुम मन-ही-मन यह दोहराओ कि यदि विश्वास हो तो मुश्किल-से-मुश्किल काम को भी हल किया जा सकता है। धीरे-धीरे तुम ऐसा करके देखो और इसके बाद आज से ठीक एक साल बाद मेरे पास आना।'' रामदीन संत की यह बात सुनकर आ गया और उसी दिन से उसने कपड़ों पर डिजाइन बनाने का काम शुरू कर दिया। उसने पहले भी एक बार ऐसा किया था, किंतु मन न लगने के कारण छोड़ दिया था। इस बार रामदीन का मन जब भी उखड़ता तो वह मन-ही-मन यह दोहराता कि यदि विश्वास हो तो

मुश्किल-से-मुश्किल काम को भी हल किया जा सकता है। इस प्रकार ऐसा बोलते-बोलते उसने कपड़े में पूरा डिजाइन बना दिया। डिजाइन काफी सुंदर बना था। इसलिए वह बाजार में काफी अच्छी कीमत पर बिक गया। इससे रामदीन का आत्मविश्वास प्रबल हो गया और धीरे-धीरे वह मन लगाकर काम करना सीख गया। एक साल बाद उसका व्यवसाय बहुत बढ़ गया और उसका काफी नाम भी हो गया। उसकी रूठी पत्नी भी घर पर लौट आई और भाई-भाभी के साथ-साथ अन्य लोग भी उसके साथ इज्जत से पेश आने लगे। एक साल के बाद वह उन्हीं संत के पास गया और बोला, ''महाराज, इस वाक्य में वाकई जादू है कि यदि विश्वास हो तो मुश्किल-से-मुश्किल काम को भी हल किया जा सकता है। आपके इसी एक वाक्य ने मुझे फर्श से अर्श पर पहुँचा दिया।'' इस पर संत ने उसे आशीर्वाद दिया और वह प्रसन्नता से वहाँ से आकर फिर अपने काम में लग गया।

□

राजा के कर्तव्य

राजा प्रतापसिंह अपने पुत्र विनयसिंह को भविष्य का एक नेक और सत्यवादी राजा बनाना चाहते थे। इसके लिए उन्होंने अपने पुत्र को गुरु अजेयानंद के पास छोड़ दिया। गुरु अजेयानंद के पास अनेक शिष्य शिक्षा ग्रहण करते थे। राजकुमार विनयसिंह भी अब उन शिष्यों में शामिल हो गया। राजकुमार विनय अत्यंत विनम्र, नेक और दयालु था। गुरु अजेयानंद समझ गए कि यदि राजकुमार विनय को तराशा जाए तो वह एक प्रभावशाली और अच्छा राजा साबित हो सकता है। राजकुमार शिक्षा के साथ ही अन्य कार्यों में भी कुशल व प्रवीण था। एक दिन गुरु अजेयानंद सभी शिष्यों को पाठ पढ़ा रहे थे। पाठ का विषय था कि राजा कैसा होना चाहिए और उसके क्या कर्तव्य होने चाहिए? प्रश्न पढ़कर गुरु ने पुस्तक बंद करते हुए कहा, ''आज मैं तुम्हें बताऊँगा कि एक राजा के क्या कर्तव्य हैं और उसे कैसा होना चाहिए?'' फिर वे शिष्यों से बोले, ''आप सब में से कितने बालकों ने पशु-पक्षियों को देखा है?'' सभी शिष्यों ने हाथ खड़े कर दिए। राजकुमार विनयसिंह ने भी अपना हाथ उठा दिया, लेकिन वह मन-ही-मन सोचने लगा कि भला राजा के कर्तव्यों का पशु-पक्षियों से क्या संबंध? गुरुजी विनयसिंह के मनोभावों को समझ गए और मुसकराते हुए बोले, ''पुत्र, पशु-पक्षियों का सिर्फ राजा से ही नहीं, अपितु हर मनुष्य से बहुत गहरा संबंध है। सभी व्यक्ति यदि पशु-पक्षियों के जीवन को सूक्ष्मता से देखकर उसे अपने जीवन में आजमाएँ तो वे अपने जीवन को सफल बना सकते हैं।'' राजकुमार विनय हैरानी से बोला, ''कैसे गुरुजी,?'' गुरुजी बोले, ''पुत्र हमें कौए से आलस्य रहित होने की शिक्षा लेनी चाहिए। भौंरों से रसाग्रही और हिरन से सदा चौकन्ना रहने की सीख लेनी चाहिए। जिस प्रकार सर्प फन फैलाकर, फुफकारकर अपनी रक्षा के लिए दूसरों को डराता है, उसी प्रकार राजा को शत्रु को डराकर आतंकित करना चाहिए। राजा को हंस के समान नीर-क्षीर विवेक वाला होना चाहिए। मुरगे से सूर्योदय से पहले उठकर कर्तव्यपालन में लग जाने की शिक्षा लेनी चाहिए और अंत में जिस प्रकार सूरज और चंद्रमा अपने प्रकाश और ऊर्जा

का समान रूप से प्रसार करते हैं, वैसे ही राजा को समस्त प्रजा के साथ समानता का व्यवहार करना चाहिए।'' गुरुजी की बातें सुनकर राजकुमार विनय उनके आगे शीश झुकाते हुए बोला, ''गुरुजी, आज आपने जो पाठ मुझे पढ़ाया है, मैं उसे अपने जीवन में लागू करने का प्रयास करूँगा।'' अब राजकुमार विनय राजा के कर्तव्य समझ गया था।

☐

'मैं' से मुक्ति

जापान में नानहेन नामक एक फकीर थे। वे परम ज्ञानी और परम तपस्वी थे। अनेक लोग उनके पास अपनी समस्या के समाधान के लिए आते थे। एक दिन एक व्यक्ति उनके द्वार पर पहुँचा और बोला, ''गुरुजी, मैं संन्यास लेना चाहता हूँ। इसके लिए मैं आपके पास दीक्षा लेने के लिए आया हूँ। संन्यास लेने के लिए मैंने अपना घर-परिवार, रिश्ते-नाते सब को तिलांजलि दे दी है।'' व्यक्ति की बात सुनकर फकीर बोले, ''क्या तुम बिल्कुल अकेले हो? तुम्हारे साथ वास्तव में कोई नहीं है।'' यह सुनकर वह व्यक्ति बोला, ''मैं बिल्कुल अकेला हूँ। मेरे साथ कोई नहीं है। आप मेरे आगे-पीछे देख लीजिए, आपको कोई नहीं मिलेगा।'' फकीर बोला, ''अपनी आँखें बंद करो। अंदर झाँककर देखो कि वहाँ कोई और तो नहीं है। जाओ, कुछ देर के लिए वटवृक्ष की छाया में बैठकर अंतर्मुखी हो जाओ। फिर थोड़ी देर बाद आना।'' वह व्यक्ति वटवृक्ष की छाया में बैठकर ध्यान करने लगा। जब उसने अपनी आँखें बंद कीं, तो उसे अपना घर-परिवार, वृद्ध माता-पिता, पत्नी और बच्चों की छवि नजर आने लगी। यह देखकर वह व्यक्ति चिंतित हो गया। चिंता से उसने अपनी आँखें खोलीं तो फकीर को अपने पास खड़ा पाया। फकीर बोले, ''क्यों बेटा, क्या हुआ?'' उनकी बातें सुनकर युवक चिंतातुर होकर बोला, ''गुरुजी, मैं तो अपना परिवार, नाते-रिश्ते सब पीछे छोड़ आया था, लेकिन यहाँ पर आँखें बंद करते ही मेरे दिमाग में अपने माता-पिता, पत्नी और बच्चों की छवि घूम रही है। उसे यह बोलते देखकर फकीर बोले, ''ध्यानमग्न होकर उन व्यक्तियों को अपने दिमाग से निकालने का प्रयत्न करो। कुछ देर बाद मेरे पास आना।'' दो घंटे बाद युवक ने फकीर का दरवाजा खटखटाया तो फकीर बोले, ''कौन है?'' युवक बोला, ''मैं हूँ।'' फकीर बोला, ''अभी भी तुम अकेले नहीं हो। 'मैं' तुम्हारे साथ है। अगर तुम इस 'मैं' और 'भीड़' को छोड़ सको तो फिर यहाँ आने की जरूरत ही नहीं रह जाएगी। तुम 'मैं' से मुक्ति पा लो, फिर संन्यास लेने की जरूरत ही नहीं रह जाएगी।'' फकीर का जवाब युवक की समझ में आ गया और वह 'मैं' को समाप्त करने की प्रतिज्ञा लेकर वापस अपने घर की ओर लौट पड़ा। □

सभी धर्म एक समान

गुरुकुल काँगड़ी की सारी जिम्मेदारियाँ स्वामी श्रद्धानंद के ऊपर थीं। सभी छोटी-बड़ी समस्याओं के समाधान उन्हें ही तलाशने पड़ते थे। एक बार स्वामीजी को रुड़की के एक पादरी ने पत्र लिखा। पत्र में उन्होंने लिखा था कि उन्हें धर्म-प्रचार के लिए हिंदी भाषा सीखनी है और हिंदी भाषा सीखने के लिए उन्हें गुरुकुल काँगड़ी से उपयुक्त कोई स्थान नहीं लगा। उन्होंने यह भी कहा था कि गुरुकुल में रहकर मैं केवल तन-मन से हिंदी भाषा सीखने का ही प्रयास करूँगा और वहाँ पर ईसाई धर्म का प्रचार बिल्कुल भी नहीं करूँगा। कृपया मुझे कुछ दिनों तक गुरुकुल में रहने की अनुमति प्रदान कर दी जाए। स्वामी श्रद्धानंद ने पादरी के पत्र को पढ़ा। पत्र पढ़कर वे अत्यंत प्रसन्न हुए। उन्होंने उत्तर में पादरी को सूचित किया कि वे यहाँ पर प्रेमपूर्वक आएँ। उनका श्रद्धा और विनम्रता के साथ स्वागत किया जाएगा। इसके साथ ही उन्हें वहाँ रहने और हिंदी सीखने में कोई कठिनाई नहीं होगी। यदि यहाँ रहकर वे गुरुकुल के शिष्यों में ईसाई धर्म का प्रचार भी करते हैं, तो भी उन्हें कोई समस्या नहीं है। ईसामसीह और ईसाई धर्म को जानने और समझने में कोई बुराई नहीं है। कोई भी धर्म हो, वह उत्तम होता है। आपस में प्रेम करना सिखाता है। वैर नहीं। हर धर्म मनुष्य में प्रेम और सद्भाव जगाता है। अतः पादरी यहाँ आएँ, उनका हर प्रकार से सम्मान और स्वागत किया जाएगा। जब यह पत्र रुड़की के पादरी को मिला, तो वे इसे पढ़कर धन्य हो उठे। स्वामी श्रद्धानंद तथा हिंदू धर्म की उदारता ने उन्हें गंभीरता से सोचने और प्रत्येक धर्म का पूरी तरह सम्मान करने के लिए तैयार कर दिया। इसके बाद उन्होंने हिंदी सीखने के साथ-साथ हिंदू धर्म-ग्रंथों का भी प्रेमपूर्वक अध्ययन किया और उनके मन में सभी धर्मों के प्रति एक राय व निष्ठा उत्पन्न हो गई।

□

भविष्य की चिंता

एक बार संत कंफ्यूशियस फारस देश की यात्रा पर गए। वहाँ के राजा ने उन्हें अपने दरबार में सादर आमंत्रित किया। संत कंफ्यूशियस के राजदरबार में पहुँचने पर राजा बोले, ''महाराज, मैंने आपकी बुद्धिमत्ता और दर्शन के बारे में बहुत सुना है। मैंने बहुत ही अजीबोगरीब घटना देखी है। मैं वह घटना आपको दिखाकर उसका हल जानना चाहता हूँ।'' यह कहकर राजा ने तीन पिंजरे उनके सामने रखे। एक पिंजरे में चूहा था, दूसरे में बिल्ली और तीसरे में बाज। तीनों के पास ही पिंजरे के अंदर बढ़िया खाद्य सामग्री रखी थी। लेकिन तीनों ही उसको हाथ नहीं लगा रहे थे। वे डरे-सहमे से इधर-उधर देख रहे थे। राजा बोले, ''महाराज, इन तीनों पिंजरों में बढ़िया खाद्य-सामग्री रखी हुई है। चूहे के पिंजरे में घी से चुपड़ी रोटियाँ रखी हैं। बिल्ली के पिंजरे में दूध और दही रखा हुआ है। बाज के पिंजरे में बढ़िया मांस रखा हुआ है। किंतु भूखे होने पर भी ये खाद्य पदार्थों को हाथ क्यों नहीं लगा रहे हैं?'' राजा का प्रश्न सुनकर संत कंफ्यूशियस मंद-मंद मुसकराते हुए बोले, ''इसका जवाब तो बेहद सरल है। जो स्थिति इन तीनों की है, मानवों की स्थिति भी लगभग ऐसी ही है। प्रत्येक व्यक्ति सामने उपस्थित चीज का उपभोग न करके भविष्य पर ध्यान देता है। इन तीनों में इस समय दो को अपनी मौत का भय और तीसरे को भविष्य की चिंता सता रही है। चूहे और बिल्ली को भय है कि कहीं बाज उन पर न झपट पड़े और बाज को चिंता है कि यदि उसका ध्यान सामने रखा मांस खाने में लग गया तो वह अपने शिकार से वंचित रह जाएगा। इसी चक्कर में ये तीनों भूखे रहकर भयभीत है। जबकि तीनों ही पिंजरे में सुरक्षित हैं। व्यक्ति भी सुरक्षित होकर हर पल किसी-न-किसी समस्या से भयभीत होकर अपने वर्तमान को ढंग से नहीं जी पाता और इन्हीं चिंताओं का बोझ ढोते हुए वह मर जाता है। इसलिए उचित तो यही है कि व्यक्ति अपने हर पल को जिंदादिली से सद्कर्म करते हुए जिए।'' राजा संत कंफ्यूशियस की बात से सहमत हो गए।

□

अमीरी और गरीबी

अमीरी और गरीबी दो सखियाँ थीं। दिखने में दोनों अत्यंत रूपवान थीं। लेकिन दोनों का स्वभाव अलग था। अमीरी जहाँ लोगों को संपन्न बनाने में विश्वास रखती थी, वहीं गरीबी लोगों को गरीब करने में अपनी शान समझती थी। एक दिन दोनों में यह बहस छिड़ गई कि दोनों एक-दूसरे से ज्यादा खूबसूरत हैं। जब बहस का कोई परिणाम नहीं निकला तो उन्होंने एक संत से इस बारे में जानने की सोची। दोनों उस संत के पास गईं और उससे बोलीं, ''बाबा, आप ज्ञानी जान पड़ते हैं। कृपया हमें यह बताएँ कि हम दोनों में अधिक रूपवान कौन है?'' संत ने अमीरी व गरीबी को पहचान लिया। किसी एक को भी रूपवान बताता तो दूसरे की नाराजगी झेलनी पड़ती। संत कुछ सोचकर बोला, ''देवियो, मुझे तो आप दोनों ही बराबर खूबसूरत प्रतीत होती हैं। किंतु इसका सही जवाब तो हमारे गुरु परमानंद ही दे सकते हैं। वे अत्यंत वृद्ध व ज्ञानी हैं।'' वह संत उन दोनों को गुरु परमानंद के पास ले गया। गुरु परमानंद के सामने भी यही प्रश्न रखा गया। परमानंद बाबा बुद्धिमान होने के साथ-साथ अनुभवी भी थे। उन्होंने कुछ सोचा, फिर बोले, ''मैं अधिक वृद्ध हूँ, इसलिए सामने से इतना अधिक नहीं देख पा रहा हूँ कि कौन अधिक खूबसूरत है। कृपया आप दोनों जरा उस पेड़ तक जाएँ और वहाँ से वापस मेरे पास आएँ।'' दोनों पेड़ के पास से चलकर वापस आईं तो बूढ़े परमानंद बाबा बोले, ''देखो बेटी, जो मैंने देखा और जो मुझे लगा वह मैं बताता हूँ।'' फिर वे गरीबी की तरफ देखकर बोले, ''मैंने देखा कि आप जाते समय अमीरी से ज्यादा खूबसूरत दिख रही थीं।'' यह सुनकर गरीबी खुश हो गई। इसके बाद बूढ़े बाबा अमीरी से बोले, ''मैंने देखा कि आप आते समय ज्यादा खूबसूरत दिख रही थीं।'' जवाब पाकर दोनों हँसने लगीं और बूढ़े बाबा से बोलीं, ''बाबा, मान गए आपको। आप ऐसा जवाब देकर हम दोनों को खुश कर दिया और साथ ही यह भी जता दिया कि गरीबी जाते समय अच्छी लगती है और अमीरी आते समय।'' इसके बाद दोनों खुशी-खुशी वहाँ से ओझल हो गईं।

□

नदी से सीख

एक नदी के दोनों कूलों पर बस्तियाँ थीं। कूल के एक ओर रहनेवालों की बस्ती का नाम कियाना था और दूसरे छोर पर रहनेवालों की बस्ती का नाम जियाना था। दोनों ही बस्तियों के लोग नदी के पानी से खेती-बाड़ी करते थे, बाग-बगीचे सींचते थे, नहाने व पीने के लिए पानी का प्रयोग करते थे। एक दिन कियाना बस्ती के नेता को लगा कि जियाना बस्ती के लोग उनसे अधिक पानी ले लेते हैं, जिससे उसकी बस्ती के लोगों को दिक्कतों का सामना करना पड़ता है। जबकि नदी दोनों की बस्ती के बीच में है, इसलिए दोनों बस्तियों के लोगों का पानी पर बराबर हक है। कियाना बस्ती की यह बात कुछ ही देर में जियाना बस्ती में आग की तरह फैल गई। जियाना बस्ती के नेता को यह बात पता लगी तो वह आगबबूला हो गया। इस तरह बात बढ़ गई। कोई भी पक्ष झुकने को तैयार नहीं था। सभी हथियार लेकर आ गए और दोनों पक्षों के लोग एक-दूसरे पर टूट पड़ने को आमादा हो गए। यह बात महात्मा बुद्ध तक पहुँची। वे तुरंत उस स्थल पर पहुँचे और उन्होंने दोनों पक्षों के प्रतिनिधियों को अपने पास बुलवाया। दोनों प्रतिनिधियों के आने पर वे उनसे सहजता से बोले, ''क्या बात है?'' महात्मा बुद्ध के यह बोलते ही कियाना बस्ती का प्रतिनिधि बोला, ''महाराज, ये लोग नदी का अधिक पानी लेते हैं और उसे व्यर्थ बहाते हैं, इसलिए हमारे कई लोगों को पानी से वंचित रहना पड़ता है।'' इस पर जियाना बस्ती का प्रतिनिधि रौद्र रूप धरकर बोला, ''महाराज, पानी पर सबका हक है। लड़ाई की पहल इन्होंने की है। हमारे लोग आवश्यकतानुसार पानी का प्रयोग करते हैं।'' दोनों की बातें सुनकर बुद्ध बोले, ''तुम दोनों में से कोई भी शांति से कार्य नहीं करना चाहता। तुम खून की नदियाँ बहाने को तैयार हो। पानी तुममें से किसी को नहीं चाहिए। खून बहाकर तो खून ही मिलेगा। हिंसा हमेशा हिंसा को बढ़ाती है। नदी से ही सीख लो। यह किसी से लड़ती-झगड़ती नहीं, प्रेम-भाव से सदा पानी का दान करती रहती है।'' बुद्ध के इन शब्दों ने दोनों प्रतिनिधियों पर जादू सा असर किया और दोनों सारे बैर-भाव भुलाकर एक हो गए।

□

सद्‌गुणों की महत्ता

जापानी संत मेहजी के प्रकांड पांडित्य तथा विरक्त स्वभाव की ख्याति पूरे जापान में फैली हुई थी। प्रायः जिज्ञासु उनके पास आते और अपनी शंकाओं का समाधान पाकर संतुष्ट व प्रसन्न होकर वहाँ से लौटते थे। एक दिन जापान के राज्यपाल श्री कियाजारी उनके दर्शनार्थ हेतु वहाँ पर पहुँचे। उन्होंने अपने निजी सचिव को अपना परिचय-पत्र दिया और बोले, ''संतजी को हमारा परिचय-पत्र दीजिए और उनसे मिलने की गुहार लगाइए।'' राज्यपाल की अनुमति से निजी सचिव ने परिचय-पत्र संत मेहजी के कमरे में भिजवा दिया। उनके पास अपार भीड़ थी। उन्होंने परिचय-पत्र को देखा, उसमें श्री किया-जारी के राज्यपाल होने की चर्चा थी। परिचय-पत्र पढ़कर संत ने सचिव को बुलवाया और उससे बोले, ''अपने राज्यपालजी को बोलना कि मैं राजकाज की बात करनेवाले किसी व्यक्ति से नहीं मिलता, क्योंकि मैं राजनीति की बातों से सर्वथा अनभिज्ञ हूँ। मैं केवल धर्म तथा साहित्य-संस्कृति की चर्चा करता हूँ। मुझे साधारण व्यक्ति व विशिष्ट व्यक्तियों में कोई अंतर नजर नहीं आता। मेरे लिए सभी व्यक्ति एक समान हैं।'' निजी सचिव ने बाहर लौटकर राज्यपाल को संतजी के कहे गए उद्‌गारों से परिचित कराया। निजी सचिव की बातें सुनकर राज्यपाल को अपनी गलती की अनुभूति हुई। इस बार उन्होंने कागज पर केवल अपना नाम लिखकर भेजा, तो संतजी ने उन्हें अपने पास बुला लिया। वे घंटों तक उनसे धर्म, कर्म तथा ईश्वर संबंधी चर्चा करते रहे। जब संत मेहजी से विचार-विमर्श व चर्चा कर राज्यपाल लौटने लगे तो संत बोले, ''धर्म का सार सेवा, परोपकार, न्याय और करुणा जैसे सद्‌गुणों में समाहित है। ये सद्‌गुण ही मानव को अमर बनाते हैं, उसे शांति प्रदान करते हैं।'' संत मेहजी की बातें सुनकर फिर कभी श्री कियाजारी ने अपने राज्यपाल होने की महत्ता को नहीं दरशाया।

□

विपत्ति के साथी

एक दिन महान् संत श्री उड़ियाबाबा के पास एक व्यक्ति अत्यंत परेशान व व्याकुल होकर आया और बोला, ''महाराज, मैं इन दिनों बहुत ही विकट परिस्थितियों से गुजर रहा हूँ। मेरा व्यापार निरंतर घाटे में चल रहा है। कुछ समय पहले तक मेरे जितना रईस व्यक्ति ढूँढ़ने से भी नहीं मिलता था। सब लोग हर पल मुझे घेरे रहते थे। मेरे सच्चे साथी होने का दम भरते थे। किंतु आर्थिक संकट के गहराते ही सबने न सिर्फ मुझसे कन्नी काट ली है, बल्कि कोई मेरा दु:ख बाँटने को भी तैयार नहीं है। आर्थिक संकट ने मुझे तन और मन दोनों से बीमार कर दिया है। ऐसा लगता है कि यदि मुझे जल्दी ही सही दिशा नहीं मिली तो मैं मौत के आगोश में चला जाऊँगा।'' उसकी दु:ख भरी कहानी सुनकर बाबा कुछ देर मौन रहे। फिर उसके सिर पर प्रेम से हाथ फेरकर बोले, ''यदि मानव सुख को, संपत्ति को निजी वस्तु न मानकर उसे सेवा, परोपकार के रूप में वितरित करने का संकल्प ले ले तो ईश्वर उससे प्रसन्न होकर स्वयं उसे विपत्ति से बचाने का प्रयास करते हैं। वह ऐसे व्यक्ति के सच्चे साथी बनकर आते हैं और उसे विपत्ति से उबारते हैं। निर्धन व असहायों की सेवा के बदले मिला आशीर्वाद भी व्यक्ति की विपत्ति व दु:ख को कम करने में मददगार साबित होता है। किंतु कई बार सुख-संपत्ति व्यक्ति की आँखों पर ऐसा परदा डालती है कि वह उसे वितरित करने को तैयार नहीं होता। यदि तुम नए सिरे से अपने जीवन का प्रारंभ कर मेहनत व लगन से काम करो और धन-दौलत को गरीबों व भूखों में वितरित करने का प्रण करो तो तुम्हें असीम शांति व आनंद मिलेगा।'' बाबा की बातें सुनकर व्यक्ति ने आँखें बंद कर कुछ देर मौन रहकर यह संकल्प लिया और आँखें खुलने पर वह प्रसन्न मन से बाबा के चरण स्पर्श कर बोला, ''अपने विपत्ति के सच्चे साथियों को मैं हर वक्त अपने सीने से लगाकर रखूँगा।'' इसके बाद वह संतुष्ट मन से वहाँ से चला गया।

□

नेक कर्म

संत राबिया एक बहुत प्रसिद्ध सूफी संत थीं। हसन अल बसरी एक और सूफी संत उन्हीं के जमाने में थे। हसन अल बसरी के पास अनेक रिद्धियाँ-सिद्धियाँ थीं। एक दिन संत राबिया दरिया के पास जा रही थीं कि तभी हसन अल बसरी उनके पास आ गए और बोले, ''दरिया पार करनी है।'' इसके बाद उन्होंने चटाई को नदी के अंदर डाला और बोला, ''आओ, दरी पर चलकर नदी पार करें।'' दरअसल हसन अल बसरी को पानी पर चलने की कला ज्ञात थी। हसन अल बसरी को रिद्धि-सिद्धि का अनुचित प्रयोग करते देख संत राबिया बोलीं, ''दरिया पार करने से पहले मैं तुम्हें उड़ने का आनंद दिलाती हूँ।'' इसके बाद उन्होंने उस चटाई को हवा में खड़ा कर दिया। यह देखकर हसन अल बसरी चकित रह गए। तब संत राबिया बोलीं, ''तुमने पानी में जो चटाई फेंककर दरिया पार करने को कहा है, वह हर मछली कर सकती है और मैंने चटाई को हवा में खड़ा करके जो तुम्हें इस पर उड़ान भरने के लिए कहा है, वह हर परिंदा कर सकता है। फिर उनमें और हममें अंतर ही क्या रहा। तुम एक संत हो और तुम अपनी तुलना जीव-जंतुओं से करते हो। अगर ईश्वर ने तुम्हें कुछ सिद्धियाँ प्रदान की हैं तो उनका उपयोग नेक कर्मों में करना चाहिए। यदि तुम बच्चों की तरह शाबासी व व्यर्थ की वाह-वाही लूटना चाहते हो तो बेशक ऐसा करो। किंतु इतना अवश्य समझ लो कि फिर तुम स्वयं को संत मत समझना। संत तो वैरागी होते हैं। उन्हें किसी चीज से मोह लगाना शोभा नहीं देता। मोह-माया का जाल आम व्यक्तियों के लिए है। यदि तुमने अपना जीवन मानव सेवा के लिए समर्पित किया है, तो इन छोटी-मोटी बातों से ऊपर उठकर जीना सीखो।'' संत राबिया की बातों ने हसन अल बसरी का जीवन बिल्कुल बदल दिया और वे संत राबिया के प्रति कृतज्ञ हो उठे।

□

श्रम की सुगंध

एक दिन वनवास के दौरान श्रीराम सबरी से मिलने के लिए गए। वहाँ उन्होंने देखा कि चारों ओर सुगंधित व खूबसूरत फूल खिले हुए हैं। उन फूलों में से एक भी फूल कुम्हलाया हुआ नहीं था। हर ओर से भीनी-भीनी सुगंध आ रही थी, जो मन को बहुत प्रभावित कर रही थी। श्रीराम भी उन फूलों को देखकर बहुत प्रभावित हुए और उन्होंने सबरी से एक भी फूल न कुम्हलाने का कारण पूछा। श्रीराम की बात सुनकर सबरी मुसकराते हुए बोली, ''भगवन! इसके पीछे एक घटना है। यहाँ बहुत समय पहले मातंग ऋषि का आश्रम था। उसमें अनेक ऋषि, मुनि और शिष्य रहते थे। एक बार चातुर्मास के समय आश्रम में ईंधन समाप्त हो गया। वर्षा होने से पहले सूखी लकड़ियाँ आश्रम में लाकर इकट्ठी करनी जरूरी थीं। आलस्यवश कोई भी लकड़ी लाने के लिए तैयार नहीं था। यह देखकर वृद्ध मातंग ऋषि स्वयं अपने कंधे पर कुल्हाड़ी रखकर लकड़ियाँ काटने के लिए चल पड़े। गुरु को जाते देखकर शिष्य लज्जित हो गए और वे भी उनके पीछे-पीछे कुल्हाड़ियाँ लेकर चल पड़े। कुछ ही देर में सभी के सहयोग से लकड़ियाँ कट गईं। उनको बाँधकर सभी लोग आश्रम की ओर लौटने लगे। अचानक एक शिष्य के मुँह से निकला, ''अरे आश्चर्य है। वृद्ध आचार्य के शरीर से पसीने की बूँदें टपक रही हैं।'' शिष्य भी पसीने से तरबतर थे। जहाँ-जहाँ आचार्य और शिष्यों के पसीने की बूँदें गिरीं, वहाँ-वहाँ पर सुंदर और सुगंधित फूल खिल उठे। वे ही फूल बढ़ते-बढ़ते आज पूरे वन की शोभा बन गए हैं। यह उस श्रम का ही प्रभाव है कि ये फूल कुम्हलाते नहीं हैं। वे ही चारों ओर श्रम की मधुर सुगंध फैला रहे हैं।'' सबरी की बात सुनकर श्रीराम मुसकराते हुए बोले, ''सच श्रम की सुगंध हर ओर अपनी खुशबू और निशान छोड़ जाती है।''

□

सज्जनों की संगति

हकीम लुकमान एक ख्यातिप्राप्त विद्वान् और सदाचारी व्यक्ति थे। जब उनका अंत समय आ गया तो उन्होंने अपने बेटे को जीवन भर सद्कार्यों में डालने के लिए एक छोटा सा उदाहरण दिया। उन्होंने अपने बेटे को पास बुलाया और उससे कहा, ''बेटा, मैंने जीवन में तुम्हें अनेक शिक्षाएँ दी हैं, किंतु जाते-जाते मैं तुम्हें एक महत्त्वपूर्ण शिक्षा और देना चाहता हूँ।'' इसके बाद उन्होंने अपने बेटे को पूजा के कक्ष से धूपदान उठाकर लाने को कहा। बेटा आज्ञा पाकर तुरंत धूपदान उठाकर ले आया। लुकमान ने उसमें से चुटकी भर चंदन लेकर उसके हाथ में थमा दिया और इशारे से कहा कि अब वह चूल्हे में से कोयला उठाकर लाए। जब बेटा कोयला लेकर आया तो उन्होंने उसके दूसरे हाथ में कोयला रखने का आदेश दिया। कुछ देर बाद लुकमान उससे बोले, ''बेटा, अब दोनों को अपने-अपने स्थान पर रख आओ।'' बेटे ने वैसा ही किया। वह दोनों को अपनी-अपनी जगह पर रखकर जल्दी से उनके पास वापस आ गया। बेटे की जिस हथेली में चंदन था, वह उसके सुवास से अब भी महक रही थी और जिस हाथ में कोयला था, वह हथेली कोयला छोड़ देने पर भी कोयले की कालिख के कारण काली पड़ गई थी। लुकमान ने पुत्र को दोनों हाथ दिखाते हुए समझाया, ''बेटे अच्छे व्यक्तियों का संग चंदन जैसा होता है। जब तक संग रहेगा, तब तक तो खुशबू मिलेगी ही, संग छूटने के बाद भी अच्छे विचारों की सुंगध से जिंदगी तरोताजा हो जाएगी। दुर्जनों का संग कोयले जैसा है। जब तक हाथ में कोयला है, तब तक तो हाथ काला है ही, किंतु छोड़ देने के बाद भी उस पर कालिमा बनी रहती है। अत: जीवन में सदैव चंदन जैसे संस्कारी व्यक्तियों का ही संग करना और कोयले जैसे कुसंग से दूर रहना।'' बेटे ने लुकमान की इन बातों का जीवन भर पालन किया।

□

मूर्ख गुरु

एक बार यूनान के विद्वान् दार्शनिक अरस्तू के पास आए और बोले, ''मैं आपके व्यक्तित्व से बेहद प्रभावित हूँ। मैं आपके गुरु से मिलना चाहता हूँ। क्या आप मुझे अपने गुरु से मिला सकते हैं?'' विद्वान् की बात सुनकर अरस्तू बोले, ''आप मेरे गुरु से नहीं मिल सकते।'' यह सुनकर विद्वान् बोला, ''क्यों? क्या वे अब इस दुनिया में नहीं हैं।'' विद्वान् का जवाब सुनकर अरस्तू मुसकराते हुए बोले, ''नहीं ऐसी बात नहीं है। हमारे गुरु तो कभी मरते ही नहीं हैं।'' अरस्तू के अटपटे जवाब सुनकर विद्वान् हैरानी से बोले, ''मैं आपकी बात समझ नहीं पा रहा हूँ।'' इस पर अरस्तू बोले, ''दरअसल दुनिया के सभी मूर्ख हमारे गुरु हैं और दुनिया में मूर्ख कभी मरते नहीं हैं।'' विद्वान् अरस्तू की बात सुनकर दंग रह गए और सोचने लगे, 'यह अरस्तू को क्या हो गया है? यह कैसी उलटी-सीधी बातें कर रहे हैं।' यह सोचकर वे फिर बोले, ''लोग ज्ञान की खोज में गुरुकुल से लेकर विद्वानों और गुरुओं की शरण में जाते हैं। मैंने किसी ज्ञानी को मूर्ख की शरण में जाते हुए नहीं देखा।'' अरस्तू मंद-मंद मुसकराकर बोले, ''आप समझे नहीं। दरअसल मैं हर समय यह मनन करता रहता हूँ कि किसी व्यक्ति को उसके किस अवगुण के कारण मूर्ख समझा जाता है। मैं आत्म निरीक्षण कर स्वयं उस अवगुण से दूर रहने का प्रयास करता हूँ। मैंने अनेक मूर्खों के अवगुणों से सबक लेकर स्वयं में सुधार किया है। अब आप ही बताइए कि मेरा गुरु कौन हुआ—मूर्ख या विद्वान? विद्वान् तो खुद ही विद्वत्ता के अहंकार से दबा हुआ होता है। उससे भला हम क्या सीख सकते हैं?'' अरस्तू का जवाब सुनकर विद्वान् का अहंकार चूर-चूर हो गया और बोला, ''मैं तो आपसे कुछ सीखने के लिए आया था, लेकिन जितनी उम्मीद लेकर आया था, उससे कहीं अधिक ज्ञान व सीख लेकर वापस जा रहा हूँ।'' विद्वान् की बात सुनकर अरस्तू बोले, ''सीखने की न ही कोई उम्र होती है और न ही सीमा। इसके लिए तो केवल आत्मचिंतन और आत्मप्रेरणा की आवश्यकता पड़ती है। अगर व्यक्ति वास्तव में स्वयं को सुधारना चाहता है तो वह मूर्ख व्यक्ति को भी गुरु मानकर उसके अवगुणों को स्वयं में न लाने का प्रयास कर अपने जीवन को श्रेष्ठ बना सकता है।'' अरस्तू की बातों ने विद्वान् को नतमस्तक कर दिया। □

कान का पक्का

शेमल्के नाम के एक प्रसिद्ध यहूदी संत थे। उस समय राजा के जिलों को संत सँभाला करते थे। संत शेमल्के की प्रसिद्धि, न्यायप्रियता और दयालुता देखकर राजा ने उन्हें जिले का कार्यभार सौंप दिया। संत शेमल्के बोले, ''मैं परसों से कार्यभार सँभालूँगा। कल पूरा दिन मैं अकेले में आराधना करूँगा।'' संत की बात सुनकर उनके एक शिष्य ने सोचा, ''कल की आराधना गुरुजी अकेले में क्यों करना चाहते हैं?'' यह सोचकर वह उनके पीछे लग गया और छिपकर संत की प्रार्थना सुनने लगा। संत बोल रहे थे, ''हे परम पिता परमेश्वर। जितनी पवित्रता तुममें है, उतनी ही मुझमें है। सचमुच मैं तेरा ही अवतार हूँ। मैं किसी भी प्रकार से तुम से कम नहीं हूँ। मैं राज्य के इस जिले का महान् रखवाला हूँ, महान् न्यायाधीश हूँ। महान् शासक व उपदेशक हूँ। मुझ जैसा समाजसेवी आज तक इस पृथ्वी पर पैदा नहीं हुआ। सूर्य और चंद्रमा भी मेरे आगे फीके हैं।'' शिष्य से आगे न सुना गया और वह तुरंत संत के सामने आ खड़ा हुआ और बोला, ''बस-बस। बहुत हुआ। यदि आप अपनी प्रशंसा स्वयं ही करने लगे, तो दूसरों का क्या होगा?'' शिष्य की आवाज सुनकर संत ने आँखें खोलीं और स्नेह से मुसकराकर बोले, ''मैं अपने मुँह अपनी प्रंशसा नहीं कर रहा। मैं तो केवल अपने कान पक्के कर रहा हूँ।'' यह सुनकर शिष्य हैरानी से बोला, ''गुरुजी, मैं समझा नहीं।'' इस पर संत बोले, ''राजा ने मुझे जिले की देखभाल के लिए नियुक्त कर दिया है। हर जगह और हर क्षण अब मेरी अति प्रशंसा होने वाली है, चारों ओर चापलूसों की भीड़ जमने वाली है। यदि मैंने भूल से भी इन शब्दों पर विश्वास कर लिया, तो क्या मेरा दिमाग खराब नहीं हो जाएगा। फिर मैं जिले की देखभाल कैसे कर पाऊँगा? इसलिए अपनी प्रशंसा के लिए सुने जाने वाले इन शब्दों को मैं खुद ही बोल-बोलकर कान पक्के करना चाहता हूँ, ताकि मैं इन शब्दों पर विश्वास न कर अपने कार्य को उचित ढंग से कर सकूँ।'' संत की बात सुनकर शिष्य उनके चरणों में झुक गया।

□

चिंता और रोग

अंजनदेव नामक एक संत बहुत प्रसिद्ध थे। वे न सिर्फ लोगों को उपदेश देते थे, बल्कि अपने नुस्खों से उनकी बीमारियाँ भी दूर करते थे। उनके नुस्खे दूर-दूर तक प्रसिद्ध थे। कई लोग उनके पास तरह-तरह की बीमारियों के समाधान पूछने आते थे। एक दिन एक व्यक्ति पेट पकड़ता हुआ उनके पास आया और बोला, ''बाबा, पेट दर्द ने तो मेरा जीना मुश्किल कर दिया है। मैंने अस्पतालों में सभी टेस्ट कराए। रिपोर्ट सामान्य आई, किंतु दर्द है कि जाता ही नहीं है। कृपया मेरे इस रोग को दूर करें।'' संत अंजनदेव ने युवक के शरीर का मुआयना किया तो पाया कि उसके शरीर की अनेक नसें तनाव से ग्रस्त हैं।'' वे युवक से बोले, ''तुम्हें घर, रोजगार या परिवार की ऐसी कौन सी बात परेशान कर रही है, जिसके बारे में तुम अकसर सोचते रहते हो?'' संत से यह प्रश्न सुनकर युवक भौंचक्का रह गया और बोला, ''आपको कैसे पता लगा कि मैं किसी बात की चिंता कर रहा हूँ? आपका कहना बिल्कुल ठीक है। दरअसल पिछले महीने मेरा एक संबंधी टी.बी. की बीमारी से मर गया। तब से मैं हर वक्त यही सोचता रहता हूँ कि मुझे भी कहीं टी.बी. न हो जाए।'' उसकी बात पर संत बोले, ''जिस रोग का दूर-दूर तक फिलहाल तुमसे कोई वास्ता ही नहीं है, तुम उसे सोचकर तनावग्रस्त होते रहोगे और चिंता में घुलते रहोगे तो जरूर तुम्हें पेट की टी.बी. हो जाएगी। जीवन में अधिकतर लोग ऐसी चिंताओं में डूबे रहते हैं, जिनका उनसे दूर-दूर तक वास्ता नहीं होता। इसी चिंता में अनेक रोग उनके शरीर में लग जाते हैं और बेवजह की चिंता उनकी असामयिक मौत का कारण बन जाती है। व्यक्ति को स्वयं को व्यस्त रखने का प्रयास करना चाहिए। जीवन में दुःख-सुख, बीमारी आदि चलते ही रहते हैं। उनका सामना करना चाहिए। उनके बारे में सोच-सोचकर चिंता करने से शरीर को रोगी बनाने से व्यक्ति का ही सर्वनाश होता है। तुम्हें अगर सोचना है तो सकारात्मक सोचो, जैसे कि तुम्हें कुछ दिनों में अपने व्यवसाय को बढ़ाना है अथवा किसी अन्य लक्ष्य को हासिल करना है। सकारात्मक सोच तुम्हारी अंदर की ग्रंथियों को मजबूत बनाकर शरीर को ताकतवर बनाएगी और तुम अनचाही बीमारियों से ग्रस्त नहीं होओगे।'' युवक को संत की बात समझ आ गई और उसी क्षण से उसने बेवजह चिंता करनी छोड़ दी। □

एकाग्रता से चिंतन

राजा समयसिंह का पुत्र अभयसिंह बहुत ही चंचल प्रवृत्ति का था। वह एक स्थान पर टिककर नहीं बैठता था। कुछ समय होने पर राजा ने उसे शिक्षा-दीक्षा प्रदान करने के लिए गुरुकुल में डाल दिया। उसे वहाँ पर दो साल हो गए, किंतु उसने कुछ नहीं सीखा। राजा को यह बात पता चली तो वे बहुत चिंतित हुए। उन्होंने सोचा कि यदि युवराज शिक्षा नहीं ग्रहण कर पाया तो बहुत दिक्कत हो जाएगी। राजा नियमित रूप से एक आश्रम में जाते थे। उस आश्रम में उनके अनंताचार्य नामक गुरु थे। उन्होंने गुरु को पुत्र के बारे में बताया। उन्होंने युवराज को आश्रम में लाने के लिए कहा। राजा अपने साथ अगले दिन युवराज को लेकर वहाँ पर गए। गुरु ने राजा को भेज दिया और कहा कि एक महीने बाद युवराज को लेने के लिए आना। राजा वहाँ से चले गए। आश्रम में गुरु नियमित रूप से दो घंटे के लिए युवराज को पढ़ाने के लिए बिठाते। एक हफ्ते तक युवराज पढ़ाई के समय बोलता रहा कि गुरुजी मैं जब पढ़ने बैठता हूँ तो मुझे तरह-तरह की आवाजें आती हैं, मेरा इधर-उधर टहलने को मन करता है। उसकी बात सुनकर गुरुजी बोले, ''चाहे आवाजें आती रहें, चाहे तुम्हारा टहलने को मन करे, किंतु पढ़ने के समय तुम सिर्फ पुस्तक पढ़ते रहो। गुरुजी यह बात उसे बहुत बार कहते। एक हफ्ते बाद युवराज बोला, ''गुरुजी, अब आवाजें आनी कुछ कम हो गई हैं और पढ़ाई के दौरान टहलने का भी कम मन करता है।'' यह सुनकर गुरुजी ने कहा, ''अब पढ़ते समय तुम सिर्फ पुस्तक को ही अपना लक्ष्य समझो। पढ़ाई का समय समाप्त होने के पश्चात् तुम मनचाहा काम कर सकते हो। पच्चीस दिन बाद युवराज अभयसिंह को पढ़ना अच्छा लगने लगा। अब वह एकाग्र होकर कार्य करना सीख चुका था। एक महीने बाद जब राजा युवराज को लेने आए तो उसमें आश्चर्यजनक परिवर्तन देखकर राजा ने गुरु का धन्यवाद किया। गुरुजी बोले, ''महाराज, प्रत्येक कार्य में एकाग्रता बेहद आवश्यक है। प्रारंभ में ही बालक के चित्त को एकाग्र व शांत रखने की शिक्षा दी जाए तो बच्चा भविष्य में उन्नति करता है।'' राजा गुरुजी को प्रणाम कर प्रसन्न मन से वहाँ से चले आए।

□

व्यक्ति की विशेषताएँ

संत कलीम अपनी बातों और ज्ञान से अनेक भटके हुए लोगों को राह दिखाते थे। उनके पास समस्याओं के समाधान जानने के लिए लोगों की भीड़ लगी रहती थी। एक दिन उनके पास बहुत सारे लोग जमा थे। अचानक किसी व्यक्ति ने यह जानना चाहा कि मरने के बाद भी वह लोगों को याद कैसे रह सकता है? व्यक्ति का प्रश्न सुनकर संत कलीम बोले, ''तुम अपने विशेष और अच्छे काम करके हमेशा लोगों के मन में बसे रह सकते हो।'' यह जवाब सुनकर कुछ लोग बोले, ''बाबा, क्या आप इस बात का उदाहरण दे सकते हैं कि व्यक्ति की विशेषताएँ उसके मरने के बाद भी अमर रहती हैं।'' युवक की बात पर कुछ और युवक मुसकरा दिए। उनके व्यंग्य को समझकर संत कलीम बोले, ''मेरी इच्छा किसी को दस हजार रुपए देने की हो रही है। आप में से कौन शख्स दस हजार रुपए लेने को तैयार हैं?'' संत की अटपटी बात सुनकर वहाँ उपस्थित सभी लोगों के हाथ ऊपर उठ गए। भला मुफ्त में हाथ में आ रहे दस हजार रुपए लेने से कौन इनकार करता? सभी लोगों के हाथ ऊपर उठे देखकर संत ने मुसकराकर अपने हाथ में लिये एक हजार के दस नोटों को बुरी तरह मोड़ दिया। फिर बोले, ''अभी भी ये नोट किसी को चाहिए?'' इस पर सभी लोगों के हाथ ऊपर उठे रहे और बोले, ''हाँ जी, हमें अभी भी ये रुपए चाहिए।'' उनकी बातें सुनकर इस बार उन्होंने रुपयों को बुरी तरह मसल दिया और बोले, ''अभी भी चाहिए।'' सब लोगों का वही जवाब था कि अभी भी चाहिए। सब लोगों का जवाब सुनकर संत बोले, ''आप, अब भी इन मुड़े-तुड़े नोटों को लेने के लिए क्यों तैयार हैं?'' इस पर एक व्यक्ति बोला, ''बाबा, आप तो इतने पहुँचे हुए होकर बच्चों जैसी बातें कर रहे हैं। अरे रुपए चाहे कितने पुराने या मसले हुए क्यों न हों? किंतु उनकी कीमत बरकरार रहती है।'' उसकी बात सुनकर संत कलीम बोले, ''जी बिल्कुल सही कहा आपने। नोट के सिकुड़ जाने या गंदा हो जाने के बाद भी उसका महत्त्व व कीमत कम नहीं होता। उसी प्रकार सद्‌चरित्र वाले व्यक्ति के भी मर जाने से कोई फर्क नहीं पड़ता। उसकी खास विशेषताएँ हमेशा के लिए याद की

जाती रहती हैं। इसलिए सभी को अपने व्यक्तित्व की विशेषताओं को ऐसा बनाना चाहिए, जिससे कि वे यादगार बनकर आने वाली पीढ़ियों का मार्गदर्शन कर सकें।'' संत कलीम की बात पर सभी चुप हो गए और उन्होंने तालियों के साथ उनकी बात का समर्थन किया।

□

कर्म पूजा है

दर्शनसिंह नामक एक व्यक्ति बहुत ईमानदार व दयालु था। वह हर किसी की मदद को तुरंत तैयार रहता था। किसी के घर में कोई भी समस्या हो, दर्शनसिंह समाधान करने तुरंत आ जाता था। उसके घरवाले उसकी इस आदत से परेशान थे और दिन-रात ताने देते रहते थे। एक दिन उसके बड़े भाई ने उसे बहुत खरी-खोटी सुनाई। भाई की डाँट व ताने सुनकर दर्शनसिंह बाहर निकल गया। वहीं पर एक सिद्धाश्रम था। वह आश्रम के अंदर चला गया। वहाँ पर एक ऋषि समाधि में लीन थे। वह उनके पास बैठ गया। जब उनका ध्यान पूरा हुआ तो उन्होंने वहाँ दर्शनसिंह को अपने समीप पाया। वे उसे देखकर बोले, ''दर्शनसिंह हमें पता है कि तुम बहुत उदास हो।'' ऋषि का सांत्वना भरा स्वर सुनकर वह रोआँसा हो गया और बोला, ''बाबा, मैं हर किसी की मदद के लिए तुरंत तैयार रहता हूँ। बचपन से ही मुझे सबके सुख-दुःख में काम आना अच्छा लगता है। किंतु बड़े होने पर मेरे परिवारवालों को लोगों की मदद करना अच्छा नहीं लगता। यहाँ तक कि अब तो लोगों को भी यह आदत हो गई है कि वे मेरी मदद तो ले लेते हैं, लेकिन शुक्रिया तक नहीं करते। अब आप ही मुझे कोई मार्ग सुझाइए।'' दर्शनसिंह की बात सुनकर ऋषि बोले, ''युवक, तुमने देखा है कि धरती पर कितने विशालकाय पहाड़ खड़े हैं, विशाल समुद्र ठाठें मार रहे हैं, पेड़ों के झुंड-के-झुंड खड़े हैं और इन सब के अतिरिक्त अरबों-करोड़ों इनसान व पशु-पक्षी भी यहाँ पर रह रहे हैं, लेकिन पृथ्वी को यह भार महसूस नहीं होता और वह यह भी अपेक्षा नहीं करती कि कोई उसका शुक्रिया अदा करे। ऐसा वह इसलिए नहीं करती, क्योंकि पृथ्वी यह जानती है कि उसके बिना किसी का कोई अस्तित्व नहीं है और उसका कार्य है—सबकी रक्षा करना, सबको पालना। इसलिए तुम कार्य को अहसान या बोझ मानकर मत करो, बल्कि उसे अपने जीवन का एक अनिवार्य अंग मानकर करो। साथ ही घरवालों की इच्छाओं व जिम्मेदारियों को भी पूरा करो। फिर तुम्हें यह शिकायत नहीं रहेगी।'' ऋषि की बात सुनकर दर्शनसिंह संतुष्ट हो गया और वह उन्हें नमस्कार कर वहाँ से चला आया। इसके बाद उसके परिवार वालों को कभी भी उससे शिकायत नहीं हुई। □

प्रेम का मूल्य

सेंट जॉन एक बहुत बड़े महात्मा थे। वे काफी वृद्ध थे। उनकी शिक्षा से अनेक लोगों की समस्याओं के हल स्वत: ही हो जाया करते थे। उन्हें अनेक स्थानों पर शिक्षा देने के लिए बुलाया जाता था। एक बार एक जाने-माने स्कूल ने सेंट जॉन को बुलाया और स्कूल के बच्चों को शिक्षित करने के लिए कहा। सेंट जॉन ने छोटे-बड़े सभी बच्चों को स्कूल के प्रांगण में एकत्रित किया और सभी बच्चों से बोले, ''प्यारे बच्चो, बच्चे दुनिया का भविष्य हैं और तुम सभी देश की सुदृढ़ प्रगति का आधार हो। इसलिए तुम अपने आप को मजबूत करो। अपने आप को मजबूत करने के लिए सभी एक-दूसरे से प्रेम करना सीखो।'' इसके बाद वे बोले, ''बच्चो! मेरे पीछे-पीछे बोलो कि सभी एक-दूसरे से प्रेम करें।'' उनके यह बोलते ही बच्चों ने भी यह वाक्य दोहराया। काफी देर तक वह बच्चों से यही वाक्य बुलवाते रहे। स्कूल के प्रिंसिपल यह सब देख रहे थे, जब उन्होंने देखा कि सेंट जॉन बच्चों को केवल एक ही वाक्य रटा रहे हैं तो वे उनके पास जाकर बोले, ''सर, आप तो बच्चों को केवल एक ही वाक्य रटा रहे हैं। क्या बच्चों को कोई और शिक्षा नहीं देनी है। इन्हें विभिन्न बातें बताइए ताकि ये उनको अपने जीवन में सँवारें और उनका प्रयोग करें।'' प्रिंसिपल की बात सुनकर सेंट जॉन बोले, ''मुझे बच्चों को जो शिक्षा देनी है, वह मैं दे चुका हूँ।'' इस पर प्रिंसिपल हैरानी से बोले, ''सभी एक-दूसरे से प्रेम करें। आपने बच्चों को यही एक वाक्य रटाया है।'' यह सुनकर सेंट जॉन बोले, ''अगर हम एक-दूसरे से प्रेम करेंगे, तो दुनिया की बाकी नियामतें खुद-ब-खुद मिल जाएँगी। प्रेम अनमोल है। प्रेम के भाव के कारण ही इनसान नेक बनता है।'' सेंट जॉन से प्रेम का मूल्य समझकर प्रिंसिपल उनकी शिक्षा से प्रभावित हो गए।

□

पंछियों सा जीवन

एक सेठ के पास बहुत अधिक धन-दौलत थी। उसने अनेक व्यवसाय खोले हुए थे। लेकिन एक दिन अचानक व्यापार जगत् में जबरदस्त मंदी आ गई और सेठ के सभी व्यापार-धंधे चौपट हो गए। सेठ को करोड़ों का नुकसान हो गया। जो सेठ अर्श पर था, वह फर्श पर आ गया। लेनदार आए दिन उसे परेशान करने लगे। यह देखकर सेठ की हालत अत्यंत दयनीय हो गई। वह तनाव और डिप्रेशन का शिकार हो गया। एक दिन उसे पता चला कि पंछी नामक एक बाबा के आश्रम में विभिन्न तरह के पशु-पक्षी हैं। पंछी बाबा हर व्यक्ति को पक्षियों की बातें बताते हैं और उन्हें अपने आश्रम के रंग-बिरंगे चहचहाते पक्षियों को दिखाते हैं, जिससे व्यक्तियों की बीमारियाँ और परेशानियाँ दूर हो जाती हैं। वह भी पंछी बाबा के आश्रम में पहुँचा। उस आश्रम में अनेक सुंदर-सुंदर पशु-पक्षी स्वतंत्रता से घूम रहे थे। पशु-पक्षियों को किसी का डर नहीं था। उनकी चहचहाट और विभिन्न पक्षियों की सुंदरता ने सेठ को ठंडी हवा का सा झोंका दिया। सेठ पंछी बाबा के पास पहुँचा और उनसे बोला, ''बाबा, मेरा जीवन तो जैसे खत्म हो गया है। करोड़ों-अरबों के जमे-जमाए व्यापार में घाटा हो गया है। चिंता और तनाव मुझे कुछ सोचने का अवसर ही नहीं देते। मैं आपके पास बड़ी आशा लेकर आया हूँ।'' पंछी बाबा उससे बोले, ''सेठ, तुम इन रंग-बिरंगे पक्षियों को इधर-उधर बेखौफ उड़ते हुए देख रहे हो। इन पक्षियों को किसी बात का डर नहीं है, क्योंकि इनके पास न धन है, न रहने को महल है और न ही पहनने को सुंदर वस्त्र। तुमने क्या कभी किसी पक्षी को परेशान और चिंतित देखा है?'' सेठ पंछी बाबा की बातें सुनकर बोला, ''मैं कुछ समझा नहीं।'' पंछी बाबा बोले, ''सेठ, अपने जीवन को पक्षियों की भाँति स्वतंत्र करके देखो। तनाव और परेशानी अपने आप दूर हो जाएगी। जो खोया है, उसे वापस पाना कठिन नहीं, किंतु जिस धन की चिंता में तुम अपने कीमती जीवन को चिंता से चिता में बदल रहे हो, उसे वापस पाना दुर्लभ है। पशु-पक्षियों के तो खाने-पीने तक का कोई ठिकाना नहीं होता, किंतु फिर भी वे उड़ना और चहचहाना नहीं छोड़ते, तो तुम तो इनसान हो। तुम सबकुछ कर सकते हो।'' यह सुनकर सेठ बोला, ''बस बाबा, मैं समझ गया।

वाकई इन पंछियों को देखकर चिंता और तनाव दूर हो जाता है। आज से मैं भी प्रतिदिन इन के लिए दाना लाऊँगा और कुछ देर इनके साथ बिताकर अपना काम फिर से शुरू करूँगा।'' इसके बाद सेठ ने प्रतिदिन कुछ देर के लिए वहाँ आना शुरू कर दिया। वह पंछियों को अपने हाथों से दाना खिलाता और पंछी उसके कंधे पर बैठकर उससे प्यार दरशाते। कुछ ही समय में उसने तनावमुक्त होकर नए सिरे से व्यापार को जमा लिया। हाँ पंछी बाबा के आश्रम में अब वह पंछियों से मिलने नियमित जाने लगा था।

□

शांत स्वभाव

यूनान का एक तत्त्ववेत्ता डायोजिनीज अपना जीवन घूम-फिरकर बिताया करता था। वह सुकरात का शिष्य था और उनके विचारों से बेहद प्रभावित था। वह स्वयं भी जीवन में यही प्रयास किया करता था कि अपने जीवन को शांतिपूर्वक बिताए और लोगों की समस्या का समाधान करे तथा उनकी परेशानियाँ दूर करने में सहायता करे। धीरे-धीरे डायोजिनीज की ख्याति भी दूर-दूर तक फैलती जा रही थी। डायोजिनीज अपने व्यक्तित्व में सुधार करने के लिए निरंतर प्रयासों में लगे रहते थे। कभी वे लहरों के पास जाकर उससे बातें करते थे तो कभी यों ही समुद्र किनारे शांत मन से आँखें बंद कर ध्यान में लग जाते थे और अपने मन को नियंत्रण में करने का प्रयास करते थे। एक दिन वे एक पत्थर की मूर्ति के पास गए और उससे बातें करते रहे। एक युवक वहाँ से गुजर रहा था। डायोजिनीज जैसी हस्ती को एक पत्थर की मूर्ति से बातें करते देख, वह हैरान रह गया और उनके पास जाकर बोला, ''महानुभाव, हम आपके व्यक्तित्व से प्रेरणा लेने का प्रयास करते हैं और आप एक मामूली से पत्थर से बातें कर रहे हैं। आपको मालूम है कि भला एक पत्थर क्या जवाब देगा? पत्थर से तो आप सहजता से बातें करें या बदतमीजी से, वह तो शांत ही रहेगा।'' युवक की बात सुनकर डायोजिनीज मुसकराकर बोले, ''बिल्कुल सही कहा युवक तुमने कि भला एक पत्थर क्या जवाब देगा? वह तो शांत ही रहेगा, तो मैं भी इस पत्थर से यही सीखने का प्रयास कर रहा हूँ कि यदि मुझे भी कोई गालियाँ दे या अनुचित भाषा में बात करे तो मुझे इस पत्थर की तरह ही शांत रहना है।'' युवक डायोजिनीज की बात सुनकर दंग रह गया और मन-ही-मन उनकी कठोर साधना के प्रति नतमस्तक हो उठा।

□

चंचल मन की इच्छा

एक विद्वान् महर्षि ने घोर तप करना आरंभ किया। बिना विघ्न-बाधा के उनका तप चलता रहा। आँधी-तूफान, मोह, काम, क्रोध आदि भी उनके तप को नहीं डिगा सके। देवराज इंद्र को जब यह सूचना मिली तो वे भय से ग्रस्त हो गए। उन्हें लगा कि घोर तपस्या से महर्षि न जाने क्या हासिल कर ले? यही सोचकर वे एक शिकारी का रूप धारण कर महर्षि के पास पहुँचे और उनसे हाथ जोड़कर बोले, ''गुरुजी, मुझे किसी जरूरी काम से जाना है। मैं अपना धनुष-बाण आपके पास रखना चाहता हूँ। यह अमानत है। जब मैं वापस आऊँगा तो आपसे ले लूँगा। कृपया इसे सँभालकर रख लें।'' महर्षि शिकारी के वेष में इंद्रदेव को नहीं पहचान पाए। उन्होंने इस शिकारी का धनुष-बाण रखने से साफ मना कर दिया। किंतु शिकारी रूप में छिपे इंद्रदेव भला इतनी आसानी से कहाँ हार मानने वाले थे? उन्होंने महर्षि पर इतना जोर डाला कि उन्हें उसके धनुष-बाण को रखना पड़ा, लेकिन वे बोले, ''तुम नहीं मानते तो इसे कुटिया के एक कोने में रख दो। किंतु मैं तप में इतना लीन होता हूँ कि मुझे किसी का ध्यान ही नहीं रहता। ऐसे में इसकी रखवाली मुमकिन नहीं है।'' इस पर शिकारी बने इंद्रदेव बोले, ''चिंता न करें गुरुजी, इसे कोई लेकर जाने वाला नहीं है। बस आते-जाते एक नजर डाल लिया कीजिएगा।'' इसके बाद वे वहाँ से चले गए। महर्षि तप में लीन हो गए। मगर कई बार उनकी नजर कोने में पड़े धनुष-बाण पर अवश्य पड़ जाती। वे भी कभी राजा थे और राजपाठ छोड़कर संन्यासी बनकर तप में लगे थे। कई दिनों तक उस पर नजर पड़ते-पड़ते उनके मन में धनुष-बाण चलाने की इच्छा जागने लगी। बस, अब वे तप से समय बचाकर जंगल में निकल जाते। उनका ध्यान बँटने लगा। तप में कमी आ गई। इंद्रदेव यही तो चाहते थे। उन्हें महर्षि के कठोर तप से अपना सिंहासन हिलता हुआ नजर आने लगा था, जो अब सुरक्षित था। इस तरह मात्र एक धनुष-बाण ने महर्षि के कठोर तप को भंग कर दिया।

□

गुरु का सम्मान

अमीर खुसरो हजरत निजामुद्दीन औलिया के श्रेष्ठ शिष्य और मुलतान के नवाब के कर्मचारी थे। एक बार उनकी नवाब से अनबन हो गई। अनबन होने पर वे नौकरी छोड़कर ऊँटों पर सामान लादकर निजामुद्दीन औलिया से मिलने चल पड़े। हजरत निजामुद्दीन औलिया के पास समस्याएँ लेकर आनेवाले व मदद माँगनेवाले लोगों की लाइन लगी रहती थी। एक बेहद निर्धन व्यक्ति बड़ी उम्मीद के साथ उनके पास आया हुआ था। उसने उनसे रुपयों की मदद की माँग की। उस समय निजामुद्दीन औलिया के पास कुछ नहीं था। इसलिए उन्होंने उस निर्धन व्यक्ति को तीन दिनों का इंतजार करने को कहा और बोले, ''जो भी भेंट आएगी वह सारी तुम्हारी।'' किंतु दुर्भाग्यवश तीन दिनों तक कोई भी भेंट नहीं आई। यह देखकर निर्धन व्यक्ति बहुत दुःखी हुआ। उसे दुःखी देखकर हजरत निजामुद्दीन बोले, ''बंदे दुःखी होने की आवश्यकता नहीं है। मेरी जूतियाँ बेहद कीमती हैं। इसलिए इस समय तुम यही ले जाओ।'' निर्धन व्यक्ति मायूस होकर जूतियाँ लेकर चल पड़ा। रास्ते में उसका सामना अमीर खुसरो से हुआ। अमीर खुसरो को उस निर्धन व्यक्ति से मिलकर अपने गुरु की खुशबू का एहसास हुआ। यह देखकर वे उस व्यक्ति से बोले, ''भैया, कहाँ से आ रहे हो?'' वह व्यक्ति दुःखी होकर बोला, ''मैं हजरत निजामुद्दीन से मिलकर आ रहा हूँ।'' इस पर अमीर खुसरो बोले, ''तो इतने दुःखी स्वर में क्यों बोल रहे हो? यह तो बेहद खुशी की बात है। हजरत निजामुद्दीन से मिलने वाला व्यक्ति बेहद भाग्यशाली होता है।'' इस पर वह व्यक्ति बोला, ''मेरी बेटी का विवाह है और मेरे पास कानी कौड़ी तक नहीं है। मैंने सोचा था कि उनके पास जाने से मेरी बेटी के विवाह के खर्च का जुगाड़ हो जाएगा, किंतु उन्होंने मुझे केवल अपनी जूतियाँ दे दीं। अब इन जूतियों से मैं कितना धन जुटा पाऊँगा?'' यह सुनकर अमीर खुसरो ने उस व्यक्ति से गुरु की जूतियाँ लीं और उन्हें अपने माथे से लगाया। इसके बाद उसने अपने ऊँट पर लदे कीमती सामान को निर्धन व्यक्ति को दे दिया। यह देखकर वह व्यक्ति हैरान रह गया और अमीर खुसरो का अपने गुरु के प्रति इतना मान-सम्मान देखकर नतमस्तक हो गया। □

अद्भुत गुरुदक्षिणा

गुरु द्रोणाचार्य अपने शिष्यों को धर्मशास्त्रों के साथ-साथ धनुर्विद्या की भी शिक्षा प्रदान करते थे। उन्होंने इस बात को भाँप लिया था कि उनके सभी शिष्यों में अर्जुन सर्वाधिक मेधावी तथा सेवाभावी हैं। उन्होंने अपने सभी शिष्यों को शिक्षा देकर विदा कर दिया। जब उनके शिष्य गुरुकुल से विदा होने लगे तो उन्होंने उसे 'ब्रह्मशिर' नामक एक दिव्य अस्त्र प्रदान किया। उस अस्त्र में समूची पृथ्वी को जला डालने की अनूठी क्षमता थी। गुरु द्रोणाचार्य ने अस्त्र प्रदान करने के बाद अर्जुन से कहा, "वत्स अर्जुन, यह अस्त्र अत्यंत मारक क्षमता वाला और संपूर्ण विश्व को तहस-नहस करनेवाला है। इसलिए इस अस्त्र का प्रयोग बहुत सोच-समझकर तथा अंतिम अस्त्र के रूप में ही करना, वरना तुम भीषण नरसंहार व विध्वंस के पाप के भागी हो जाओगे।" अर्जुन ने गुरु द्रोणाचार्य की बात सुनकर उनके सामने नतमस्तक होकर उनके आदेश का पालन करने का आश्वासन दिया। इसके बाद गुरु द्रोणाचार्य अर्जुन से बोले, "अर्जुन, अब मेरी गुरु दक्षिणा देने का समय आ गया है। मुझे तुमसे गुरुदक्षिणा चाहिए।" अर्जुन विनीत होकर बोला, "गुरुदेव, आप मुझसे जो भी माँगेंगे मैं उसे इसी समय देने के लिए तत्पर हूँ।" गुरु द्रोण बोले, "मुझे वचन दो कि यदि मैं भी कभी किसी परिस्थितियों के वशीभूत होकर धर्मपक्ष के विरुद्ध रणक्षेत्र में खड़ा दिखाई दूँ तो तुम मेरा भी डटकर मुकाबला करोगे। उस समय तुम मुझे गुरु के रूप में न देखकर अधर्म पक्ष का मानकर मुझ पर प्रहार करने में कोई कसर नहीं छोड़ोगे। तुम उस समय मुझे धर्म के विरुद्ध जानेवाले व्यक्ति की नजर से देखोगे और वही दंड दोगे, जो ऐसे व्यक्ति को देना चाहिए। यही मेरी गुरुदक्षिणा है।" गुरु द्रोणाचार्य की अद्भुत गुरुदक्षिणा की माँग देखकर अर्जुन दंग रह गया।

□

जीने का मार्ग

समग्र नामक ऋषि सभी लोगों की परेशानियों का निवारण करते थे। एक बार उनके पास एक व्यक्ति रोता, तड़पता हुआ आया और बोला, ''गुरुजी, इस दुनिया में हिंसा, अत्याचार और अंधकार के सिवाय कुछ नहीं है। मैं तो इस दुनिया से तंग आ गया हूँ। आप मुझे कोई ऐसा मार्ग दिखाइए, जिससे कि मुझे सबकुछ अच्छा लगने लगे और मेरे अंदर जीवन के प्रति चाहत जाग उठे।'' व्यक्ति की बात सुनकर उन्होंने उस व्यक्ति से कुछ दिन बाद आने को कहा। इसके बाद ऋषि स्वयं घूम-घूमकर किसी की तलाश करने लगे। एक दिन उन्होंने देखा कि एक नवयुवक के चेहरे पर अद्‌भुत तेज के साथ ही मुसकराहट तैर रही है। उन्होंने उस युवक से उसका नाम पूछा। युवक का नाम संयम था। उन्होंने संयम को साथ लिया और उससे बातें करते हुए चल दिए। उसकी बातों से वे बहुत प्रभावित हुए। कुछ दिन बाद वही व्यक्ति वहाँ पर आया और ऋषि से जीवन को सही तरह से जीने का तरीका पूछा। ऋषि ने संयम को बुलाया और उससे पूछा, ''तुम अपने जीवन में इतने प्रसन्न एवं संतुष्ट क्यों रहते हो?'' उसकी बात पर संयम बोला, ''महाराज, मैं अपने कार्य की दिनचर्या बना लेता हूँ और उसी के अनुसार काम करता हूँ। काम का परिणाम अच्छा हो या बुरा, मैं काम पूरी तन्मयता से करता हूँ। यदि कभी मुझे असफलता का सामना करना पड़ता है तो मैं यह सोचता हूँ कि जीवन इसी का नाम है। असफलता ने मुझे कुछ अनुभव दिए हैं, जो आगे चलने पर मेरे काम आएँगे। यह सोचकर मैं आगे बढ़ने का प्रयास करता हूँ। यदि सफल हो जाता हूँ तो प्रसन्नता होती है और सफलता मुझे आगे बढ़ने के लिए प्रेरित करती है।'' संयम की बात सुनकर ऋषि बोले, ''देखा, जीवन को सही तरह से जीने का मार्ग यही है कि सफलता और असफलता में अपना संयम न खोते हुए आगे बढ़ते रहो। जीने का सही मकसद स्वयं सामने आ जाता है।'' युवक ऋषि की बातों से सहमत हो गया और उसने अपने में यह संकल्प किया कि आगे से वह भी संयम का मार्ग अपनाते हुए कार्य करेगा।

□

आलस्य और जागरूकता

एक संत अनेक विद्याओं के ज्ञाता थे। उनके अनेक शिष्य थे। वे अपने सभी शिष्यों को सदाचरण की शिक्षा दिया करते थे। अब वे वृद्ध हो चले थे। उन्हें लगता था कि उनका अंत समय नजदीक ही है। यह जानकर उन्होंने सोचा कि अपनी महत्त्वपूर्ण विद्याएँ किसी एक युवा शिष्य को सिखा दी जाएँ। उन्होंने शिष्यों में से किसी एक सही शिष्य का चुनाव करने की ठानी। इसके लिए वे अपने सभी शिष्यों को लेकर एक निर्जन स्थान की ओर चल दिए। रात्रि में भी वे चलते रहे। उन्हें चलते-चलते दो दिन और दो रातें हो गई थीं। सभी शिष्यों का नींद और भूख-प्यास से बुरा हाल था। कुछ शिष्यों ने विद्या सीखने का विचार त्याग दिया और वहाँ से वापस चल दिए। कुछ शिष्य मार्ग में बेहोश होकर गिर गए। संत फिर भी नहीं रुके। जितने शिष्य उनके पास बचे, वे उन्हें ही लेकर चलते रहे। चार दिन तक भूख-प्यास व नींद से व्याकुल सभी शिष्य अचेत से हो गए थे। अब उनके साथ केवल दो शिष्य बचे थे। उन्हें वे एक कुटिया में लेकर गए और बोले, ''आज मैं तुम्हें गेहूँ के दानों से मोती बनाना सिखाऊँगा। उन्होंने अपने झोले से कुछ गेहूँ के दाने निकाले और दोनों शिष्यों को देते हुए मंत्र पढ़ने को कहा। दूसरा शिष्य भूख-प्यास से अचेत हो गया और मंत्र बीच में ही छूट गया। पहले शिष्य अभय के मन में विद्या को सीखने की लगन और इच्छा थी। उसकी सीखने की इच्छा ने भूख-प्यास, नींद, थकान सभी पर विजय पा ली थी। संत के कहे अनुसार वह उनका पालन करता रहा और कुछ ही देर में गेहूँ से मोती बन गए। यह देखकर संत ने उसे गले से लगा लिया और बोले, ''अभय, जागरूकता और लगन से ही व्यक्ति असंभव को भी संभव कर सकता है। तुम्हारे अंदर ये गुण हैं। इसलिए तुम ही इन विद्याओं को सीखने के सही अधिकारी हो।'' इसके बाद संत ने उसे सभी कठिन विद्याओं में पारंगत कर दिया। इस प्रकार अभय की इच्छा व लगन ने उसे अनेक विद्याओं का स्वामी बना दिया।

□

क्रोध से नुकसान

अहं नामक व्यक्ति को बहुत गुस्सा आता था। वह जरा-जरा सी बात पर क्रोधित हो जाता था। वैसे वह उच्च शिक्षित और उच्च पद पर आसीन था। उसके क्रोध को देखकर एक सज्जन ने उसे सुदर्शन नामक ऋषि के आश्रम में जाने को कहा। अहं ने उस सज्जन की यह बात सुनकर उसे गुस्से से घूरा और बोला, ''मैं क्या पागल हूँ जो सदुर्शन ऋषि के आश्रम में जाऊँ ? मैं तो सर्वश्रेष्ठ हूँ और मेरे आगे कोई कुछ नहीं है।'' उसकी इस बात को सुनकर सज्जन वहाँ से चला गया। धीरे-धीरे सभी अहं से दूर-दूर रहने लगे। उसे भी इस बात का अहसास हो गया था। एक दिन वह बेहद क्रोध में सुदर्शन ऋषि के आश्रम में जा पहुँचा। सुदर्शन ऋषि ने अहं के क्रोध के बारे में सुन रखा था। उन्होंने उसके क्रोध को दूर करने की मन में ठानी। वे अहं से बोले, ''कहो नौजवान कैसे हो? तुम्हें देखकर तो प्रतीत होता है कि तुममें दुर्गुण-ही-दुर्गुण भरे हुए हैं।'' सुदर्शन ऋषि की बात सुनकर अहं को बेहद क्रोध आया। क्रोध में उसकी मुट्ठियाँ भिंच गईं और वह दाँत पीसते हुए सुदर्शन ऋषि के साथ सबको अनाप-शनाप बकने लगा। क्रोध में उसकी उलटी-सीधी बातें सुनकर आश्रम में अनेक लोग एकत्रित हो गए, किंतु किसी ने भी उसे कुछ नहीं कहा। बोल-बोलकर जब वह थक गया तो चुपचाप नीचे बैठ गया। बेवजह क्रोध में बोलकर उसका सिर दर्द हो गया था और गला भी सूख गया था। उसकी ऐसी स्थिति देखकर सुदर्शन ऋषि बोले, ''कहो नौजवान क्रोध ने तुम्हारे सिवाय किसी और का अहित किया है। सभी दुर्गुण पहले स्वयं को विनाश के कगार पर लेकर जाते हैं। तुम्हारे क्रोध ने तुमको सबसे दूर कर दिया है, जबकि तुम अत्यंत ज्ञानी एवं शिक्षित व्यक्ति हो।'' ऋषि की सारी बातें अहं ने सुनीं और उसे अपनी गलती का पश्चात्ताप हुआ। उसने उसी दिन से अपने व्यक्तित्व में से क्रोध को दूर करने का निश्चय कर लिया।

□

नियम और अनुशासन

एक बार एक राज्य की प्रजा को ऐसा महसूस हुआ कि उनका समाज अनुशासनहीन है। इसके लिए वे अपने राजा के पास पहुँचे और उनसे जनसमूह के लिए नया नेता चुनने को कहा। सभी ने मिलकर नया राजा चुन लिया। नए राजा की देखभाल में राज-काज चलाया जाने लगा, लेकिन कुछ दिनों बाद फिर से पहले वाली हालत हो गई और जनसमूह में कोई भी परिवर्तन नजर नहीं आया। उनकी आर्थिक तथा राजनैतिक विकास की दर में भी वृद्धि नहीं हुई, उलटे झगड़े और बढ़ने लगे। यह देखकर पूरा जनसमुदाय फिर से चिंतित हो गया। उन्होंने उस राजा को भी बदल दिया और नए राजा की देख-रेख में समूचे जन का काम होने लगा। किंतु उस राजा के राजकाज में भी कुछ दिन बाद फिर से वही शिकायतें होनी आरंभ हो गईं। अब जनसमूह चिंतित हो गया। तभी नया राजा एक संत सौम्यदेव के पास गया और उनसे अपने राज्य की समस्या बताई। नया राजा बोला, ''गुरुजी, इस राज्य को सुधारने के अनेकों प्रयास किए गए, किंतु सब व्यर्थ हुए। मुझे भी कुछ समझ नहीं आ रहा है कि जनता की परेशानियों को कैसे सुलझाया जाए?'' सारी बात जानकर संत सौम्यदेव उससे बोले, ''राजन्, आपको हताश होने की आवश्यकता नहीं है। सब ठीक हो जाएगा। सबसे पहले आप जनता को अनुशासित करने के लिए नियम बनाइए और उन नियमों को सख्ती से लागू करवाइए।'' राजा ने संत की बात मान ली। उसने प्रजा के लिए अनुशासन के नियम सहित अनेक नियम बनाए और उनका कड़ाई से पालन कराना शुरू किया। अनुशासन से शासन करने के कारण कुछ ही समय बाद वह राज्य प्रगति की दर के साथ ही हर क्षेत्र में ऊँचाइयों पर जा पहुँचा।

□

स्वभाव से संन्यासी

एक युवक बड़े उग्र स्वभाव का था। वह बात-बात पर आगबबूला हो जाता था और अपने घरवालों को संन्यासी बनने की धमकी देता था। एक दिन उसके परिवारवालों ने उसकी रोज-रोज की खिच-खिच से तंग आकर उसे संन्यास ले लेने की छूट दे दी। वह घर से निकलकर आश्रम की ओर चल दिया और आश्रम में गुरु से संन्यास लेने की इच्छा बताई। गुरुजी उसकी उद्दंडता के किस्से सुन चुके थे। उसको सुधारने के उद्देश्य से वे बोले, "संन्यास दीक्षा तुम्हें कल दी जाएगी। उससे पहले तुम्हें जो करने को कहा जाए, वह तुम्हें बिना गुस्सा दिखाए शांतिपर्वूक करना होगा।" युवक मान गया। गुरुजी ने उसे नदी के ठंडे पानी में स्नान करने को कहा। सर्दी के मौसम में नदी में पैर डालते ही युवक की जान निकल गई। वह जैसे-तैसे स्नान कर के लौटा तो संचालक ने उसे आश्रम की सफाई करने का आदेश दिया। पूरे आश्रम की सफाई करते-करते उसके हाथ दर्द हो गए तो संचालक ने उससे आश्रम के लिए सब्जी काटने को कहा। सब्जी काटते-काटते उसका हाथ कट गया। वह चिल्ला उठा। दोपहर में एक शिष्य ने उसे खाने के लिए नमक मिले करेले लाकर दिए। वह भूखा-प्यासा करेलों पर झपटा। जैसे ही उसने एक करेला मुँह में डाला तो कड़वाहट से उसका मुँह भर गया और उसने उसे थूक दिया। वह गुस्से से गुरुजी के पास जाकर बोला, "क्या संन्यास लेना इसी को कहते हैं।" गुरुजी मुसकरा कर युवक से बोले, "भैया, संन्यास में कोई बरात की सी दावत नहीं होती। इसमें प्रवेश करनेवालों को पग-पग पर मन को मारना पड़ता है। संन्यास में परिस्थितियों से तालमेल बिठाना, संयम बरतना और अनुशासन का पालन करना पड़ता है। इसी अभ्यास के लिए संन्यास लिया जाता है। गेरुए वस्त्रों को धारण कर कोई भी संन्यासी कहला सकता है, किंतु स्वभाव से संन्यासी होना अनिवार्य है।" गुरुजी की बातें सुनकर युवक लज्जित हो गया और बोला, "यदि संयम-साधना और मनोनिग्रह का नाम ही संन्यास है तो उसे मैं घर रहकर ही सुविधापर्वूक क्यों न पा लूँ?" इसके बाद वह घर आ गया और उसने बेवजह चिड़चिड़ाना और घर के लोगों को परेशान करना छोड़ दिया। □

सच्चा सुख

एक दिन एक धनिक संत रामचंद्र डोंगरेजी महाराज के पास आया और बोला, ''महाराज, मैं सवेरे तथा सायंकाल, दोनों समय तीन-तीन घंटे ईश्वर की पूजा उपासना में लगा रहता हूँ। शेष समय धर्मशास्त्रों के अध्ययन में बिताता हूँ। मुझे कोई कार्य करने की आवश्यकता नहीं होती, क्योंकि उसके लिए मेरे पास असंख्य नौकर हैं, किंतु दिन-रात ईश्वर की उपासना करने पर भी मेरे मन को मानसिक शांति नहीं मिलती। आप मुझे कोई ऐसा उपाय बताएँ कि रात को सोते समय मैं दिन भर के कर्मों से संतुष्टि अनुभव कर सकूँ।'' धनिक की बात पर डोंगरेजी महाराज बोले, ''सेठजी, आप सवेरे ब्रह्ममुहूर्त में मेरे पास आइएगा। भ्रमण के लिए मेरे साथ चलिएगा, तब मैं आपको मानसिक शांति का उपाय बताऊँगा।'' धनिक सवेरे-सवेरे संतजी के पास जा पहुँचा। दोनों जंगल की ओर चल दिए। रास्ते में अनेक गरीब व्यक्ति की झोंपड़ियाँ थीं। अनेक बच्चे व वृद्ध भूख से तड़प रहे थे और रो रहे थे। संत वहाँ पर रुके और सेठ से बोले, ''सेठजी, पूजा के एक घंटे में आप कटौती करके यहाँ पर नियमित रूप से आया करें। यहाँ पर मौजूद भूख से बिलखते बच्चों और वृद्धों को अपने हाथ से फल व अन्य खाद्यान्न खिलाया करें तथा यह समझा करें कि ईश्वर स्वयं आपके हाथों से प्रसाद ग्रहण कर रहे हैं। इन गरीबों की, मरीजों की सेवा को ईश्वर की सेवा समझकर किया करें। ऐसा करने से आप ईश्वर की भक्ति के साथ-साथ लोक व परलोक दोनों का सुख पा लेंगे। मेरी इस बात में जरा भी संशय नहीं है।'' डोंगरेजी महाराज की बात सुनकर धनिक ने उसी दिन से झोंपड़ियों में पहुँचकर गरीबों, बच्चों, वृद्धों व मरीजों को फल-भोजन खिलाने की सेवा करनी शुरू कर दी। वहाँ से जब वह अपने घर पहुँचा तो रात्रि को उसे बहुत गहरी और सुकून की निद्रा आई। अगले दिन वह धनिक डोंगरेजी महाराज के पास जाकर बोला, ''महाराज, आपने वास्तव में मुझे लोक-परलोक दोनों के ही दर्शनों का मार्ग बता दिया है। मैं आपका यह ऋण कभी नहीं उतार पाऊँगा।'' इसके बाद वह धनिक उन्हें नमस्कार कर झोंपड़ियों की ओर चल दिया।

□

मन की जीत

आद्य जगद्गुरु शंकराचार्यजी अपने भक्तों को प्रेम और विश्वास की शिक्षा देते थे। उनके भक्त उनसे अपनी समस्याओं के समाधान पाकर अपना जीवन सुधारते थे और अपनी गलतियों का प्रायश्चित्त कर नेक राह पर चलते थे। एक दिन उनके पास एक गृहस्थ व्यक्ति आया और बोला, ''महाराज, मैं एक साधारण गृहस्थ व्यक्ति हूँ। मैं अपने मानव जीवन को बेहद सफल बनाना चाहता हूँ और यह तभी संभव है, जब मैं जगत् को जीत पाऊँ। क्या जगत् पर जीत संभव है?'' उस व्यक्ति की बात सुनकर आद्य जगद्गुरु शंकराचार्यजी बोले, ''भाई, यह संभव तो है, लेकिन बेहद कठिन है। जगत् को जीतना अगर सरल ही होता तो प्रत्येक व्यक्ति जगत् को जीत लेता।'' इस पर वह गृहस्थ बोला, ''पर मुझे तो जगत् को जीतना ही है। आप मुझे उपाय बताइए कि मैं इसके लिए क्या करूँ?'' आद्य जगद्गुरु शंकराचार्यजी बोले, ''जगत् को वही जीत सकता है, जो मन को जीत लेता है। यह मन बड़ा चंचल है। संसार की जड़-वस्तुएँ इस चंचल मन को सहज ही अपनी ओर आकर्षित कर लेती हैं और व्यक्ति मन के वशीभूत होकर जड़ वस्तुओं की ओर खिंचता चला जाता है। वह जितना ज्यादा जड़-वस्तुओं की ओर आकर्षित होता जाता है, उतना ही जगत् को जीतने की कल्पना धूमिल होती जाती है।'' आद्य जगद्गुरु शंकराचार्यजी की बात सुनकर गृहस्थ बोला, ''महाराज, मन को नियंत्रण में रखना तो वाकई मुश्किल कार्य है। क्या आप मन को जीतने का कोई उपाय बता सकते हैं।'' उसकी बात सुनकर शंकराचार्यजी बोले, ''संसार की निस्सारता के ज्ञान तथा ईश्वर की आराधना के माध्यम से मन को जीता जा सकता है। मन को नियंत्रण में करने के लिए तुम्हें ऐसी वस्तुओं को अपने सामने रखकर अभ्यास करना होगा, जिन्हें पाकर तुम्हें लालच आता है। उन वस्तुओं को सामने रखकर तुम्हें उनसे दूर जाने का अभ्यास करना होगा। यह प्रक्रिया जटिल अवश्य है, किंतु इस पर विजय पाई जा सकती है।'' गृहस्थ शंकराचार्यजी से मन को जीतने का मंत्र पाकर प्रसन्नता से वहाँ से चला आया।

□

सुख का अंत

एथेंस नामक देश में सोलन नामक एक विद्वान् संत रहते थे। उनकी विद्वत्ता तथा त्याग से सभी उनसे प्रभावित थे। अनेक व्यक्ति उनसे अपनी समस्या के समाधान कराते थे। सोलन विभिन्न स्थानों पर घूमते रहते थे। एक दिन भ्रमण करते-करते वे लीडिया देश में जा पहुँचे। वहाँ के राज कारूँ को संत सोलन के आगमन का पता चला। उसने संत सोलन की विद्वत्ता व महिमा के चर्चे सुने थे। यह जानकर कि संत सोलन आजकल उसके देश में ही आए हुए हैं, उसने आदरपर्वूक संत सोलन को अपने महल में बुलवाया। संत सोलन राजा के महल में आए। कुछ देर बातें करने के बाद राजा कारूँ अभिमान से संत सोलन से बोला, "महाराज, आपने मेरा देश और महल तो देख ही लिया है। इन्हें देखकर आपको क्या लगता है? भला इस दुनिया में कोई मुझसे ज्यादा सुखी और संपन्न हो सकता है।" राजा के अभिमान भरे शब्दों को सुनकर संत सोलन सहज-भाव से बोले, "संसार में सुखी उसी को कहा जा सकता है, जिसका अंत सुखमय हो।" संत की स्पष्ट कथनी से कारूँ नाराज हो गया। संत सोलन वहाँ से चले गए। कुछ समय बाद कारूँ ने पारस राज्य पर आक्रमण कर दिया। वहाँ के राजा साइरस ने उसे हराकर गिरफ्तार कर लिया। जब राजा कारूँ को साइरस के सामने प्रस्तुत किया गया तो उसने कारूँ को जीवित जला डालने की सजा सुना डाली। अब कारूँ को संत सोलन के कहे गए शब्द याद आए कि जिसका अंत सुखमय है, वही सुखी है।" जब उसे प्राणदंड के लिए ले जाया जाने लगा तो वह संत सोलन को याद करके 'हाय सोलन, हाय सोलन' करके रोने लगा। राजा साइरस संत सोलन का बहुत बड़ा भक्त था। जब उसने कारूँ के मुख से संत सोलन का नाम सुना तो वह दंग रह गया। उसने कारूँ से पूछा कि तुम संत सोलन का नाम क्यों ले रहे हो?" इस पर कारूँ बोला, "मैं उनके सत्य कथन को याद कर अपनी वाणी को उनके नाम से पवित्र कर रहा हूँ।" यह सुनकर साइरस ने कारूँ को तुरंत आजाद कर दिया और राजा कारूँ संत सोलन का भक्त बन गया।

□

विनय का घड़ा

एक अहं नाम का धनिक पुत्र विद्याध्ययन के लिए गुरुकुल में गया। वहाँ वह विद्या में कम ध्यान देता, उपद्रव करने में सबसे आगे रहता। धनवान् होने के अहंकार के कारण उसमें विनय नाम का कोई गुण नहीं था। वह अत्यंत उद्दंड एवं अशिष्ट था। उसका बुरा स्वभाव देखकर उसके अन्य साथी उससे कहते, ''विनय से ही विद्या की शोभा है। तुम विनय, दया और प्रेम से ही विद्या प्राप्त कर सकते हो। बिना विनय और मर्यादा के कभी विद्या प्राप्त नहीं हो सकती।'' अहं को अपने साथियों का भाषण अच्छा नहीं लगा। उसने सभी को झिड़कते हुए कहा, ''जाओ, जाओ अपना काम करो। बड़े आए हैं विनय और मर्यादा वाले। आचार्यजी हमें मुफ्त में पढ़ाते हैं क्या? उनको हम शुल्क देते हैं।'' सहपाठी अहं की इस बात पर चुप हो गए, लेकिन यह बात आचार्य तक जा पहुँची। एक दिन आचार्यजी सभी विद्यार्थियों को उद्यान में ले जाकर बागबानी के बारे में कुछ समझा रहे थे। वहीं कुएँ से खींचा गया जल मिट्टी की नाली में से होकर नीचे के स्थान पर गिर रहा था। उसी नाली के नीचे एक घड़ा रखा था। ऊपर से काफी सारा पानी गिरने पर भी घड़ा भर नहीं रहा था। यह देखकर आचार्य अहं से बोले, ''तनिक देखो तो, घड़ा भर गया क्या?'' अहं ने जाकर देखा तो पाया कि घड़ा खाली है। यह देखकर उसे आश्चर्य हुआ। वह आचार्य से बोला, ''गुरुजी, घड़ा तो खाली है।'' कुछ देर बाद आचार्य फिर अहं से बोले, ''देखो, अब भर गया होगा।'' अहं ने फिर घड़ा देखा तो पाया कि अभी भी वह खाली था। यह देखकर उत्सुकतावश उसने घड़ा उठाकर देखा तो पाया कि वह पैंदी से फूटा हुआ था। अब तो उसके भरने का प्रश्न ही नहीं होता था। उसने आचार्य को कहा, ''अभी नहीं भरा।'' यह सुनकर आचार्य फिर बोले, ''कोई बात नहीं कुछ देर में भर जाएगा।'' यह सुनकर अहं गुस्से से बोला, ''वह कभी भी नहीं भरेगा, क्योंकि वह नीचे से फूटा हुआ है।'' अहं की बात सुनकर आचार्य बोले, ''बालको, इसी तरह तुम सब विद्यार्थी घड़े हो और मैं बहता हुआ पानी हूँ। मेरे मस्तिष्क से निकला हुआ ज्ञानरूपी पानी उस घड़े में ही ठहरेगा, जिसमें अविनय का छेद नहीं होगा।'' यह सुनकर अहं को आचार्य की बात समझ में आ गई और उसने उनसे माफी माँगी। □

कठिन काम

पांडिचेरी के आश्रम में अरविंद घोष द्वारा एक आश्रम स्थापित किया गया था। कुछ ही समय में यह आश्रम बेहद प्रसिद्ध हो गया। इस आश्रम में माताजी नित्य ही जन-साधारण को अच्छी-अच्छी बातें बताया करती थीं और उन्हें सद्मार्ग पर लाती थीं। एक व्यक्ति का पुत्र बेहद जिद्दी और क्रोधी था। वह बात-बात पर लड़ने-मरने को उतारू हो जाता था। हारकर उसके पिता ने उसे आश्रम में ले जाने की सोची। अगले दिन वे उसे आश्रम में ले गए और माताजी से बालक की समस्या बता दी। माताजी ने बालक को ध्यान से देखा और फिर प्यार से उसे अपने पास बुलाया। उन्होंने उसके सिर पर हाथ फेरते हुए पूछा, ''बेटा, तुम्हारी आयु क्या है?'' बालक बोला, ''चौदह साल।'' माताजी बोलीं, ''यह तो बहुत अच्छी बात है। अब तो तुम बड़े हो रहे हो। अच्छा बताओ कि बड़े बच्चों को सरल काम करने चाहिए या कठिन काम।'' बालक माताजी की कही बात को कुछ देर सोचता रहा फिर बोला, ''माताजी, सरल काम तो छोटे बच्चे करते हैं और मैं तो बड़ा हूँ। बड़े बच्चों को तो कठिन काम करने चाहिए।'' यह जवाब सुनकर माताजी ने उसकी पीठ थपथपाई और बोलीं, ''शाबाश। अच्छा अब यह बताओ कि यदि कोई तुम्हें थप्पड़ मार दे तो बदले में उसके मुँह पर थप्पड़ मारना आसान होगा या अपने हाथ को बाँधकर रखना।'' बालक सोचकर बोला, ''माताजी, ऐसी स्थिति में तो हाथ को बाँध कर रखना ही कठिन काम होगा।'' माताजी फिर बोलीं, ''और तुम कठिन काम पसंद करोगे या सरल।'' बालक माताजी के प्रश्नजाल में उलझ गया। फिर बोला, ''माताजी, मैं युवा हो रहा हूँ तो कठिन काम करना ही मुझे शोभा देगा।'' इसके बाद बालक माताजी को कठिन काम करने का वचन देकर वहाँ से चला गया। एक दिन खेल-खेल में एक बालक से गेंद उस बालक के सिर पर लग गई। यह देखकर वह गुस्से में उस बालक को मारने ही वाला था कि उसे तुरंत माताजी की बात ध्यान आ गई और उसने तुरंत अपने हाथों को नीचे रखकर उन्हें बाँध लिया। फिर वह उस बालक से बोला, ''कोई बात नहीं खेल-खेल में लग ही जाती है।'' इस पर उस बालक ने भी उससे माफी माँगी और इस तरह वह बालक सुधर गया। □

मन पर संयम

गांधार नरेश कौस्तेय और विदेह नरेश आंबुकि दोनों ही संसार को नश्वर मानते हुए भिक्षुक बन गए। वर्षों तक राजपाट भोगने के बाद नए-नए भिक्षु बने दोनों राजाओं के मन में रह-रहकर आनंद और सुख की याद आती रहती थी। दोनों ही द्वार-द्वार जाकर भिक्षा माँगते थे और भिक्षुक होने के कारण बिना नमक का (अलोना) भोजन करते थे। बहुत दिनों तक अलोना भोजन करते-करते दोनों उकता गए थे। किंतु दोनों में से किसी ने भी संकोचवश इसका जिक्र नहीं किया। गांधार नरेश कौस्तेय ने अपने मन पर संयम बनाए रखा, किंतु विदेह नरेश आंबुकि ने एक दिन एक गृहस्थ से बहुत सा नमक लेकर अपनी पोटली में रख लिया और अपने खाने में चुपके से नमक मिलाकर खाने लगे। गांधार नरेश कौस्तेय को जब यह बात पता चली तो वे बोले, ''भिक्षुक होते हुए भी आपने नमक का संग्रह कर उसका सेवन किया। यह तो सही व्यवहार नहीं हुआ। लोगों को जब यह पता चलेगा तो वे हमें ढोंगी कहेंगे।'' इस पर आंबुकि बोले, ''मैंने थोड़ा सा नमक ही तो लिया है, कोई हीरे-जवाहरात तो जमा नहीं किए।'' इस पर गांधार नरेश क्रोधित होकर बोले, ''एक तो तुमने आचरण विरुद्ध कार्य किया और ऊपर से तर्क करते हो। क्या विदेह का राज्य तुमने पेट-पूजा करने के लिए त्यागा है?'' विदेह नरेश गांधार नरेश के शब्दों को सुनकर गुस्से से बोले, ''मेरा नमक संग्रह करना आचरण विरुद्ध है तो भिक्षु होते हुए आपका क्रोध करना भी तो आचरण के विरुद्ध है। आपको मुझसे कठोर शब्द नहीं बोलने चाहिए।'' इस पर गांधार नरेश को अपने बोले गए शब्दों पर पश्चात्ताप हुआ और बोले, ''क्षमा करना, मेरे मन में दुर्बलता आ गई थी।'' इस पर आंबुकि भी नरम पड़ते हुए बोले, ''दोष आपका नहीं है। मैंने ही आपको क्रोध करने का अवसर दिया। मुझे नमक का सेवन नहीं करना चाहिए था। जब भिक्षुक मैं स्वेच्छा से बना हूँ तो मुझे नियमों का पालन भी खुशी-खुशी करना चाहिए। यदि भिक्षु होंने पर भी हम मन पर संयम नहीं रख पाते तो यह हमारे लिए बहुत ही शर्मनाक बात है।'' इसके बाद दोनों ने ही मन पर संयम रखने का प्रण लिया।

□

लोभहीन सेवा

बाबा अनंतराम बहुत ही संतोषी, परोपकारी और सेवाभावी संत थे। अनेक लोगों की समस्या का समाधान उन्हीं के कारण हुआ था, इसलिए सभी उन्हें श्रद्धापूर्वक असंख्य चढ़ावा चढ़ाया करते थे। उन्होंने श्रद्धालुओं को चढ़ावा चढ़ाने के लिए मना भी किया, किंतु वे नहीं माने। फिर बाबा अनंतराम उस चढ़ावे को निर्धन लोगों की मदद के लिए प्रयोग करने लगे। एक दिन एक बहुत बड़ा सेठ असंख्य हीरे-मोती लेकर उनकी ओर आया और उनके चरणों में रखते हुए बोला, ''बाबा, यह भेंट मेरी ओर से स्वीकार करें।'' संत अनंतराम ने उन हीरे-मोतियों की ओर देखा तक नहीं और श्रद्धालुओं की समस्या का निवारण करते रहे। यह देखकर सेठ को क्रोध आ गया और बड़बड़ाते हुए बोला, ''यह बाबा तो ढोंगी किस्म का मालूम होता है। असंख्य हीरे-मोतियों को तुच्छ समझकर देखा तक नहीं और मेरे जाते ही उन पर ऐसे टूटेगा जैसे कुछ देखा तक नहीं।'' बाबा अनंतराम ने सेठ की बात सुन ली, किंतु उस समय उसे कुछ न बोलकर बोले, ''सेठजी, आप कल आइएगा, कल आपको जवाब मिल जाएगा।'' अगले दिन सेठ फल व मिठाइयाँ लेकर वहाँ पहुँचा तो बाबा अनंतराम हर पल उसकी लाई मिठाइयों एवं फल को ही देखते रहे। यह देखकर सेठ के आश्चर्य का ठिकाना न रहा। वह धीरे से बोला, ''अजीब बात है, कल मैं महँगे हीरे-मोती लाया तो उन्हें देखा तक नहीं और मिठाइयों व फल पर बाबा की ऐसे नजर है, जैसे कुछ देखा तक नहीं।'' बाबा अनंतराम उसके बोलने का ही इंतजार कर रहे थे। वे बोले, ''सेठजी, देखा आपने लोभी मनुष्य दूसरों को भी स्वयं जैसा ही समझता है। कल मैंने आपके हीरे-मोती नहीं देखे, तब भी आपने मुझे लोभी ठहराया और आज मामूली मिठाई व फल देखने पर भी लालची कहा। मैं तो एक मामूली सा संत हूँ। हीरे-मोती, फल, मिठाई से मुझे कुछ लेना-देना नहीं है। मैं तो बस मानव के दुःख दूर करने में ही अपना जीवन सार्थक समझता हूँ। आप जैसे लोगों के लाए गए धन से ही विद्यालय, आश्रम चल रहे हैं। असंख्य निर्धन कन्याओं के विवाह में भी आप ही लोगों का धन लगा है। मैं तो बस इन स्थानों पर आपका धन पहुँचाने का माध्यम मात्र हूँ।'' यह सुनकर सेठ की आँखें शर्म से झुक गईं और उसने उसी क्षण यह संकल्प लिया कि आगे से वह कभी भी लोभी प्रवृत्ति से ग्रस्त नहीं होगा। □

तपस्या और जनसेवा

संत पदाल सुप्रसिद्ध संत थे। मृत्यु के पश्चात् जब वे स्वर्ग के दरवाजे पर पहुँचे तो चित्रगुप्त उन्हें रोकते हुए बोले, ''रुकिए संतजी, अंदर जाने से पहले लेखा-जोखा देखना पड़ता है।'' चित्रगुप्त की बात संत पदाल को अच्छी नहीं लगी। वे बोले, ''चित्रगुप्त तुम मेरे साथ यह कैसा व्यवहार कर रहे हो? बच्चे से लेकर बूढ़े तक सभी मुझे जानते हैं।'' इस पर चित्रगुप्त बोले, ''आपको कितने लोग जानते हैं, इस बात का लेखा-जोखा हमारे बही में नहीं होता, इसमें तो केवल कर्मों का लेखा-जोखा होता है।'' इसके बाद वे बही लेकर संत पदाल के जीवन का पहला हिस्सा देखने लगे। यह देखकर संत पदाल बोले, ''अरे चित्रगुप्त, आप तो मेरे जीवन का दूसरा भाग देखिए, क्योंकि जीवन के पहले हिस्से में तो मैंने लोगों की सेवा की है, उनके दुःख दूर किए हैं। जबकि जीवन के दूसरे हिस्से में मैंने जप-तप और ईश्वर की आराधना की है। मेरे जीवन के दूसरे हिस्से का लेखा-जोखा देखने पर आपको वहाँ पुण्य की चर्चा अवश्य मिलेगी।'' संत की बात मानकर चित्रगुप्त ने उनके जीवन का दूसरा हिस्सा देखा तो वहाँ उन्हें कुछ भी नहीं मिला। सबकुछ कोरा था। अतः वे फिर से उनके जीवन के आरंभ से उनका लेखा-जोखा देखने लगे। उनके जीवन के आरंभ का लेखा-जोखा देखकर वे बोले, ''संतजी, आपका सोचना उलटा है। आपके अच्छे और पुण्य के कामों का लेखा-जोखा जीवन के आरंभ में है।'' यह सुनकर संत पदाल आश्चर्यचकित होकर बोले, ''यह कैसे संभव है?'' चित्रगुप्त बोले, ''संतजी, जीवन के पहले हिस्से में आपने मनुष्य के लिए सेवा की, उनके दुःख-दर्द कम किए, उन्हीं पुण्यों के कार्यों के कारण आपको स्वर्ग में स्थान मिला है, जबकि जप-तप और ईश्वर की आराधना आपने अपनी शांति के लिए की है। इसलिए वे पुण्य के कार्य नहीं हैं। यदि आपके जीवन के दूसरे हिस्से पर विचार किया जाए तो आपको स्वर्ग नहीं मिलेगा।'' चित्रगुप्त की बात सुनकर संत पदाल को समझ आ गया कि जीवन में जप-तप से बड़ा कर्म मानव की सच्चे मन से सेवा करने में है। उन्होंने चित्रगुप्त की बात मान ली और स्वर्ग को प्रस्थान कर गए।

□

दीर्घायु का राज

बहुत पहले काशी में धर्मपाल नाम का एक सदाचारी ब्राह्मण रहता था। उसने अपने पुत्र वेदपाल को शिक्षा के लिए तक्षशिला भेजा। पुत्र भी पिता की भाँति सदाचार के यम-नियमों में बँधकर जीवनयापन करनेवाला युवक था। तक्षशिला में गुरु समेत शिष्य सभी उसके सदाचार, चरित्र और नियमों की प्रशंसा करते थे। एक दिन तक्षशिला में एक नौजवान शिष्य की अकाल मृत्यु हो गई। सभी शिष्य शोक में डूब गए। वेदपाल को जब शिष्य की अकालमृत्यु का पता चला तो वह दंग रह गया और बोला, ''यह अकालमृत्यु क्या होती है?'' वेदपाल के मुँह से यह सुनकर एक शिष्य बोला, ''अरे, तुम्हें अकालमृत्यु नहीं मालूम। समय से पहले अर्थात् जवानी में ही मृत्यु हो जाना अकालमृत्यु कहलाती है।'' वेदपाल बोला, ''ऐसा हो ही नहीं सकता। हमारे परिवार में तो सौ साल पूरे करने पर ही मृत्यु होती है, फिर हमारा साथी अकालमृत्यु को कैसे प्राप्त हो गया?'' उसकी विचित्र बात सुनकर सभी शिष्य हैरान हो गए। उन्होंने आचार्य को वेदपाल की अजीबोगरीब बात बताई तो आचार्य ने वेदपाल की बात की सत्यता को जाँचने का निश्चय किया। एक दिन वे कुछ अस्थियाँ एकत्रित कर काशी में धर्मपाल के घर पहुँचे और उससे बोले, ''आपके पुत्र वेदपाल का असमय निधन हो गया है। मैं उसकी अस्थियाँ लेकर आया हूँ।'' यह सुनकर धर्मपाल मुसकरा कर बोला, ''आचार्यजी, आपको भ्रम हुआ है। मेरे पुत्र की अकाल मृत्यु नहीं हो सकती।'' धर्मपाल के मुँह से यह सुनकर आचार्य दंग रह गया। वह बोला, ''ये आपके पुत्र की अस्थियाँ नहीं हो सकतीं और वह अकालमृत्यु का ग्रास नहीं बन सकता, आपके इस गहन विश्वास का क्या कारण है?'' आचार्य का प्रश्न सुनकर धर्मपाल मुसकरा कर बोले, ''आचार्यजी, हमारे परिवार में सभी काम नियम से होते हैं। कभी कोई आलस नहीं करता, किसी प्रकार का नशा नहीं करता, हम कभी किसी के बारे में बुरी बात कहते या सुनते नहीं। सदा दूसरों की भलाई की बातें सोचते हैं और सदा प्रसन्न रहते हैं। इससे हमारे परिवार के लोगों का स्वास्थ्य बना रहता है और वे सौ सालों तक जीवित रहते हैं।'' दीर्घायु का रहस्य जानकर आचार्य प्रसन्न मन से तक्षशिला लौट आए। □

संत का त्याग

एक बार श्रावस्ती के राजा विड्डभ ने कपिलवस्तु पर आक्रमण कर दिया। आक्रमण इतना भयंकर था कि कपिलवस्तु का राजा कुछ न कर सका और असहाय होकर जंगल की ओर चला गया। राजा विड्डभ नगर में आकर प्रजा के साथ लूटपाट एवं मारकाट करने लगा। उस समय वहाँ एक प्रसिद्ध संत महानाम निवास करते थे। उन्होंने कभी राजा विड्डभ को शिक्षा प्रदान की थी, इसलिए दोनों एक-दूसरे से परिचित थे। राजा ने अपने गुरु को देखते ही उन्हें प्रणाम कर आदर-सत्कार से बिठाया। संत महानाम ने राजा को आशीर्वाद दिया और उससे बोले, ''राजन्, मैं कपिलवस्तु की प्रजा के हित की प्रतिज्ञा कर चुका हूँ, इसलिए गुरु-दक्षिणा में तुमसे प्रजा के प्राणों की भीख माँगता हूँ।'' इस पर राजा विड्डभ हाथ जोड़कर संत महानाम से बोला, ''गुरुजी, मैं कपिलवस्तु को सर्वथा उजाड़ देने की प्रतिज्ञा कर चुका हूँ। इसलिए आप गुरु-दक्षिणा में कुछ और माँग लीजिए।'' संत बोले, ''राजन्, मैंने तुमसे गुरु-दक्षिणा नहीं ली थी, किंतु आज वह लेने का वक्त आ गया है। मुझे गुरु-दक्षिणा में अपनी प्रजा के प्राणों की भिक्षा ही चाहिए।'' यह सुनकर राजा विड्डभ सोच में पड़ गया। यदि गुरु की आज्ञा मानते हैं तो अपनी प्रतिज्ञा टूटती है और यदि अपनी प्रतिज्ञा की रक्षा करते हैं तो गुरु की आज्ञा टलती है। सोचते-सोचते राजा की नजर तालाब पर गई और वह बोला, ''गुरुजी, सामने एक तालाब है। आप इस तालाब में गोता लगाइए। जब तक आप पानी के भीतर रहेंगे, उतनी देर तक मेरे सैनिक प्रजा को नुकसान नहीं पहुँचाएँगे। आपके बाहर आते ही ये मार-काट आरंभ कर देंगे।'' इतना सुनते ही संत महानाम तालाब में गोता लगा गए। वे पानी के भीतर तैरते-तैरते तालाब के मध्य जा पहुँचे जहाँ एक स्तंभ बना हुआ था। उन्होंने अपना उत्तरीय खोला और स्तंभ से शरीर को बाँध दिया। कुछ समय बाद उनका पानी में ही प्राणांत हो गया। घंटों बाद भी जब वे ऊपर नहीं आए तो गोताखोरों को तालाब में छोड़ा गया। वे स्तंभ से बँधा संत का मृत शरीर मुक्त करके ले आए। राजा विड्डभ यह देखकर दंग रह गया कि संत महानाम ने प्रजा को बचाने की खातिर अपने प्राणों की बलि दे दी। राजा विड्डभ दु:खी मन से उनके महान् त्याग के प्रति नतमस्तक होकर प्रजा को सकुशल छोड़कर वापस श्रावस्ती लौट आया। □

राज की बात

एक दिन एक बादशाह ने अपने खास नौकर को अपना एक बहुत ही महत्त्वपूर्ण राज बता दिया और बोला, ''देखो, अभी तक मेरा यह राज किसी को नहीं पता था, किंतु आज तुम्हें पता चल गया है। मगर खबरदार, मेरा यह राज किसी पर प्रकट न होने पाए। यदि गलती से भी तुमने किसी को यह राज बताया तो मैं तुम्हारा सिर कलम करवा दूँगा।'' बादशाह की बात सुनकर नौकर बेहद डर गया और उसने डरकर सिर हिलाते हुए कहा, ''बादशाह, मैं किसी को भी कुछ नहीं बताऊँगा।'' बात आई-गई हो गई। लेकिन शीघ्र ही बादशाह का राज दरबारियों से होते हुए समूची जनता में फैल गया। जब बादशाह तक यह खबर पहुँची तो वह आगबबूला हो उठा और उसने उसी नौकर को बुलाया और उसे दंड देने की घोषणा की। यह सुनकर नौकर ने काँपते हुए अन्य नौकर का नाम ले दिया। इस प्रकार सभी एक-दूसरे का नाम लेने लगे। ऐसे करते-करते अनेक लोग कठघरे में खड़े हो गए और सभी को मौत की सजा सुनाई गई। पूरी प्रजा में हाहाकार मच गया कि राजा सभी नौकरों को मृत्युदंड देने वाला है। वहाँ पर मतंग नामक एक संन्यासी आए हुए थे। सभी लोगों ने उनसे राजा को समझाने के लिए कहा। मतंग संत बादशाह के पास आए और उससे बोले, ''ऐ बादशाह, नौकरों का कत्ल मत कर, क्योंकि यह गलती तो पहले तुमसे हुई है। जब चश्मा बंद था, तब तूने बंद न किया और अब वह बाढ़ में बदल चुका है तो उसे कैसे बंद किया जा सकता है? यदि तुम अपने राज को गुप्त रखना चाहते हो तो अपने दिल का भेद किसी से मत कहो, क्योंकि उसके भी सुननेवाले कई साथी हैं। हीरे-मोती खजांचियों को बेशक हवाले करो, पर अपने राज की रक्षा स्वयं करो। बात जब तक तुम्हारे मन में है, तब तक उस पर तुम्हारा अधिकार है और जब वह तुमने किसी और से कह दी, तो वह तुम्हारे वश से निकल जाएगी।'' यह सुनकर बादशाह को अपनी गलती का अहसास हो गया और उसने नौकरों को मुक्त कर दिया। इसके साथ ही उसने मन में यह दृढनिश्चय किया कि आगे से वह अपने राज की बात किसी से नहीं कहेगा।

□

प्रार्थना

एक सेठ एक प्रसिद्ध साधु के पास गया और उससे बोला, ''बाबा, मैं प्रार्थना करना चाहता हूँ, लेकिन तमाम कोशिशों के बावजूद भी प्रार्थना नहीं कर पाता। जब भी मैं प्रार्थना में ध्यान लगाने की कोशिश करता हूँ, तभी मेरे आगे माया, मोह, ईर्ष्या, लोभ की परतें आकर खड़ी हो जाती हैं और मेरा प्रार्थना से ध्यान टूट जाता है। इसके बाद मैं चाहे जितनी भी आँखें बंद कर लूँ, लेकिन मुझे परमात्मा के दर्शन नहीं होते। आप ही बताइए मुझे प्रार्थना में मन लगाने के लिए क्या करना चाहिए?'' सेठ की बात सुनकर साधु सेठ को अपने साथ एक ऐसे कमरे में ले गए, जिसकी खिड़कियों पर स्वच्छ काँच के शीशे लगे हुए थे। साधु ने सेठ को काँच के शीशों के पार बाहर का नजारा दिखाया। काँच के शीशों में से पेड़, पेड़ पर चहकते पक्षी व मनोरम दृश्य स्पष्ट नजर आ रहे थे। यह देखकर सेठ का मन खुश हो गया। उसके बाद साधु उसे एक दूसरे कमरे में लेकर गए। वहाँ पर सेठ ने देखा कि कमरों की खिड़कियों पर चाँदी की चमकीली परत लगी हुई थी। साधु सेठ से बोले, ''सेठजी, जरा देखो तो इस चाँदी की चमकीली परत के पार आप क्या देख पाते हैं?'' सेठ चाँदी की चमकीली परत के पास गया तो देखा कि उसमें केवल उसके चेहरे के कुछ और नजर नहीं आ रहा था। बाहर के मनोरम दृश्य चाँदी की चमकीली परत में खो गए थे। यह देखकर सेठ बोला, ''बाबा, यहाँ से तो बाहर की दुनिया ही गायब है। चाँदी की चमकीली परत में तो मुझे सिवाय अपने चेहरे के कुछ भी दिखाई नहीं पड़ता, जबकि शीशे में से मुझे बाहर के मनोरम दृश्य दिखाई पड़ रहे थे।'' सेठ की बात सुनकर साधु बोले, ''बिल्कुल सही कहा तुमने। उसी तरह तुम भी प्रार्थना करते समय अपने ऊपर चाँदी की परत चढ़ाए रखते हो, इसलिए उसमें तुम्हें सिवाय अपनी शक्ल और अहं के कुछ नजर नहीं आता। यदि तुम स्वयं को काँच के शीशे की तरह पारदर्शी और स्वच्छ बनाओगे तो तुम्हारा प्रार्थना में ध्यान सहज ही लग जाएगा।'' साधु की बात सुनकर सेठ को अपनी गलती का अहसास हो गया और उसने उसी क्षण निश्चय किया कि अब वह कभी भी लोभ, मोह, माया को अपनी प्रार्थना के बीच में नहीं आने देगा। □

सुख की तलाश

एक राजा के राज्य में हर घर में दुःख था। किसी के बहुत बच्चे थे तो किसी के घर में एक भी नहीं। किसी के यहाँ काम की अधिकता थी तो किसी के यहाँ काम ही नहीं था। राजा प्रजा को दुःखी देखकर परेशान हो गया था। एक दिन उसे पता लगा कि अमुक स्थान पर सुख का ढेर लगा हुआ है। इसलिए लोग अपने दुःख वहाँ पर छोड़ आएँ और जितने चाहे सुखों को झोली में भरकर ले जाएँ। इस बात को सुनकर अब तो पूरी प्रजा में भगदड़ मच गई। सभी अपने दुःखों को छोड़कर सुखों को अपने-अपने घरों में भर लाए। कुछ ही दिनों में पूरे राज्य में हर ओर सुख-ही-सुख दिखाई देने लगा। अब राजा ने चैन की साँस ली। कुछ दिन इसी प्रकार बीत गए। कुछ दिन बीतते-बीतते एक व्यक्ति ने देखा कि उसकी जेब खाली है, जबकि उसके पड़ोसी, मित्र व संबंधी के पास बहुत पैसा है। यह देखकर वह तनाव से भर गया और दुःखी रहने लगा। इसी प्रकार से राज्य के अन्य व्यक्ति भी दूसरों को अपने से ज्यादा खुश व सुखी देखकर परेशान रहने लगे। एक बार फिर से राज्य में दुःख छा गया। यह देखकर राजा बहुत परेशान हुआ। उसे समझ ही न आया कि क्या कारण है कि सुख आता है, किंतु कुछ ही समय बाद चला जाता है। इस बात का पता लगाने के लिए वह एक साधु के पास गया। सारी बात जानकर साधु हँसने लगा और राजा से बोला, ''राजन्। तुम्हारे राज्य के सभी लोग मूर्ख हैं। वे सुख की तलाश बाहर करते हैं, जबकि सुख तो अपने मन के अंदर है। यदि तुम मन में संतुष्टि के भाव रखोगे तो तुम्हें कभी दुःख महसूस ही नहीं होगा। दुःख का कारण ही लोभ, मोह, ईर्ष्या, क्रोध है और जिसने इन सब पर विजय प्राप्त कर ली है, उसे सुख अन्यत्र ढूँढ़ने की आवश्यकता नहीं है। सुख स्वयं उसके द्वार पर आकर खड़ा हो जाता है।'' साधु की बात से राजा सहमत हो गया और अपने राज्य में सुख फैलाने का संकल्प मन में धारण कर चला आया।

□

ईश्वर की खोज

एक सेठ के पास अपार धन-दौलत थी। किंतु फिर भी उसके मन में प्रसन्नता एवं अमन का अभाव था। वह सदा अशांत रहता था। एक बार उसके नगर में एक सिद्ध महात्मा आए। उन्होंने अपने प्रवचनों में कहा कि परमात्मा को पाने पर सच्ची खुशी एवं पूर्ण शांति मिल सकती है। इसलिए ईश्वर की खोज करो और अपने जीवन को सार्थक करो। यह सुनकर सेठ ईश्वर की खोज में लग गया। ईश्वर की खोज करते-करते उसे दो वर्ष बीत गए, किंतु ईश्वर की प्राप्ति नहीं हुई। वह निराश होकर घर की ओर लौट पड़ा। रास्ते में उसे एक चिरपरिचित सी आवाज सुनाई दी। उसने पीछे मुड़कर देखा तो पाया कि उसके पीछे वही सिद्ध महात्मा खड़े थे, जिन्होंने उसे ईश्वर की खोज करने को कहा था। वह उन्हें देखकर तुरंत उनके पास आया और उनके पैरों में गिरकर बोला, ''बाबा, मैं अनेक स्थानों पर भटका, किंतु मुझे अभी तक ईश्वर नहीं मिले। आखिर मेरी यह खोज कहाँ पूरी होगी? आप ने ही कहा था कि सच्ची खुशी ईश्वर के साथ मिल सकती है।'' उसकी बात पर महात्मा मुसकराए और उन्होंने उसे उठाते हुए कहा, ''पुत्र, मैंने सही कहा था और यदि तुम उचित तरह से ईश्वर की खोज करते तो अब तक न सिर्फ उन्हें खोज लेते अपितु उन्हें पूरी तरह पा भी लेते।'' यह सुनकर सेठ हैरान रह गया और बोला, ''कैसे बाबा?'' महात्मा बोले, ''पुत्र, ईश्वर किसी दूर-दराज के क्षेत्र में नहीं, तुम्हारे अपने भीतर ही है। तुम अच्छे कर्म करोगे और नेक राह पर चलोगे तो वह स्वयं तुम्हें मिल जाएगा। तुम्हें उसे कहीं खोजने नहीं जाना पड़ेगा। हाँ, किंतु उसे पाने के लिए अपने आप को ईश्वर का नेक बंदा अवश्य बनाना होगा।'' यह सुनकर सेठ महात्मा के प्रति नतमस्तक हो गया और वापस अपने घर चला आया। अपने घर आने के बाद उसने अपनी दौलत से पाठशालाएँ खुलवाईं, पीने का पानी उपलब्ध कराया, गरीब कन्याओं के विवाह कराए और अपने पास आनेवाले हर जरूरतमंद व्यक्ति की समस्या का समाधान किया। कुछ ही समय बाद उसके चित्त को शांति प्राप्त हो गई।

□

ज्ञान सबको बाँटो

एक प्रसिद्ध व ज्ञानवान संत अपने पास आनेवाले प्रत्येक व्यक्ति की शंका का निवारण करते थे और उन्हें पूछने पर अनमोल ज्ञान की बातें भी बताया करते थे। एक दिन उनके एक शिष्य ने कहा, ''गुरुजी, आपने कठोर संघर्ष करके असीम ज्ञान की प्राप्ति की है। आपको ज्ञान प्राप्त करने के लिए अनेक बाधाओं व संघर्षों का सामना करना पड़ा है। जो ज्ञान आपने इतनी कठिनता व परेशानियाँ झेलकर प्राप्त किया है, आप उसे मुफ्त ही हर किसी को क्यों बाँटते रहते हैं? अगर आप लोगों को ज्ञान प्रदान करने के बदले उनसे कुछ वस्तु या मुद्रा लें, तब तो यह समझ में आता है, किंतु मुफ्त ज्ञान बाँटना, कहाँ की समझदारी है? आजकल तो ज्ञान की कीमत मिलती है। कीमत प्राप्त करके आप अपना जीवन स्तर सुधार सकते हैं। भला मुफ्त ज्ञान बाँटने से आपको क्या हासिल होता है? बल्कि ऐसा करने से तो आपकी ऊर्जा ही नष्ट होती है। कृपया आप इस बारे में विचार करें।'' शिष्य की बात पर संत मुसकराते हुए बोले, ''बेटा, ज्ञान बाँटने से जो अनमोल दौलत मिलती है, उसका तो तुम अंदाजा भी नहीं लगा सकते। ज्ञान बाँटने से व्यक्तित्व व मस्तिष्क दोनों का ही विकास होता है। तुम लाखों की दौलत खर्च कर के भी उतना ज्ञान नहीं पा सकते, जितना मात्र बाँटने से पा सकते हो। ज्ञान बाँटने में ही जगत् का व व्यक्ति का कल्याण है। जब तुम किसी को ज्ञान की बातें बताते हो तो तुम्हारा मानसिक विकास स्वयं सुदृढ हो जाता है। ऐसा करने से तुम्हारे अंदर सदाचार व सद्गुणों की अनुभूति उत्पन्न होती है, जो तुम्हारे जीवन को अच्छा व सफल बनाने में सहायक होती है। भला अब बताओ कि ज्ञान की कीमत लेकर भी क्या तुम ऐसा ही अहसास कर सकते हो?'' संत की बात का अब शिष्य के पास कोई जवाब न था।

□

जीवन के सुख

एक व्यक्ति अपने जीवन से बहुत परेशान था। उसे लगता था कि जीवन में जब दु:ख और विपदाएँ हैं तो फिर जीवन का क्या अर्थ है? सुखों को किस प्रकार जुटाया जा सकता है? वह इसी तलाश में जगह-जगह भटक रहा था। घूमते-घूमते एक दिन वह एक प्रसिद्ध संत के पास पहुँचा और उनसे अपनी समस्या बताई। युवक की बात सुनकर संत ने एक काँच का जार मँगवाया। उस काँच के जार में उन्होंने ढेर सारी खूबसूरत रंग-बिरंगी गेंदें भर दीं। जब काँच का जार गेंदों से पूरा भर गया तो संत ने युवक से पूछा, ''क्या यह जार भर गया है?'' युवक बोला, ''हाँ महाराज, जार तो गेंदों से भर गया है।'' युवक की बात सुनकर संत मुसकराए और उन्होंने उस जार में छोटे-छोटे ढेर सारे मोती भरने शुरू कर दिए। मोती जार में उस जगह पर समा गए, जहाँ पर गेंदों के बीच रिक्त स्थान बचा हुआ था। इसके बाद उन्होंने युवक से फिर पूछा, ''क्या अब जार भर गया है?'' युवक जार को भली-भाँति देखकर बोला, ''हाँ महाराज, अब तो इसमें कहीं भी जगह शेष नहीं है।'' युवक की बात सुनकर संत ने जार में रेत डालना शुरू किया। रेत भी जार में मोती के साथ बचे रिक्त स्थान में समा गया। यह देखकर युवक बहुत हैरान हुआ। जब रेत भी जार में समा गया तो संत बोले, ''बेटा, इस काँच के जार को तुम अपना जीवन समझो। इसमें जो रंग-बिरंगी गेंदें हैं, वे तुम्हारे जीवन का आधार यानी परिवार, बच्चे, मित्र, सगे-संबंधी, स्वास्थ्य, शौक हैं। इसमें जो अनेकों मोती हैं, वे तुम्हारा रोजगार, मकान, गाड़ी, शिक्षा आदि हैं और जो रेत है, वे जीवन में होने वाले झगड़े, मनमुटाव, तनाव, क्लेश आदि हैं। असलियत में जीवन इसी तरह से होना चाहिए। अब यदि तुम जार में पहले रेत-ही-रेत भर दो तो उसमें गेंदों व मोती के लिए जगह ही नहीं बचेगी। इसलिए पहले अपने जीवन को रंग-बिरंगी गेंदों व मोतियों से भरो और बचे-खुचे स्थान में तनाव, झगड़ों आदि को जगह दो। सुखों को जुटाने के लिए सिर्फ तुम्हें अपने उच्च लक्ष्य पर ध्यान केंद्रित करना है। उसके लिए संघर्ष करो, रंग-बिरंगी गेंदे व मोती स्वयं तुम्हारे जीवन में भर जाएँगे। फिर तुम्हें यह अहसास नहीं

होगा कि जीवन का क्या अर्थ है? अभी तुम कुछ काम नहीं करते, इसलिए बेकार की बातें तुम्हारे दिमाग में दौड़ती रहती हैं। अपने जीवन का एक उद्देश्य निर्धारित कर उसे प्राप्त करने की कोशिश करो, जीवन खुद तुम्हें खूबसूरत नजर आएगा।'' इस उदाहरण ने युवक को जीवन के सुखों का सार समझा दिया।

□

बुद्धि का प्रयोग

एक शिष्य ने गुरु से पूछा, ''गुरुजी, सभी प्राणी जन्म लेते हैं और मरते हैं। इस जगत् के सभी प्राणी चाहे वे जीव-जंतु हैं अथवा मनुष्य सभी में भूख, पीड़ा, खुशी आदि के भाव प्रकट करने की क्षमता है। सभी अपना बचाव करना भी जानते हैं। सभी को बीमारी आदि से भी जूझना पड़ता है। पशु-पक्षी, जीव-जंतु, मनुष्य सभी का अंत निश्चित है, लेकिन क्या कारण है कि केवल मनुष्यों में ही साधु, तपस्वी, ज्ञानी, चोर, डाकू, लुटेरे, आतंकवादी, वहशी दरिंदे आदि होते हैं, जबकि पशु-पक्षी, जीव-जंतु आदि में भिन्न-भिन्न किस्म के ज्ञानी, तपस्वी, डाकू, आतंकवादी, लुटेरे आदि नहीं होते। मनुष्यों में ही भाँति-भाँति की जातियाँ, धर्म और पेशे क्यों होते हैं?'' शिष्य का प्रश्न सुनकर गुरुजी मुसकरा कर बोले, ''तुमने बहुत ही अच्छा प्रश्न किया है। वर्तमान समय में इस प्रश्न का आना स्वाभाविक भी है। इसके पीछे सर्वप्रमुख कारण है—व्यक्ति के अंदर बुद्धि का होना। बुद्धि होने के कारण ही व्यक्ति की यही प्रमुख विशेषता है कि जो पशु-पक्षी, जीव-जंतु आदि नहीं हो सकते, यह, वह भी हो सकता है—पंडित भी, ज्ञानी भी, तपस्वी भी, चोर भी, लुटेरे भी और आतंकवादी भी। किंतु मनुष्य अपनी बुद्धि का सार्थक प्रयोग करने की बजाय भटक जाता है और गलत कार्यों को करने के कारण विनाश की ओर चला जाता है। इस बुद्धि का सही दिशा में ही प्रयोग करना चाहिए। बुद्धि का प्रयोग करके ही मनुष्य ने स्वयं को एकता में बाँधने की बजाय धर्मों, जातियों और विभिन्न पेशों में बाँट लिया है तथा असंख्य विवादों को जन्म दिया है। यदि मनुष्य चाहता तो वह अपनी बुद्धि का प्रयोग करके सारी मनुष्य जाति को एकता के सूत्र में बाँधकर अपना जीवन सार्थक व सफल बना सकता था, किंतु उसने ऐसा नहीं किया। यदि अभी भी मनुष्य अपनी बुद्धि का प्रयोग अच्छे व नेक कार्यों में करे तो वह जीवन को कामयाब बना सकता है, जो कि जीव-जगत् के प्राणी नहीं कर सकते।'' शिष्य गुरु की बात से सहमत हो गया।

□

धर्म का अर्थ

ताओ बू एक महान् चीनी दार्शनिक थे। एक बार चुंगसिन नामक एक व्यक्ति उनसे धर्म का रहस्य समझने के लिए आया। ताओ बू ने उसे अपना शिष्य बना लिया और बोले, ''यहाँ पर रहकर तुम्हें धर्म का भली-भाँति अर्थ समझ में आ जाएगा। लेकिन इसी बीच यदि तुमने मुझसे फिर यह प्रश्न किया कि तुम्हें यहाँ धर्म का अर्थ पता नहीं चल पाया है तो फिर तुम्हें यहाँ से जाना होगा।'' चुंगसिन ताओ बू की इस बात पर सहमत हो गया और वह ताओ बू के साथ ही रहकर अपना जीवनयापन करने लगा। अनेक वर्ष बीत गए, लेकिन न तो कभी गुरुजी ने, और न ही उनके अन्य शिष्यों ने कभी धर्म पर चर्चा की, बस वे सभी अपने काम में मगन रहते। यह देखकर चुंगसिन को खीज होने लगी। उसे अभी तक वास्तव में धर्म का अर्थ पता ही नहीं चला था और वह मन-ही-मन सोच रहा था कि धर्म का अर्थ पता चले भी तो कैसे, जबकि यहाँ पर किसी ने भी कभी इस विषय पर चर्चा ही नहीं की है। एक दिन उसने ताओ बू से अपने मन की बात कह ही दी। वह बोला, ''गुरुजी, मुझे यहाँ पर इतने दिन हो गए हैं, किंतु न तो कभी आपने, न ही आपके शिष्यों ने धर्म के विषय में कभी कोई चर्चा की है। इसलिए मैं अभी तक धर्म का अर्थ समझ ही नहीं पाया हूँ।'' चुंगसिन की बात सुनकर ताओ बू बोले, ''वत्स! मैंने तुम्हें समय-समय पर धर्म का रहस्य समझाया है। धर्म तो जीवन के साथ गुँथा हुआ है। तुम धर्म को दैनिक जीवन के कार्यों से अलग समझते हो। यही तो तुम्हारा भ्रम है। अपने हिस्से आए हुए कार्य को सद्‌भाव और धर्मशास्त्र के अनुसार संपन्न करना ही धर्म है। बड़े अफसोस की बात है कि यहाँ आकर भी तुम धर्म को नहीं समझ पाए। किंतु अब तुम्हें शर्त के अनुसार यहाँ से जाना होगा, क्योंकि जो मेरे यहाँ रहकर धर्म को जीवन से ही न जोड़ पाए, उसके यहाँ रहकर सेवा करने का क्या फायदा?'' ताओ बू की बात सुनकर चुंगसिन बोला, ''गुरुजी, मुझे माफ कर दीजिए। आपने सही कहा कि धर्म तो जीवन के हर मार्ग से जुड़ा हुआ है। अब मैं यहाँ से जाकर धर्म को अपने जीवन में उतारकर अपने जन्म को सफल बनाऊँगा।'' यह कहकर चुंगसिन वहाँ से चला गया।

□□□